Désirée Nick

LIEBLING,
ICH KOMM SPÄTER

Das große Buch vom Seitensprung

Krüger Verlag

Originalausgabe

Erschienen im Krüger Verlag, einem Unternehmen
der S. Fischer Verlag GmbH, Frankfurt am Main
© S. Fischer Verlag GmbH, Frankfurt am Main 2008
Satz: Pinkuin Satz und Datentechnik, Berlin
Druck und Bindung: GGP Media GmbH, Pößneck
Printed in Germany 2008
ISBN 978-3-8105-1326-7

Meiner unsterblichen Liebe, der einzig wahren!
Deine ergebene D.

Inhalt

Vorspiel Vor dem Seitensprung ist nach
dem Seitensprung 9

I. Teil
Alles nur Vorspiel
1. Zwischen Penisbruch und Scheidenkrampf 19
2. Fremdgehen als Form medialer Unterhaltung ... 29
3. Sex and the Internet – die neuen
   erogenen Zonen 39
4. Die Schule der Mätressen – Meisterinnen
   der Liebe 52
5. Liebling, ich komm später! 61
6. Wie treiben's die Nachbarn? Fremdgehen
   in aller Welt 73
7. Wo beginnt Untreue? 87
8. Für Frauen, die es wissen wollen 101
9. Noch mehr traurige Indizien 113
10. Für alle, die es immer noch nicht begreifen
    wollen – ganz fiese Indizien 120
11. 20 Dinge, die Sie lieber lassen sollten 133
12. Wissen, wann Schluss ist 150

II. Teil
Fragen, Fragen, Fragen
13. Ja, er betrügt – was nun? 157
14. Fremdgehtypen unter der Lupe 164

15. Konfrontation – die Stunde der Wahrheit 189
16. Die andere – Geliebte oder zweite Geige? 191
17. Ein Wort an die Geliebte 217
18. Strategien für Liebe mit Riss 219
19. Ein Hoffnungsschimmer 231

III. Teil
Gewusst wie
20. Fahrplan für die heimliche Liebe
    oder Fremdgehen leichtgemacht 241
21. Fremdgehtipps für Frauen 245
22. Lob der Liebe 252

IV. Teil
Interviews
Interview 1 265
Interview 2 278
Interview 3 291

Dank 301

Vorspiel
*Vor dem Seitensprung ist nach
dem Seitensprung*

Glauben Sie etwa immer noch, Frauen seien das schwache Geschlecht? Dann haben Sie noch nicht versucht, nachts die Bettdecke auf Ihre Seite zu ziehen!
Das Einzige, was Männer nämlich besser können als Frauen, ist beim Pinkeln ihren Namen in den Schnee zu schreiben. Und deshalb sollten Frauen inzwischen gelernt haben, wie man fremdgeht, ohne dabei erwischt zu werden. Wir haben ja schließlich auch gelernt, wie man naturgetreu einen Orgasmus vortäuscht – schon mal aus allgemeiner Höflichkeit. Da soll doch keiner denken, wir wären zu blöd zum Aufdecken von Affären! Oder gar zum selber Fremdgehen!
Nein, wir haben aus den Schusseligkeitsfehlern unserer triebgesteuerten Partner die Konsequenzen gezogen und verstecken den Seitensprungratgeber »Gewusst wie« raffiniert im Schutzumschlag unseres neuesten Kochbuches.
Das Wissen, das sich Frauen inzwischen angeeignet haben, um unbeschadet in der Männerwelt zu überleben, hat nicht nur die Gesellschaft, sondern auch Partnerbeziehungen verändert. Frauen besitzen heutzutage nämlich Informationen. Und eine Frau, die gelernt hat, sich die Beine zu rasieren, ohne dabei zu bluten wie ein Schwein, weiß: Mehr als die Hälfte der Weltbevölkerung lebt in Ländern, wo es für Männer (!) legitim ist, eine Zweit-, Dritt-, oder Viertfrau zu haben und das Halten von Gespielinnen lediglich durch die wirtschaftlichen Kapazitäten des Mannes, diese Nebenfrauen zu finanzieren, limitiert ist. Das erhebt, global gesehen, die Bigamie zur Normalität.

Sehen Sie sich nur Jacqueline Kennedy-Onassis an: zweimal mit Milliardären verheiratet gewesen, die ganz offiziell chronische Fremdgänger waren, aber sie hat nicht im Traum daran gedacht, sich scheiden zu lassen. Hätte sie allerdings in einer Zweiraumwohnung gesessen und neben Haushalt und Kindererziehung auch noch einen Fulltimejob an der Hacke gehabt, wäre sie weder stets so wohlonduliert noch so alles verzeihend großzügig gewesen. Und schon zeigt sich, dass die individuellen Umstände und Hintergründe der Untreue in all ihren Facetten wenig geeignet sind, pauschale Antworten zu geben.

Doch aufgepasst: Nur bei zwei Prozent der Weltbevölkerung ist es den Frauen überhaupt gestattet, seitenzuspringen! Die moralische Ächtung der Frau geht noch heute dafür bis zur Steinigung. Sollten Sie Ihren Wohnsitz also an jenen Ort verlegen wollen, wo besagte zwei Prozent Frauen keine moralischen Monster sind, dann ziehen Sie in die Dominikanische Republik. Dort tragen außereheliche Kinder ganz automatisch den Nachnamen des Mannesstammes, und Ehen sind beendet, wenn die Frau sich eine Tüte dreht und sagt: »Mach deinen Dreck alleine!« Auch die Sache mit dem Schuhtick hätte sich erledigt, denn im Paradies zahlt man mit Muscheln und flirtet barfuß am Strand.

Die Sache hat natürlich ihren Preis: Bei den Religionsanhängern der Rastafarians gilt die Anwendung von Haarpflege- und Stylingprodukten als Teufelswerk! Ein Haarschnitt käme einer Todsünde gleich. Auf Jamaika begegnet einem der Satan in Gestalt eines Friseurs! Also was sollen wir da?

Selbst ein blondes Spatzenhirn im Pareo wird an dieser Stelle ableiten: Wo man auch hinzieht, überall gibt's Probleme mit den Männern. Denn in der zivilisierten Welt, die Monogamie als Ideal betrachtet, gehen 70 Prozent aller Männer und 30 Prozent aller Frauen fremd. Davon fliegen 51 Prozent der Affären auf. Nur 20 Prozent werden vom

Partner selbst gebeichtet. In 60 Prozent der Fälle hatten die Betrogenen eine Nase für den Seitensprung und begaben sich dann erfolgreich auf Spurensuche. Der Rest kam durch »blöde Zufälle« ans Licht. Und auch da lagen tollpatschige Männer weit vorn. Wenn Frauen nämlich schon fremdgehen, dann a.) aus gutem Grund und b.) mit Akkuratesse.

Na toll! Da muss einem anständigen Mädchen Treue doch als aussichtsloses Konzept erscheinen. Richtig! Ist es nämlich auch, oder wie erklären Sie sich die Popularität von Pornographie? Immerhin ein Geschäftszweig, dessen Wirtschaftsvolumen achtmal größer ist als das der Kosmetikindustrie. Und die bunten Bilder sind ja erst der Aperitif, sagen wir, ein kleiner Schnupperkurs für Einsteiger, damit die Sache so richtig in Schwung kommt. Da sollte die sympathische, flotte Frau doch besser ein paar Strategien entwickeln, die dafür sorgen, dass der Wunschpartner die 100 Millionen kostenloser Pornoseiten im Internet im Vergleich zu ihren blauen Augen einfach nur noch primitiv und langweilig findet.

Gott sei Dank ist das nicht schwer: Denn alles, was wir wissen müssen, um in der modernen Gesellschaft zu überleben, hat man uns am Arbeitsplatz beigebracht. Kleiner Tipp für Sekretärinnen: Die Formulare für sexuelle Belästigung immer in den unteren Schubladen ablegen, sodass dem Chef ihr Hintern in optimaler Perspektive präsentiert wird, wann immer er es notwendig macht, sich danach zu bücken!

Ja, wir wissen Bescheid. Voll und ganz. Und deshalb werden wir in Zukunft dahinterkommen, wenn Papi mal wieder fremdgeht.

Im Informationszeitalter ist der größte Mythos um partnerschaftliches Glück auf der Strecke geblieben, nämlich dass ein Mann, der glücklich verheiratet ist, treu bleibt. Wenn Sie weiter an den Klapperstorch glauben wollen, dann legen Sie dieses Buch besser zur Seite. Ansonsten notieren Sie: Männer gehen nicht etwa fremd, weil sie unglücklich sind, sondern Männer gehen fremd, weil es a.) ihre Natur ist, b.) das Ansehen hebt, c.) die Ehe langweilig geworden ist, d.) sie Bestätigung brauchen, e.) die Chemie auch bei anderen stimmt, f.) der Alltag die Erotik killt, g.) Mutti fett geworden ist, h.) die Gene es so wollen, i.) es Machtgefühl verleiht, j.) sie Jäger sind, k.) sie Spieler sind, l.) zu Hause Sex Routine ist, m.) sie sich für einen tollen Hengst halten, n.) es Depressionen beseitigt, o.) die Romantik flöten ging, p.) zu Hause nur Terror angesagt ist, q.) er Freiraum braucht, r.) Ihre Brüste zu klein sind, s.) Sie nichts von Erotik verstehen, t.) Sie verklemmt sind, u.) er Sie nicht mehr attraktiv findet, v.) die andere schöner ist als Sie, w.) die andere geiler ist als Sie, x.) die andere besser schmeckt als Sie, y.) die andere leidenschaftlicher ist als Sie, z.) er findet, das Sie nur unwichtiges, dummes Zeug sabbeln!

Man kann a bis z aber auch so zusammenfassen: Da prickelt nichts mehr. Da ist der Schwung raus. Die Sache ist ins Stocken geraten und zur Angelegenheit verkommen, die sich wahrhaft trocken Ausübung ehelicher Pflichten nennt.

Bitter, was? Und es kommt noch bitterer: Unsere Gesellschaft höhlt die Monogamie ganz bewusst aus und fördert Affären! Luxuslabels wie Cartier, Tiffany, Chanel, Dom Perignon würden bankrottgehen, wenn wir alle plötzlich treu wären! An den Schuldgefühlen und Verpflichtungen, die außereheliche Beziehungen mit sich bringen, stoßen sich Weltwirtschaftsimperien gesund.

Und das Gemeine ist: Die meisten Männer, die fremdgehen, bezeichnen ihre Partnerschaft sogar als intakt! Ja, wacht auf, Mädels, denn wir leben in einer fremdgehfreundlichen Gesellschaft unter seitensprungfördernden Bedingungen. Das alles ist nicht fair, dafür aber ungerecht!

Ironischerweise ist gerade die Frau, die am wenigsten glaubt, ein Buch wie dieses zu brauchen, diejenige, die es am nötigsten hat. Denn die Wahrscheinlichkeit ist groß, dass ausgerechnet sie eine der 11 Millionen betrogenen Frauen in Deutschland ist und komplett im Dunkeln tappt.

Klar, es gibt in Deutschland mit Sicherheit den ein oder anderen treuen Ehemann, der wirklich nur in der Phantasie mit der Praktikantin herumfummelt. Oder höchstens mal in der Mittagspause über die www.Seitensprung.de-Seite ein paar Hot Mails austauscht. Aber dieser seltene Fall vergrößert statistisch gesehen nur die Chance, dass Ihre Nachbarin/Freundin eine Betroffene ist.

Am Ende kommt's also aufs Gleiche raus. Und was ist, wenn Sie als letztes Exemplar seiner Art tatsächlich einen anhänglichen Mann ergattert haben, der seiner Frau ein Leben lang treu ist? Dann ist irgendwann aus Liebe Freundschaft geworden. Da spielt's auch keine Rolle mehr, wenn er schlecht rasiert ist, nach Knoblauch riecht und schnarcht. Oder Ihr Mann hat aufgegeben. Viele Paare kämpfen nämlich gar nicht mehr um die Qualität von Beziehungen. Da hat der gelehrige Familienvater derartige sinnlose Bemühungen längst eingestellt. Es gibt ja Alternativen, um ruhiggestellt die Harmonie künstlich aufrechtzuerhalten: Man zieht sich als Mann dann eben in frauenbefreite Reservate zurück (Bastelkeller, Kneipe, KFZ-Werkstatt).

Treue kann auch aus geringer Triebspannung, chronischer Depression oder Trägheit gespeist sein. Es gibt Männer, die sind so frustriert, dass sie nicht mal mehr Lust zum Fremdgehen haben. Da sinkt dann das gesamte sexuelle Verlangen so weit ab, dass es irgendwann komplett versiegt. Er schläft dann natürlich auch nicht mehr mit Ihnen. Weil es nicht mehr knistert. Weil der Pegel ganz unten ist. Das ist schlecht, denn Sie als Frau sind anders programmiert. Entweder Sie geben sich an diesem Punkt auf und finden sich mit Ihrem Schicksal ab. Oder Sie befassen sich mit Männerbeschaffungsmarketing. Oder Sie sind innerlich schon gestorben, obwohl Sie noch nicht mal 50 sind. Das wäre sehr schade.

Vielleicht sind Sie aber ein Glückspilz, und Ihr Puschen-
und-Feinripp-Typ erwacht noch einmal aus seinem Be-
ziehungskoma. Dann reanimiert er das letzte Fünkchen
Leben in seinen Lenden unter Umständen nur, um Ihnen
zu zeigen: Schau mal, ich bin doch noch ein interessanter
Mann, auch wenn du das längst vergessen hast. Wer weiß,
was der alte Muffelkopf noch draufhat, wenn ihn mal ein
fremder Rock becirct. Zu Ihnen wird er dann nicht mehr
zu sagen haben, als dass Sie sich nicht so anstellen sollen,
wenn er mal mit fremden Frauen flirtet. Plötzlich erkennen
Sie ihn kaum wieder: Er entsorgt die olle Jacke und geht
morgens wieder joggen. Schau mal einer an! Der Miese-
peter wird jetzt sogar eitel und ist verdammt gut drauf,
besonders wenn er Überstunden macht. Klar, weil ihn der
Rausch der Leidenschaft beflügelt. Dann werden Sie austicken, weil Sie Herzklopfen längst von der Beziehungs-
festplatte gelöscht glaubten. Was mag an dem Kerl bloß
dran sein? Aber *er* wird *nichts* zugeben und versuchen, *Sie*
ruhigzustellen. Bis Sie sich auf die Spurensuche begeben.
Und am Ende hat Ihr Bauch mal wieder recht gehabt!

Sie zweifeln?
Nun, für alle gutgläubigen Frauen ist das große Buch vom
Seitensprung ein Kompendium, mit dessen Hilfe der leich-
teste, sicherste, preiswerteste und diskreteste Weg aufge-
zeigt wird, um die Wahrheit herauszufinden. Es liegt vor
Ihnen: das Albtraumbuch für alle Männer, die betrügen!
Warum haben Sie danach gegriffen? Weil die Keimzelle für
die Zweifel schon unterbewusst schwelt. Gratulation!
Nicht nur entlarvt dieses kurzweilige Brevier den Seitenspringer und enthüllt mit ironischem Blick die ganze Wahrheit über diverse Facetten des Fremdgehens, sondern es
gewährt heißersehnte Einsichten auf die Frage nach dem
Wieso, Weshalb, Warum.
Frauen sind nicht vorbereitet auf die Indizien, die frühzeitig
als Warnung gedient hätten: sei es alltägliches Benehmen,

Arbeitsroutine, Persönlichkeitsveränderungen, Computer-
benutzung, Styling, sexuelle Bedürfnisse, Gewohnheiten,
Telefongewohnheiten, Launen … Charakteristisch für alle
Betrogenen scheint zu sein, dass sie die ersten Indizien
nicht sehen wollen und das aufkeimende Misstrauen im
Keim ersticken. Denn die Frage, die Ihr Leben bestimmen
wird, wenn die Indizien sich verdichten, kann unter Umständen sein: Ja, er geht fremd – was nun?

Es gibt viele Optionen. Und es gibt einen Hoffnungsschimmer. Vielleicht. Vor allem aber gibt es keinen besseren Weg,
die Kontrolle zu behalten, als dieses Buch! Männer und
Frauen wollen nun mal unterschiedliche Dinge: Männer
wollen Frauen, und Frauen wollen Männer! Denn *vor* dem
Seitensprung ist *nach* dem Seitensprung – von Nairobi bis
Gelsenkirchen. Und ich warne Sie vor dem Unterschied
zwischen einem Terroristen und einer betrogenen Frau!
Beide unterscheiden sich nur geringfügig: Mit einem Terroristen kann man verhandeln!

I. TEIL

ALLES NUR VORSPIEL

1.
Zwischen Penisbruch und Scheidenkrampf

Um eines gleich klarzustellen: Ich liebe Männer – zumindest als Konzept! Warum sonst habe ich mich seit Jahrzehnten darauf spezialisiert zu ergründen, was Männer zu Schweinen macht? Okay, es sind wirklich nicht alle Männer Schweine, manche sind auch Arschlöcher. Oder Vollidioten. Trottel. Das Schöne an dieser Behauptung ist, dass ich nie über Mangel an Beweisen zu klagen habe. Und Millionen Frauen stimmen mir in diesem Punkt aus tiefstem Herzen zu!

Denn das Leben selbst spielt mir grauenvolles Beweismaterial in Hülle und Fülle zu. Haben Sie von der Frau gehört, die nach 52 Jahren Ehe 37-mal auf ihren Mann eingestochen hat? Ich ziehe den Hut vor so viel Durchhaltevermögen! Keiner kann sagen, diese Frau erledige ihre Aufgaben nicht gründlich.

Der Statistik nach ist Fremdgehen die häufigste Ursache für kriminelle Delikte in der Familie. Ein Mann, der seinen Job verliert, ein Geizkragen ist, in die Schuldenfalle gerät oder das Interesse an seiner Partnerin verliert, ein mieser Vater ist, keine Alimente zahlt, wird vielleicht gehasst, aber nicht getötet. Es ist der Betrug, der das Scheitern einer Verbindung aus weiblicher Sicht endgültig und unwiederbringlich definiert.

Fremdgehen ist *das* Damoklesschwert partnerschaftlicher Stabilität. Steht für den Bankrott der Vertrauensbasis. Bildet die Hauptbedrohung aller Partnerbeziehungen. Der Mann geht fremd – die Liebe ist gescheitert? Schade, dass es nicht so einfach ist! Denn auch das haben sich die Männer hübsch zurechtgelegt: Nicht selten ist es erst das Vorhandensein einer Geliebten, was eine festgefahrene Beziehung wieder zum Prickeln bringt. Der Seitensprung als Katalysator, denn einige Kandidaten brauchen Affären, um zu Hause wieder das Feuer der Leidenschaft zu entfachen. Die Affäre als solche erregt sie! Und dann kehren sie eines Tages mit neu aufgeladenen Batterien zur Ehefrau zurück, nachdem sie aus der Geliebten alles herausgesaugt haben, was an schmutzigen Spielchen und romantischen Träumereien aushäusig zu holen war. Und nicht selten wird die Frau für die schönsten Stunden zwischen Mann und Frau, das verführerische Objekt der Begierde, nach ausführlicher Benutzung weggeschmissen wie Dreck! Traurig, traurig, traurig!

Etwa zwei Drittel aller Betrogenen, immerhin sieben Millionen Frauen, schöpfen nicht den geringsten Verdacht, dass ausgerechnet ihr Partner fremdgehen könnte. Es gelingt nicht, die untrüglichen Anzeichen zu erkennen, wenn man sie nicht sehen will. Und doch hätten die Kopf-in-den-Sand-Kandidatinnen bessere Chancen gehabt, die Verbindung zu retten, wenn sie nicht als Letzte von der Affäre des Ehemannes erfahren hätten. Abgeräumte Konten, Geschlechtskrankheiten, Scheidungsprozesse, Zweitwohnsitze, Scheinfirmen im Ausland, Kuckuckskinder – unendlich viele Frauen fallen aus allen Wolken, wenn sie plötzlich die Antwort auf das seltsam irre Glitzern in seinen Augen und auf die vielen ungelösten Fragen finden, weil sie unvorbereitet damit konfrontiert werden, dass der Partner monatelang, ja jahrelang ein Doppelleben führt. Eine Affäre nach der anderen hat. Oder Knall auf Fall die Scheidung einreicht, weil er sich innerlich längst abgeseilt hat.

Die sexuelle Revolution, die freie Liebe, die Gleichberechtigung haben unterm Strich dazu geführt, dass Männer und Frauen sich noch nie so schlecht verstanden haben wie heute. Obwohl Millionen von Frauen ein Studium absolviert und längst die Führung übernommen haben, werden wir noch immer belächelt, wenn wir einparken. Und als hätte es die Gleichberechtigung nie gegeben, wird über das Altern von Männern völlig anders geurteilt als über die Reifungsprozesse von Frauen. Wenn ich das faltige Gesicht von Dieter Bohlen sehe, dann frage ich mich: »Wie müssen wohl inzwischen seine Eier aussehen?«

Männer werden mit 60 alt, Frauen mit 30. Doch proportional zum Verlust der ehemals so zuverlässigen Potenz schwindet die Erektionsfähigkeit beim Mann nach dem 40. Lebensjahr mit dramatischer Vehemenz. Und schon stellt sich die Herausforderung nach neuen Formen der partnerschaftlichen Selbstbestätigung. Oft wird eine 40-Jährige von einem Mann in der Midlife-Crisis wie eine Banknote gegen zwei Zwanziger eingetauscht. Im Gegensatz zu den seit frühester Jugend auf Eitelkeit getrimmten Frauen aber werden Männer in der Mitte ihres nicht immer erfolgreichen Lebens erstmals mit ihrem äußeren Verfall konfrontiert – und stellen alles an, um diesen zu verleugnen!

Wenn ein Mann keine Haare mehr hat, wird er einfach Argumente finden, die ihm dies als Vorteil erscheinen lassen. Wie Telly Savalas. Die Typen glauben eher, ihr Schädel sei die Solarplattform für den Generator einer Sexmaschine – aber nicht etwa, dass sie weniger attraktiv für Frauen sind!

Der aktuelle Tiefpunkt im Geschlechterkampf basiert auf der Überfälligkeit alter Rollenmodelle. Was die Eltern uns gepredigt, gilt für keinen mehr. »Meine Eltern haben sich in 45 Jahren nur einmal gestritten – der Streit dauerte 45 Jahre«, sagt Bianca M. aus Böblingen. Und trotzdem hätten diese Ehepaare nie an Scheidung gedacht. Sagte mir doch neulich einer meiner Interviewpartner: »Ich schwöre, dass ich seit 35 Jahren in dieselbe Frau verliebt bin. Wenn meine Frau das wüsste, würde sie mich erschießen!«

Diese Lebensmuster nehmen Männer und Frauen heute immer weniger in Kauf. Das Internet bietet ein nie da ge-

21

wesenes Forum zur Neuorientierung und verspricht erst einmal in der Phantasie Abhilfe. Dann geht es nur noch um eine passende Gelegenheit. Qualifizierte Frauen mit Ausbildung, Karriere und Unabhängigkeit treffen nicht nur dort, sondern überall auf Männer, die mit dem neuen Selbstbewusstsein überfordert sind. Denn heutzutage sind Karriere, hohes Einkommen und Intelligenz für eine Frau kein Handicap mehr bei der Partnerwahl – zumindest nicht, wenn sie dies alles unter einer durchsichtigen Bluse versteckt!

Und diese Autonomie der Frauen hat auch zur Folge, dass eine aufgeschlossene, moderne Frau ihren G-Punkt eben von anderen suchen lässt, wenn der eigene Partner ihn nicht zuverlässig findet. Mit der Gleichberechtigung geht nämlich auch das Recht auf einen Orgasmus einher. Die Zeiten sind vorbei, wo Mutti am Wochenende grübelnd allein zu Hause sitzt und als einzige Erinnerung an Erotik den roten Lippenstift am Kaffeebecher vor sich hat.

Dies definiert Werte wie Treue/Untreue völlig neu. Und nicht nur das. Auch Werte wie den guten alten Seitensprung. Nur ein Volltrottel kommt heutzutage mit langen blonden Haaren auf dem Jackett und Kussmund am Hemdkragen nach Hause. Männer lernen schließlich auch dazu. Wer als Mann noch verfängliche SMS auf seinem Handy abspeichert, muss ein Anfänger sein. Schließlich gibt's ja Löschtasten und Telefonkarten. Die Spezies Mann, die gekonnt Affären unterhält, vernichtet auf der Heimfahrt so zuverlässig sämtliche Ein- und Ausgänge, wie sie das Garagentor ordnungsgemäß verschließt. Spurenbeseitigung gehört zu den routinemäßigen Abläufen des Alltags wie Zähneputzen.

Regelmäßig die Jackentaschen zu filzen hilft Frauen auch nichts mehr. Das stimulierende Liebesgeplänkel wird über mehrere E-Mail-Adressen ganz diskret abgespeichert. Männer kommen auch ganz bestimmt nicht dann mit Blumen nach Hause, wenn sie fremdgegangen sind. Denn sie wissen genau, dass dies die Frage nach dem schlechten Gewissen aufwirft. Ein erfahrener Fremdgänger wird sich immer so verhalten, dass Sie sich als Frau überhaupt keine Gedanken machen. Und kein Mann riecht heutzutage noch nach fremden Parfum. Der legt das Rendezvous so, dass er nach dem Schäferstündchen im Hotel oder bei der Geliebten unter die Dusche geht, die Trainingssachen mal eben schnell im Handwaschbecken durchs Wasser zieht und dann erzählt, er sei im Sportstudio gewesen. Ich meine, so blöd sind Männer ja nun auch wieder nicht! Nach Haaren auf dem Autositz und Lippenstift am Revers spioniert wirklich nur noch die Provinzmutti der Nachkriegsära.

Und es wird noch übler. Noch nie hatten Männer so viele Helfer, wenn's ums Fremdgehen ging. Seitensprünge sind zu einem wichtigen Wirtschaftszweig geworden. Mit Treue ist nämlich kein Geld zu verdienen. Genauso wenig wie mit Tauschgeschäften. Am ehelichen Frust verdienen jedoch alle mit: Partneragenturen, Handybetreiber, Hotels, Online-Blumenläden, Dessousläden, Restaurants, Romantikhotels, Wellness-Oasen und, als neuester Dienstleister am Markt, die Ausredenagenturen. Da kriegt man auf anonyme Onlinebestellung hin Tagungsmappen zugesandt, einschließlich attraktiven Werbematerials für Wochenendseminare zu den gewünschten Terminen, um sich als strahlender Held der Arbeit am Wochenende vom Acker machen zu können. Und sogar fingierte Telefonnummern werden zugeteilt, bei denen man durch elektronischen Tastendruck zwischen Bahnhofs-, Flughafen- oder Bürogeräuschkulisse wählen kann. Ganze Lügenmailboxen kann man sich einrichten lassen, mit Warteschleifen, Sekretärinnenansagen aus dem Computer oder Call-Center-Kontakten, die individuelle Alibis verschaffen.

Kostet natürlich! Oder man wählt als Serviceleistung der charmanten Ausredenagenturen plötzliche Anrufe von fiktiven Vorgesetzten, zu deren entlegenen Filialen man als Retter in der Not nächtens herbeieilen muss. In diese Kategorie erkaufter Freiräume fällt ebenso das ärztliche Attest über Penisbruch oder Scheidenkrampf wie der an sich selbst geschickte Blumenstrauß, um den Partner eifersüchtig zu machen. Das ist doch schön, dass in all diesen Fällen Geld fließt, bevor überhaupt das Steife in das feuchte Rund trifft. Also: Wer fremdgeht, kurbelt die Wirtschaft an.

Wenn Sie Single bleiben wollen: Suchen Sie nach Mr. Perfect! Und wenn Sie nicht Single bleiben wollen, rechnen Sie damit, irgendwann in den nächsten 50 Ehejahren betrogen zu werden! Stellen Sie sich aufs Fremdgehen ein. Es gehört zum Leben wie die kleinen Notlügen. Denn Bigamie ist für Männer der einzige Weg, die schmutzigen Details einer Scheidung und den Kampf um Alimente zu vermeiden. Es ist der bequeme Weg.

Aber wo fängt das Fremdgehen überhaupt an? Beim Surfen im Internet? Beim Anwählen von 0190-Nummern? Zählt Küssen? Ist Fummeln schon fremdgehen? Ist Flirten oder Chatten schon Betrug? Zählen Betriebsfeiern oder Urlaubsflirts? Ist einmal keinmal?

Stimmt es, dass Männer in qualifizierten Positionen, die immer ein wenig Drama beinhalten, sagen wir mal Börsenmakler, Ärzte, Showbusiness-Menschen, Politiker und Sportler, das Leben auf Messers Schneide gewohnt sind und daher immer den speziellen Kick brauchen, den Wettbewerb, sprich die Erregung der nie versiegenden körpereigenen Adrenalinschübe? Karrieren, die hohe Mobilität erfordern, die internationalen Geschäftsmeetings der globalisierten Welt, sind die Muttererde für prickelnde Gelegenheiten, Langeweile und sexuelle Frustrationen. Je mehr Geld im Spiel, umso höher der Status, umso größer das Risiko, als weltreisender Freier international Furore zu machen. Der freie Markt internationaler Luxuscallgirls ist zum Milliardengeschäft geworden. Gebildete Männer haben mehr Gelegenheiten, finanziell unabhängige Geschäftsreisende haben nicht nur das Spesenkonto für die Hotels, sondern die eingebaute Entschuldigung, ja die eheliche Absolution, immer fern der Heimat umtriebig unterwegs sein zu müssen.

Rückblickend fassen sich die 3334 Betrogenen, die für diese Studie befragt worden sind, kollektiv an den Kopf, weil sie die untrüglichen Anzeichen in der Frühphase der Affären nicht wahrhaben wollten.

Denn meistens, und das ist die bittere Pille, hatte unser Bauch recht! Das fängt schon bei Veränderungen auf emotionaler Ebene an, die vom Partner sogar positiv bewertet werden, in Wahrheit aber nichts als kalkulierte Ablenkungsmanöver sind. Da wären z. B.:

Wachsende Treuebekundungen
Der Partner tut etwas, was er normalerweise zuvor eher sparsam verteilte: Er kauft plötzlich Geschenke zur Ruhigstellung und sagt »Ich liebe dich« häufiger als je zuvor. Damit kompensiert er das schlechte Gewissen.

Veränderungen im Sexualverhalten
Die Häufigkeit des Geschlechtsverkehrs nimmt ab oder steigt an. Wenn sie ansteigt, halten neue sexuelle Techniken Einzug, die er ganz bestimmt nicht von Ihnen gelernt hat.

Verbesserung der äußeren Erscheinung
Der Partner schenkt seiner Eitelkeit mehr Aufmerksamkeit, investiert in neue Kleidung, ändert die Frisur, treibt plötzlich Sport, um fit und in Form zu sein.

Änderung des Lebensstils
Der Partner entwickelt sich zum Workaholic, schiebt den Beruf vor, trifft öfter Freunde und greift denen hilfreich unter die Arme, was er zuvor nie tat. Das vermüllte Auto wird plötzlich ausgesaugt und öfter gewaschen. Feinrippschlüpfer werden durch coole Slips ersetzt. Der Kerl be-

treibt nach Jahren endlich mal wieder ordentliche Fuß-
pflege.

Erweiterung der Intimsphären
Mobiltelefon und Computer mutieren zum Heiligtum. Diese beiden Medien sind heutzutage die wie ein heiliger Gral
gehütete Nabelschnur zur Affäre.

Vertrauen bedeutet für Frauen, ihr Herz in die Hände eines
Partners zu legen, auf dass er es schütze. Es erfordert Mut,
dieses zu tun, und es ist ein wertvolles Geschenk. Wer nie
seine Schutzmechanismen fallen lässt, wird nie für eine große Liebe offen sein. Doch wer die große Liebe an seiner Seite
hat, muss deren Eigendynamik akzeptieren. Bekommen zu
haben, was man immer haben wollte, kann auch ein Drama
sein. Denn wie geht es weiter, wenn noch 50 Jahre vor einem liegen und längst klar wurde, dass man als Paar in der
Sackgasse steckt? Denn keine Liebe ist ihrer Natur nach
statisch. Nichts bleibt, wie es ist, außer es stirbt. Solange
die Liebe aber lebt, ist sie Veränderungen unterworfen, und
damit ändern sich auch die Bedürfnisse der Partner.
Überraschend viele Fremdgänger, nämlich mehr als 80 Prozent, geben an, sie liebten ihren Partner. Und empfinden die
Kompliziertheit dieser unlösbaren Situation sogar noch als
»stimulierend«. Logisch eigentlich, denn in der Sackgasse
ehelicher Pflichten zu verharren, wenn die Familienplanung
beendet ist, lässt unmerklich die Ausschüttung euphorisie-
render Hormonschübe versiegen. Da stehen Männer irgendwann nicht nur schreiend vor der ungezogenen Kinderschar
im Chaos des eigenen Lebens, sondern im wahrsten Sinne
des Wortes am Scheideweg: Puschen an und Karten spielen
oder rausgehen und den Hengst machen!
So sollte man sich durch Informationen und Wissen schützen, um vorbereitet zu sein, wenn unser Herz in Gefahr
gerät – wenn erste Zweifel unsere Alarmglocken zum

Klingen bringen. Wenn unser Bauchgefühl sagt: Da ist was im Busch!

Doch wie lernen wir, Intuition von Spekulation zu unterscheiden? Da hilft nur eins: nicht spekulieren – informieren! Und um Himmels willen, rechnen Sie damit, dass Sie auch finden, was Sie suchen. Suchen Sie niemals nach Indizien, um herauszufinden, das Ihre Zweifel unberechtigt waren. Diese Wahrscheinlichkeit ist nämlich äußerst gering.

Sie müssen vorbereitet sein, wenn Sie die Indizien auswerten und auf die Wahrheit treffen – und lange vorher schon den Notfallplan hinterlegt haben, denn wenn es so weit ist, werden Sie den Verstand verlieren und zwischen Wut, Ärger und Enttäuschung keine klugen Entscheidungen mehr treffen können. Rennen Sie daher lieber mit ihrer »To do«-Liste in der Hand zu Ihren besten Freundinnen, als blind vor Wut um sich zu schlagen. Denn letztendlich beinhaltet das Auffliegen einer Lebenslüge immer auch einen Fortschritt: Das Ende der Täuschung ist da, die Zeit der Täuschung vorüber. Vorhang auf für die eigene Realität.

Oftmals treten Defizite wie fehlende Zärtlichkeit, Zuneigung und Egozentrik zutage, die anfangs vom gemeinsamen Ziel der Familiengründung überlagert wurden. Wenn der große Traum der Familienplanung abgearbeitet ist, gibt es weder gemeinsame Ziele noch Sehnsüchte – das Klima ändert sich.

In langandauernden, gewachsenen Beziehungen verfestigen sich Regeln, Routine und Verhaltensmuster, sodass es früher oder später kaum noch Überraschungen gibt. Allein die Affäre verschafft dann einen Rausch von Leidenschaft und neuen Erfahrungen, oft gekoppelt mit Dankbarkeit des Fremdgängers, diesen wieder aus seinem Dornröschenschlaf, dem Gefühl des »lebendig Begrabenseins« erweckt zu haben.

Und dann erst die Abhängigkeiten, durch die sich Paare manipulativ aneinander gefesselt haben. Dem Stärkeren verleiht es das Gefühl von Sicherheit, den Schwächeren in materieller Abhängigkeit zu wissen – wen wundert es da, dass dieser eines Tages darum ringen wird, seine Selbstbestimmung wiederzuerlangen, indem er sich Freiräume schafft? Wem soll da der Vorwurf gemacht werden? Hat nicht das »Opfer«, der/die »Betrogene«, den »Täter« respektive »Betrüger« um etwas ganz anderes gebracht – respektive betrogen?

Die Ursachen für den Seitensprung, sei es die Langzeitgeliebte, die Affäre, das Abenteuer, sind immer in der bestehenden Beziehung zu suchen. In allen Fällen wird ein zentrales Bedürfnis von einem der Ehepartner nicht mehr befriedigt. Das wird dem Fremdgänger oft selbst erst beim Erleben der »Außenbeziehung« klar. Der drohende Imperativ »du darfst mich niemals betrügen« muss von einer neuen Ethik abgelöst werden, die von einer Verbindung in Freiheit getragen ist.

Das alles ist nicht schön, aber eine verdammt geile Herausforderung, über sich selbst hinauszuwachsen und Mensch zu werden.

Doch sehen Sie selbst!

2.
Fremdgehen als Form medialer Unterhaltung

Keine Frau findet Fremdgehen toll. Bei Männern sieht's leider anders aus. Da zaubert das Wort »Seitensprung« ein Lächeln aufs ermattete Antlitz und ein Glitzern in die verhangenen Augen. Frauen hingegen reagieren auf den Begriff mit schmallippiger Panik. Es ist erschütternd, wie hoffnungslos die Assoziationen der Partner hier auseinandergehen.

Eine Frau, die auf Händen getragen wird und ihrem Partner immer treu sein soll, wird sagen »Au ja!«. Basta. Das war's dann halt für immer. Das ist der Stoff, aus dem Frauenträume sind. Ein Mann, dem abverlangt wird, in der Angetrauten die letzte Frau seines Lebens zu sehen, verfällt in Depression.

Eine Frau, die liebt, will ein Leben lang treu sein. Sie verklärt ihre Romanzen. Sie wird immer davon träumen, dass »ihr Mann« ihr allein gehört. Sonst keiner. Wenn sie die Ansichten des Mannes auf der anderen Seite betrachtet, wird sie dessen Amouren immer als Messlatte für die Defizite ihrer Beziehung werten. Frauen tendieren sogar dazu, die Schuld für den Seitensprung des Mannes bei sich selbst zu suchen. Dass es vielleicht der chronische Aufreißer ist, der in Therapie gehört, das kommt ihnen gar nicht in den Sinn. »Was habe ich bloß falsch gemacht?« »Warum ist er mit mir nicht zufrieden?« »Bin ich nicht mehr schön genug?«, fragen sie sich dann. Denn das Selbstbewusstsein von Frauen ist fragil. Ein falscher Blick, ein unbedachter Kommentar kann schon genügen, die innere Harmonie in Schieflage zu bringen.

Oftmals beginnt das Drama unmerklich damit, dass der Mann die Partnerin von seinem Freundeskreis isoliert. So knüpft er schon mal ein Netz, das für sie undurchschaubar ist. Oftmals sind die allerbrutalsten Männer sogar jene, die sich anfangs geradezu hingebungsvoll um ihre Frau kümmern. Die im Rückblick verklärt werden. In der Balzzeit wird man von diesen Typen mit einer Liebes-SMS geweckt, kontinuierlich mit Aufmerksamkeiten bedacht, mit Liebesbekundungen überschüttet, in den Schlaf hineingesimst, mit »Traumfraugesülze« auf das »meine Göttin«-Podest erhoben und so systematisch in Abhängigkeit gebracht.

Man muss Frauen raten, an diesem Punkt in Habtacht-Stellung zu gehen. »Obacht!«, sag ich nur, denn dies ist eine Form von psychischer Gewalt. Erst mal geht es ums Kleinmachen, um den Aufbau von Abhängigkeit und um Machtstrukturen. Wo er herrscht und sie liebt, bildet sich schon die erste Keimzelle für Gehirnwäsche. Es geht nämlich um psychische Gewalt. Erst wird die Seele vereinnahmt, dann das Vertrauen. Ist die Frau dann völlig blind vor Liebe, verkümmern ihre Antennen, die Indizien zu orten. Sie gibt ihre Selbstschutzmechanismen auf. Schutzlos wie eine Nacktschnecke ohne Haus kriecht sie über die Autobahn und nimmt die Gefahren, denen sie ausgesetzt ist, nicht mehr wahr. Überleben wird zur Glückssache. In diesem Kreislauf stecken sogar viele Frauen, die irgendwann geschlagen werden und dagegen nicht einmal etwas unternehmen. Die körperliche Gewalt ist ihnen lieber, als allein gelassen zu werden. Doch auch psychische Gewalt ist eine Form von Körperverletzung. Das sollte man sich mal klarmachen.

Bei keinem Mann der Welt geht es mit Schlägen los. Im Gegenteil! Spricht man mit Männern und würde das alles stimmen, was sie erzählen, hätte nie ein Mann jemals belogen, betrogen und missbraucht. Oder gar geprügelt! Da wird einem stets verklickert, die böse Ex habe die Rotweinflaschen grundlos an die Wand geknallt, nur noch onanie-

rend im Ehebett gelegen, ohne dass »der arme Ehemann«
sie anrühren durfte, weil ihm in der Scheidungsakte sonst
der Vorwurf der Vergewaltigung die Schlinge um den Hals
gelegt hätte, oder beklagt, die Frau habe sich völlig zu-
rückgezogen und nicht mehr kommuniziert. Wenn man
nach den Hintergründen einer Trennung fragt, trifft man
nur auf Männer, die Gutmenschen sind.

Kein Mann der Welt hat je von sich gesagt: »Ich habe
meine Alte nach Strich und Faden verarscht und das Vertrauen einer Frau, die mich liebt, aufs übelste missbraucht!
Außerdem rutscht mir immer mal die Hand aus, aber das
hat noch keiner geschadet!« Nein. Am Ende ist die Frau
immer die Hysterikerin, die die Kinder aufhetzt, aufs Geld
aus ist, und der Fremdgänger stellt sich als das arme Opfer
dar, dessen Existenz gefährdet ist, der am Abgrund steht
und »von den Weibern fertiggemacht« wurde. Und jede
verliebte Frau glaubt das! Sie stärkt ihm sogar den Rücken, indem sie sich sagt: »Er wurde halt provoziert, die
Ex hatte selbst Schuld.«

Ja, so sieht das aus, wenn wir alten Mädels zum Backfisch
werden, wir legen uns das alles schön so zurecht, wie wir
es brauchen, damit unsere neue Errungenschaft bloß ein
Held in strahlender Rüstung bleibt.

Und um sich in dieser hausgemachten Scheinwelt sicher
zu fühlen, sucht sich die Frau eine Schar gleichgesinnter
Leidensgenossinnen. Denn die Frau als solche hockt gerne
mit anderen Frauen zusammen und bespricht Sehnsüchte,
Zweifel, Unsicherheiten, Hirngespinste und ihre vage Zukunft.

So sind nun mal die Frauen dieser Welt, egal aus welchem
sozialen Umfeld. Mit oder ohne Abitur. Egal ob Ossi, Wes-
si, Nordi oder Südi. Letztendlich liegen die Unterschiede
nur in den Äußerlichkeiten. Geflennt wird mit der Her-
mestasche am Arm genauso wie mit dem Leinenbeutel in
der Hand. Die einen schlagen die Manolo Blahniks über-
einander und nippen am Schampus, die anderen stehen

in Latschen mit Fluppe im Mund an der Trinkhalle. Der Inhalt der Gespräche ist derselbe.

Und genau diese Schnittstelle machen sich die Medien zunutze. Denn Frauen lieben Romane. Und die Medien illustrieren den Stoff, aus dem Frauenträume nun mal sind. Noch schöner ist es, wenn diese Inhalte von echten Figuren vorgespielt werden, die dem wahren Leben entstammen. Und so lechzt man danach mitzufiebern, wenn die Sehnsüchte und Träume, die Irrungen und Wirrungen des Liebeskarussells auch vor der Prominenz keine Gnade kennen und diese mit Hempels unterm Sofa auf eine Stufe stellen.

Das persönliche Glück und Schicksal Prominenter wurde als Ware entdeckt, die der Vermarktung dient. Bei diesem Warenangebot ist Fremdgehen eine Topmeldung, immer eine sichere Schlagzeile. Je perfider, desto umsatzfördernder! Und viele Promis spielen mit und schlagen daraus sogar noch Profit. Die Fotografen verdienen gleich mit, und nichts katapultiert unbescholtene Nobodys schneller in die Medien als eine Affäre mit einem Promi. Wären alle Promis treu, gäbe es keinen Boulevardjournalismus.

Beim Streifzug durch die bunten Blätter im Supermarkt präsentieren sich britische Royals, ertappt beim Stelldichein heimlicher Affären, genauso wie übergewichtige Volksmusikstars, die bekennen: »Und im Puff war ich auch.« Präsidentschaftskandidaten, Filmstars, Wirtschaftsvorstände, Spitzensportler treiben die Auflagen in die Millionenhöhe, weil der Leser genüsslich die schmutzigen Details konsumiert. Und sich insgeheim dadurch besser fühlt.

Bei all der Sensationsgier dürfte dem Normalverbraucher auch die Genugtuung gefallen, dass im Gegensatz zu den VIPs die eigenen häuslichen Agonien niemals öffentlich breitgetreten werden. Da fühlt man sich doch gleich ein bisschen privilegiert. Hat man doch als Nobody den Reichen und Schönen wenigstens seine geschützte Intimsphäre voraus.

Doch selbst wer arm, hässlich und untreu ist, hat durch seine Ausschweifungen die Chance auf ein Forum: Talk-shows präsentieren die Sünder aus dem Volke, die sich öffentlich erklären wollen, und bringen uns Leute in die gute Stube, für die wir uns ohne deren Seitensprünge doch niemals interessiert hätten. Da macht dann das unbeholfe-ne Gestammel die Quote aus, und wenn erst »die andere Frau« das Studio betritt, nehmen wir amüsiert an der gro-ßen Schlammschlacht medialer Unterhaltung teil, die ihre Ursache in Papis ungezügelter Triebhaftigkeit hat. Kriegt man angesichts dieser Tatsachen nicht den Eindruck, dass sich die ganze Welt aushäusig amüsiert, nur man selbst bleibt außen vor? Wurden nicht Lustschlösser erbaut, um königlichen Orgien zur Sommerfrische einen romantischen Rahmen zu verleihen, war Jennifer Flowers nicht auf dem Cover von Penthouse, weil sie über ihre Affäre mit Bill Clinton ausgepackt hat, und hat der Möchtegern-Segel-ohrenkönig in England nicht seine Jugendliebe Camilla zur Frau genommen, nachdem die Macht dieser lebenslangen Affäre der englischen Rose Diana das Genick brach?

Und unterm Strich, seien wir ehrlich, ist all das sogar o. k.! Oder etwa nicht? Denn es erinnert uns an das wahre Mys-terium der Liebe, die bei uns längst dem Alltagstrott zum Opfer fiel. Denn was immer Liebe auch ist, es ist kein ra-tionales Gefühl. Manchmal führt die Illusion von Liebe ins Unglück, manchmal verändert sie das ganze Leben und schenkt völlig neue Perspektiven.

Liebe nennt sich der Pfad unserer Glückssuche, und sie vermag sowohl im Schmerz zu enden als auch ein Feuer le-benspendender Kraft zu entfachen, welches in einer sonst kalten und unpersönlichen Welt Wunder bewirkt. Liebe ist ein Katalysator. Wann immer Liebe ins Spiel kommt, übernehmen Emotionen die Kontrolle, und das Verstan-desmäßige rückt in den Hintergrund. Bauch siegt über Hirn!

»Ahhhh«, sagen wir, »wie schöööön!«, wenn wir lesen, dass

Paare um ihr Glück kämpfen mussten und die Liebe am Ende siegte. Und die Protagonisten dieser Romanzen werden zu Helden. Schaut euch doch die hochdotierten Platzhirsche an, die ihr Image darüber transportieren, was sie für tolle Hengste sind!

Gelebte Lebensqualität beinhaltet nun mal immer auch Champagner und schöne Frauen. Flavio Briatore findet es toll, die Zeitungsberichte über seine Amouren zu lesen, weil er sonst gar nicht wüsste, welches aktuelle Frauenfoto er sich für die Brieftasche ausschneiden sollte. Bei den Zeitungen steht wenigstens immer ein Datum drauf.

Und Erfolg auf dieser Linie wurde Männern schon immer verziehen! Kein Präsident ist für seinen Witz und seine Leidenschaft, ja für sein Charisma legendärer in Erinnerung geblieben als J. F. Kennedy. Der Typ hat rücksichtslos herumgeschlafen! Jeder wusste, dass er Marilyn Monroe beglückte. Eisenhower hat Europa von Hitler erlöst und war gleichzeitig ein Fremdgänger vor dem Herrn! Roosevelt geleitete Amerika durch die große Depression und hat nie was anbrennen lassen. Wunderbare Führer, die alle ihre Affären hatten.

Und dasselbe Prinzip findet auf dem Provinzparkett statt. Nehmen wir den CSU-Politiker Horst Seehofer: zu Hause Frau und drei Kinder, in Berlin unter der Woche jahrelang die junge, diskrete Geliebte. Zumindest bis ihr der Kragen platzt, weil sie als Quittung für ihre Loyalität eiskalt verabschiedet wurde. Aber von der Kanzel die heilige Familie predigen. Und als die Geliebte schwanger wird, nicht mal Manns genug sein, sich zu bekennen. Monatelang rumeiern. Um schließlich wieder zu Mutti zurückzukehren. Statt klare Strukturen lieber ab und an mal eine SMS, und die Menschenleben, die man unglücklich gemacht hat, werden unter den Teppich gekehrt. Denken Sie an die arme Hannelore Kohl!

Warum also sollte unter diesen Gesichtspunkten der liebende, wunderbare Familienvater von nebenan immun auf das Angebot eines Seitensprunges reagieren? Bloß weil er gute Charaktereigenschaften hat? Zu Hause beim Sex die Socken anbehält und nach dem Kochen immer so schön die Küche aufräumt? Papperlapapp! Wenn schon, dann verzichtet er auf persönliche Ausschweifungen am ehesten aus Mangel an Gelegenheit, Bequemlichkeit oder Faulheit.

Im Grunde beneiden solche Männer einen Dieter Bohlen. Dessen Exfreundinnen reichen völlig aus, unter den A- bis C-Promis Deutschlands ganz allein die Kategorie D zu bilden. Noch 200 Sitzungen im Solarium und 20 Luder später, und kein Mensch wird Dieter noch von Roberto Blanco unterscheiden können.

Ein toller Hengst zu sein hat noch nie dem Ansehen eines echten Kerls geschadet. Das ist eben, was uns als Frauen sofort ins Hintertreffen bringt: Einem Mann wird gratuliert, wenn er mit seinen Beischlafgespielinnen auftrumpft, eine Frau macht 20-mal im Leben ihre »Erfahrungen«, und schon ist sie eine »abgegriffene Schlampe«.

Als Fußballer der Nationalelf darf man sowieso alles. Wenn Olli Kahn beim Oktoberfest von Bayern München aufschlägt, bekommt der Begriff »Freistoß« eine völlig neue Bedeutung. Und galt Verena Kerth nicht jahrelang auf der Wiesn in München als beliebtestes Fahrgestell? Eine schlechtblondierte Nobody-Freundin eines Fußballers muss nur vier Wochen am Ball bleiben, und schon darf sie zu J. B. Kerner in die Sendung.

Die Fußballer von heute sind so durchgestylt, gefönt und überschminkt, sie sind immer schwerer von der eigenen Spielerfrau zu unterscheiden. Bei David Beckham besteht die größte Verletzungsgefahr nicht auf dem Platz, sondern wenn er in der Mannschaftsdusche Schaum in die Augen bekommt. Ich habe den Verdacht, dass Beckham bei Regenwetter gar nicht mehr antritt, aus Angst, dass der Kajal verläuft. Da weiß man doch manchmal echt nicht, ob es der Sanitäter oder der Stylist ist, der mit dem Erste-Hilfe-Köfferchen übers Spielfeld rennt. Und an ebendieser Metrosexualität der neuen Fußballheldengeneration orientiert sich halt auch der gemeine Konsument. Was sich ein Fußballheld erlauben darf, das wird nämlich zum allgemeinen Kulturgut erhoben. Da weigern sich teilweise schon Amateure aus Wanne-Eickel, nach dem Spiel die Trikots zu tauschen, nur weil sie farblich nicht zu den Schuhen passen. Wer dreckige Stutzen, Oberlippenbärtchen und unrasierte Waden sehen will, der muss heutzutage echt Frauenfußball gucken!

Und selbst wenn eines Tages die Karrieren der Promis den Bach runtergehen, so sind Frauengeschichten eine legitime Betätigung, um medial am Leben zu bleiben. Bei Boris Becker kann man die Namen der Frauen gar nicht so schnell mitlernen, wie sie wechseln. Als Boris sein Besenkammerkind zeugte, war Babs gerade hochschwanger. Dabei fragt man sich, wozu er die Frauen überhaupt wechselt? Sie sehen ja eh alle wie Klone von Barbara Becker aus. Man müsste ein Panini-Sammelalbum herausbringen, um die dunkelhäutigen Schönheiten eines Boris B. zu katalogisieren. Aber immerhin: ohne Boris Becker hätte ein Sender wie 9 live praktisch gar keine Moderatorinnen.

Ein richtiger Mann ohne Frauengeschichten? Das hat es noch nie gegeben! Schöne Frauen gehören zum Leben eines Mannes wie das Salz zur Suppe! Die Geschichte ist voll von wunderbaren Männern, die ein Leben lang ihre Frauen hintergangen, betrogen und bloßgestellt haben. Legendäre Herzensbrecher waren meist ihren Geschlechtsgenossen an Charme, Attraktivität, Intellekt und Phantasie haushoch überlegen. So bildete sich regelrecht der Kult des Schürzenjägers.

Denn Romanzen verleihen dem Leben erst die rechte Würze. Das Knistern des ersten Mals, das Feuer der Eroberung ist eben selbst im Leben hartgesottener Kerle durch nichts zu ersetzen. Dafür nehmen Männer nur allzu gerne Risiken in Kauf: Jeder Kerl, der einigermaßen bei Trost ist, weiß, dass Affären finanziell ruinös, emotional katastrophal und gesundheitlich lebensbedrohend sein können. Wenn es all das wert ist, dann muss doch was dran sein!

Wir alle kennen Leute, haben gute Freunde, die sich unerwartet plötzlich trennen und von heute auf morgen mit Partnern liiert sind, die sie garantiert nicht gerade letzte Woche kennengelernt haben. Bloß – warum hüllen sich Männer in einen Panzer der Schweigsamkeit, wenn sie sich dafür erklären sollen?

Weil die Wahrheit uns nicht weiterbringt. Denn Männer gehen aus den blödesten Gründen fremd. Oft wäre die Wahrheit total lapidar: »Sie ist halt mitgegangen.« »Sie war da und du nicht.« »Ich war scharf auf sie.«

Das soll's gewesen sein? Natürlich nicht, aber es ist die Bilanz dessen, was darunterliegt. Jede Affäre hat ihre Vorgeschichte. Das Fremdgehen beginnt schleichend, wenn Mutti am wenigstens damit rechnet und im Garten erdbeerkuchenessend fröhlich mit den Füßen wippt und in die Sonne blinzelt. Es beginnt in dem Moment, wo er sich das erste Mal vorstellen könnte, fremdzugehen. Wo er nach zermürbendem Kleinkrieg beim heißersehnten Versöhnungssex denkt: »... und blasen kann sie auch nicht ...«

Denn Fremdgehen ist Teil unserer evolutionären Last, eine Entwicklung der Zivilisation und so ziemlich die prickelndste Kreation der menschlichen Phantasie. *Der* Rettungsanker, wenn das Drehbuch unser großen Liebe eine unerwartete Wendung nimmt, die Beziehung in die Sackgasse gerät und zwei unterschiedliche Menschen Bedürfnisse entwickeln, die nicht parallel verlaufen. Und wem soll man das nicht zugestehen? Fremdgehen ist die Suche nach dem Ausweg!

Zu Hause wird der Alltag von Erwartungen, Verpflichtungen, Spannungen und Konfliktthemen dominiert, die Liebelei am Rande jedoch ist reserviert für die schönsten Dinge zwischen Mann und Frau. Affären sind aufregende Romanzen, die uns von der Langeweile der alltäglichen Verpflichtungen erlösen. Wer im Alltagstrott erstickt, dem werden plötzlich wieder Flügel verliehen. Wem kann man es verübeln? Lässt sich so etwas verbieten?

Affären befriedigen universelle emotionale Bedürfnisse und haben eine solche Macht über uns, dass Millionen verheirateter Paare willens sind, dafür ihren Ruf, ihre Sicherheit, ihr Vermögen und ihr Familienleben aufs Spiel zu setzen. Wer eine Affäre hat, spielt volles Risiko. Männer, die fremdgehen, haben sich längst all die Fragen beantwortet, die die Ehefrau noch nicht mal zu stellen wagte. Sie kennen die Antworten, aber verschanzen sich hinter einer Mauer des Schweigens. Den Schild der Sprachlosigkeit werden sie erst dann sinken lassen, wenn keine Fragen mehr auf sie einprasseln. Was nicht heißt, dass sie dann mehr preisgeben als unbedingt nötig. Denn was sie gefunden haben, ist der Schlüssel zur persönlichen Entdeckungsreise zum eigenen Ich, zu spiritueller Entwicklung, Auseinandersetzung mit sich selbst, und das alles in der Hoffnung auf ein glücklicheres und erfüllenderes Leben. Menschen wollen weiter wachsen dürfen, auch wenn der Partner einen beschneiden und in Beziehungssituationen einkerkern will.

In jedem Fall ist ein Seitensprung ein Indiz dafür, dass man (oder Frau) in der Gemeinschaft mit dem Dauerpartner nicht die wahre, einzig berauschende Einheit von Leib und Seele gefunden hatte, die wie ein natürlicher Mechanismus allein Schutz vor dem Fremdgehen geboten hätte.

Wer fremdgeht, stellt sich die Frage »Soll das jetzt alles gewesen sein?« und hofft auf die Antwort »Nein«. Selbst wenn die Reise zum eigenen Ich zum Albtraum werden kann. Die Entscheidung, wie man von dieser Begegnung mit sich selbst zurückkehrt, liegt in den Händen des Fremdgängers.

3.
Sex and the Internet – die neuen erogenen Zonen

In Deutschland geht die Hälfte aller in Partnerbeziehungen lebenden Männer und Frauen fremd. 90 Prozent dieser Seitenspringenden fühlen sich kein bisschen schuldig. Im Gegenteil, alle meinen, sie hätten ein Recht darauf.

Die Welt des Fremdgängers ist in Ordnung, solange die Heimlichkeiten nicht auffliegen. Um die Sache als solche macht er sich keine Gewissensbisse. Während früher eine Affäre der Anfang vom Ende war, so hört man heute ganz selbstverständlich als Rechtfertigung: »Wieso denn nicht, ich war ihr doch zehn Jahre treu, das ist ja nun wirklich mehr als genug!«

Ausgerechnet jene Männer, die zuverlässig ihrer strengen und konservativen Partnerin gegenüber die ehelichen Verpflichtungen korrekt einhalten und den idealen Schwiegersohn geben, erwerben sich nämlich durch den Opfergang der Monogamie praktisch den Freifahrschein fürs eigene Gewissen: »Boah ey, drei Jahre hatte ich wirklich nur Uschi, ich krieg ja Depressionen, wenn ich nicht mal langsam eine andere an den Start bekomme!« Das ist der Stoff, aus dem heutzutage Männergespräche sind. Und keine Uschi kommt heute verheult nach Hause und erklärt unterwürfig stotternd: »Das wollte ich ja alles gar nicht, aber du beachtest mich ja nicht mehr!«

Die Aura von Notausstieg, Schreitherapie und Anklage hat ein Seitensprung bei Frauen längst nicht mehr. Und wer das alles nicht wahrhaben will, der muss jetzt auch noch verdauen, dass 79 Prozent der Fremdgänger sagen, sie hätten in ihrer Affäre den besseren Sex. Sonst würden sie diese ja schließlich nicht fortsetzen.

Wenn Sie mich fragen, logisch das Ganze! Es war nur eine Frage der Zeit! Denn unser life-gestyltes Wohn-, Fun-, Wellness- und Gourmetdasein ist nun auch beim Sex angekommen. Sushi und Mangosorbet, Hummer und Prosecco sind im Billigsupermarkt zum Alltagsgenuss verkommen, da sollte sich doch keiner vormachen, emotional gutgepanzerte Kerle überkäme das Bedürfnis nach Verzicht und Selbstkasteiung, wenn sich eine feuchte Gelegenheit, eine willige Gespielin bietet.

Das aggressiv-testosteronschwangere Selbstbewusstsein eines einigermaßen gutaussehenden Kerls schüttelt das schlechte Gewissen mit dem Kommentar ab: »Ich geh einfach ein bisschen fremd, und zu Hause ist wieder gute Laune.« Na, wenn das keine Beziehungspflege ist!

Wer nur mit einem Partner schläft, wird heutzutage schon als krank eingestuft. Das spiegelt sich auch im amerikanischen Buchmarkt wider, wo sowohl Anleitungen für den Affärenaufbau als auch konspirative Ratgeber à la »Fellatioqueen in 30 Tagen« den Markt stürmen. In Frauenzeitschriften auf dem Weg zur Arbeit liest Mutti dann eben nicht mehr nur, wo es die günstigste Sülze gibt, sondern dass sie sich einen erotisch uninteressanten »Strohmann« suchen soll, der ihr zusätzlich zum jungen Liebhaber als »Walker« immer ein Alibi verschafft und vom tatsächlichen Deckhengst ablenkt.

Und Hobbys soll sich die Fremdgeherin zulegen, aber nur solche, für die sich der eigene Mann nicht interessiert, denn dann käme der am Ende vielleicht noch mit, das will ja keiner.

Aber Angelverein, Lektüregruppen, Bibelseminare, Bauchtanzgruppe, Trommelworkshops, das alles schafft Freiräume, in denen man der festgefahrenen heimischen Beziehungshölle fürs Erste entrinnen kann. Die Zeiten, wo man sich Sorgen macht, wenn's bei Papi mal wieder später wird, sind genauso vorbei wie die hausgemachte Schmalzstulle im speckigen Butterbrotpapier, die er Punkt zwölf im Büro auswickelt.

Wenn der Versicherungsmakler Ingo M., 36, heute sagt: »Liebling, ich komm später ... muss mit Kollegen noch ein neues Projekt besprechen«, dann antwortet die Sex-and-the-City-gebildete Uschi nur: »Lass dir Zeit, Spatzi, ich bin sowieso beim Yoga!«

Als ernstzunehmende Medienhistorikerin und durchblondierte Hobbysoziologin gehe ich sogar so weit zu behaupten, dass der Impuls für die Erfindung der neuen Technologien weltweit das Fremdgehen war! Der Eros des Wissenschaftlers, der einst über seinem Hexenkessel so lange experimentierte, bis er den Fotoapparat erfand, war in Wirklichkeit seine Sehnsucht nach Pornographie. Das Unaussprechliche, die mit schamhaften Blicken voller Lust und Gier betrachteten wallenden Brüste, musste ganz einfach Verbreitung finden. Wer auch immer es war, der den Schmalfilm erfand, er tat es, um erotische Filme zu produzieren. Und dafür gibt's am Ende dann sogar noch den Nobelpreis! Was meinen Sie wohl, warum sich das Videoformat VHS gegen Betamax durchsetzte? Na? Nun, weil sich die Pornoindustrie in Kalifornien für VHS entschied!

Und warum wurde das Handy erfunden? Ganz bestimmt nicht, damit der Fleischfachverkäufer von der Bushaltestelle aus zu Hause anruft und sagt: »Mach die Klopse fertig, ich bin gleich da.« Nein, Ihr Lieben, der Herrgott erfand das Handy, damit ein Mann in Hamburg sagen kann: »Schatzi, hier in München ist das totale Chaos auf der Autobahn, ich fahr jetzt zurück ins Hotel und komm erst morgen!« – natürlich während die Gespielin verständig schweigend schon mal ins Bad geht und sich im Schritt frisch macht.

Mobilfunk und Internet haben Seitensprünge nicht etwa erleichtert, o nein, sie haben das Fremdgehen zum Volkssport gemacht. Affären werden durch die neuen Medien nicht etwa nur möglich, umgekehrt, das moderne Leben wird durch Affären erst beseelt!

Der Profi hat längst zwei Telefone. Ein Arbeits- und ein Fremdgehhandy. Da werden die möglichen Gespielinnen unter burschikosen Nachnamen als männliche Kollegen verwaltet. Pleschke. Wenneberger. Klaus Schacha. Antworten tun aber Jasmin, Anja und Vanessa.

Werden Sie erwachsen, Gnädigste, sage ich nur, wenn Sie allen Ernstes die Mobilfunkrechnungen noch nach Telefonnummern durchforsten, die Ihrem Misstrauen Gewissheit verschaffen könnten, dann sind Sie in einer Zeit stehengeblieben, in der es noch Wählscheiben gab. Nein, ein Mann, der weiß, was er tut, kauft sich Prepaid-Karten, damit keine Rechnung mit der Post kommt! Und eine Frau natürlich auch. Das Handy ist heutzutage zur erogenen Zone geworden. Und wenn Ihr Mann Vegetarier ist und Sie in seinem Handy den Balkangrill Zagreb finden, dann können Sie fast sicher sein, dass dahinter irgendeine Svetlana Lutschkowskaja steckt.

Glauben Sie vielleicht immer noch, Shoppingwahn und Schnäppchenjagd seien die Freizeitlieblingsbeschäftigung Nummer eins? Dann geben Sie doch mal spaßeshalber unter Google »Seitensprung« ein! 2 370 000 Seiten allein auf Deutsch! Noch Fragen?

In unserem Land wird heutzutage jeder an den Mann gebracht, denn das Land der Dichter und Denker hat ein neues Allerweltshobby: Fremdgehen! Und wer da nicht mitmachen will, für den gibt's Schnupperkurse zum Einsteigen, gerade wie man das als vollschlanker Büromensch aus dem Fitnessstudio kennt: der kostenlose Seitensprungtest für Neulinge, Fremdgehtipps für Anfänger, den Gratis-Psychotest fürs eigene Persönlichkeitsprofil nach dem Motto »Welche Bedürfnisse habe ich wirklich?«.

Und jetzt kommt das Beste: Männer zahlen 69 Euro, Frauen nix! Das ist echter Schnäppchensex – und Gelegenheit macht geil! Wir sind doch längst dazu erzogen worden, mitzunehmen, was günstig daherkommt. Und als Frau ist man in der virtuellen Welt des modernen Sexualmanagements eben eine billige Nummer. Uns gibt's gratis auf dem Fremdgehmarkt. Und wir kriegen frei Haus die Online-Tipps, wie wir uns erotisch aufforsten müssen, um im Stutenkarussell mithalten zu können. Vielleicht ist das der Grund, dass eine Frau sich plötzlich die Bikinizone komplett wachsen lässt, obwohl die das immer total ordinär fand.

Und wir alle, die wir als billige Gratiskurtisane mitspielen, befeuern mit unserer Triebhaftigkeit das Karussell der 30 Millionen Fremdgänger, ein Geschäft, bei dem es nicht um Peanuts, sondern um Millionen geht. Und wie das bei Millionen so ist, gibt man sich teilweise so seriös, als ginge es um die Vermittlung eines Rentenplans oder einer Lebensversicherung.

Wer »Heute noch kostenlos seinen Seitensprung« findet, wird begrüßt wie im Autohaus! Der Kunde ist noch König bei den Seitensprungagenturen, da gibt es gleich mal visuelle Appetithäppchen als Begrüßungscocktail und wie im Jackpot der Klassenlotterie Mutmacherfakten à la »Bei 30 Millionen Singles ist einer für dich dabei!« Man klickt sich also durch wie auf einer Immobilienplattform: Welches Geschoss darf's denn sein? Mit Balkon oder ohne? Kellerräume trockengelegt oder nur teilsaniert? Wählen Sie Ihre Lieblingsregion! Ja, hier wird noch mit Reichweiten und Garantien geworben! Wünschen Sie als Vermittlungsart unsere Premium-Mitgliedschaft für unkomplizierte One-Night-Stands, Erotikabenteuer der besonderen Art, Soft- oder Hardcore, oder wollen Sie den schnellen Treppenfick mit der unverbindlichen Monatsprämie?

Hier wird richtig rangeklotzt mit dem Know-how großer »Seitensprungnetzwerke«! Beim Fremdgehen unter Gleichgesinnten bekommt man gleich eine Mitgliedsnummer wie im Sportverein, und mit visuellen Hilfsmitteln aller Art fühlt sich da der biedere Papi fast wie ein Makler, der ganz modern die Aktien an den Seitensprungbörsen dieser Welt jongliert.

Man gewinnt wirklich den Eindruck, dass man ja bekloppt sein müsste, all diese Chancen ungenutzt verstreichen zu lassen. Wer auf der Höhe ist, muss heutzutage früher oder später den Eindruck gewinnen, der einzige Mensch zu sein, der noch das zehnte Gebot beherzigt: Du sollst nicht begehren deines nächsten Weib! Na, macht ja auch keiner, wir begehren den nächsten Online-Stecher oder grasen ganz einfach unter den Singlesbörsen!

Und wer gar nicht in die Gänge kommt und sich den medial zur Verfügung stehenden Verlockungen widersetzt, für den gibt's dann die Gratissexseiten nur zum Anschauen. Da kann sich der biedere Familienvater nach Büroschluss ja schon mal auf Hochtouren bringen und dann gut vorstimuliert die Heimfahrt antreten. Oder gleich im Büro die visuelle Erregung handarbeitlich zur Endlösung bringen. Was meinen Sie, warum neben so vielen Schreibtischen heute eine Dick-und-durstig-Rolle steht?

Madame, auch wenn es Ihnen in Ihrem Wolkenkuckucksheim übel aufstößt, es gibt kaum mehr ein Büro, in dem nicht in irgendeinem Tresor, dessen Anschaffung für die ganz bösen Sachen gedacht war, die Sammlung von Papis Pornos Einzug gehalten hat. Da können Sie noch von Glück reden, wenn Ihr Mann Geschmack beweist und was Attraktives mit Idealmaßen begehrt, denn statistisch gesehen läuft der Schwangeren- und Omasex am allerbesten.

Mein Gott, wie hat doch die virtuelle Welt unser Sexualleben verändert! G-Spot, tätowierte Titten, Möpse aufgeblasen wie Fußbälle, Schamlippen-Piercings, Anal-Plugs, ferngesteuerte Liebeskugeln für die Muschi – man hat den Eindruck, heutzutage muss ein Mann seinen Schwanz an den Laptop anschließen, um überhaupt mithalten zu können.

Diese sexualisierte Gesellschaft, in der keine Klobürste

mehr ohne das Bild einer nackten Frau beworben wird, trifft nun auf die ganz alltäglichen Frustrationen im Friedhof Schlafzimmer. Real life meets virtuelle Traumwelt. Die innere Flucht vor Muttis XXL Hängebusen findet ihren Hafen durch einen Mausklick auf die Erotikportale. Und dann zählt nur noch die Phantasie. Denn Fremdgehen beginnt im Kopf. Oft haben sich Ehepaare unmerklich auf den kleinsten gemeinsamen Nenner geeinigt und behaupten nach außen ein intensives Sexleben, was in Wirklichkeit aber zur ehelichen Pflicht verkommen ist.

Allein schon das Feuerwerk erotischer Anziehung zur Pflicht werden zu lassen spricht doch Bände. Wieso redet der § 1353 des Bürgerlichen Gesetzbuches nicht von ehelichem Vergnügen oder partnerschaftlicher Intimität? Sex ist in Deutschland eine Pflicht wie Autowäsche, Rasenmähen und Steuererklärung. Und wo früher dann tote Hose war und Mami und Papi sich dem Golfen oder dem Rosengarten widmeten, und die hormonelle Produktionsmaschinerie der Triebhaftigkeit zurückgefahren wurde, da setzt die Mehrheit heute die unausgelebten Phantasien in die Praxis um.

In Deutschland würde nach aktuellen Umfragen die Hälfte aller Ehepaare den Partner nicht noch einmal heiraten. Und die Sexbranche lebt ja wahrlich nicht nur von den Ehepaaren, jeder ist willkommen – es besteht nicht die geringste Verpflichtung, beim Einloggen auch nur eine einzige wahrheitsgemäße Angabe zu machen. Wo Mutti sich ehrlicherweise unter Faltenhexe 56 anmelden sollte, da wird sie eben mal schnell zu Sexyhexy 23!

Sie loggt sich ein und ist in einer anderen Welt. Alter, Spreckrollen und kaputte Dauerwelle spielen keine Rolle mehr. Jetzt besteht Mutti nur noch aus den Worten, die sie tippt. Und dies verleiht ihr Flügel. Die Schüchternheit verfliegt, alle Hemmungen fallen ab. Geradewegs so, als erwache am Computer ihr anderes Ich. Denn beim Chatten entdeckten die Menschen ihre Phantasie. Und die Anonymität des Chatrooms umhüllt die persönlichen Defizite wie ein schützender Mantel. Man verbrüdert sich wie IRL (im realen Leben) mit Menschen, denen man nie in die Augen geschaut und deren Stimme man nie gehört hat. Berührt werden nur die Träume und die Sinnlichkeit, und so fühlen sich die Teilnehmer von allen Zwängen befreit.

Ja, das Fremdgehen beginnt im Kopf! Von da an geht es nur noch um passende Gelegenheiten. Im Erotik-Chatroom darf jeder endlich sein, wie er im richtigen Leben gerne wäre. Und das ist ein echter Kick!

Wo im wahren Leben bei ersten Berührungen vielleicht noch Zweifel heraufziehen, verlangt im Netz keiner eine Rechtfertigung. Angriffe und Auseinandersetzungen werden per Mausklick abgewehrt. Wer dumm daherkommt, wird auf ignorieren gesetzt, basta. Im Netz werden Beziehungen gepflegt, Allianzen geschaffen und die Sympathien völlig neu verteilt. Die sprachlose Kantinenhilfe ist dort plötzlich Wortführerin. Im Chatroom vermag sie Fäden zu ziehen, wo sonst? Im Nebenzimmer lümmelt Papi im Jogginganzug vor der Sportschau, während Muttis körpereigene Sekrete vorm PC vibrieren. Wenn der Kumpel durchschellt und fragt: »Was macht deine Frau so?«, murmelt Papi nur: »Och, die is' am Chatten!«

Doch dem Bierbauch auf dem Sofa dürfte nicht wirklich gefallen, was sie in ihrer neuen Galaxie erlebt! Wer verbirgt sich wohl hinter Lederengel 32, der regelmäßig die Mutti, eingeloggt unter Sexywoman 27, zum Schmunzeln bringt?

Die Anonymität des Mediums ist es, die schüchternen und auch nicht so schüchternen Frauen so enorm entgegenkommt. Und über kurz oder lang sind Muttis Termine am PC weit wichtiger geworden als die Bügelwäsche. Was als harmloser Flirt begann, nur so als Feierabendspaß zum Abschalten und Ablenken, wird zur tatsächlich existierenden Traumwelt. Und Muttis zweite Existenz gefällt ihr natürlich viel besser als dieses unglamouröse Dasein in der trüben Wirklichkeit. Irgendwann verschwimmen schließlich die Grenzen. Da hält man sich dann für das, was man vorgibt zu sein, denn immerhin hat man ja diese witzigen Kommentare selbst geschrieben! Und so kommt es, dass Millionen Frauen die virtuelle Welt für ihre wahre halten. Schleichender Realitätsverlust ist das. Bis einer kommt, dessen Worte die Seele berühren. Mutti entdeckt Seiten an sich, von denen weder Papi noch sie selbst etwas erahnte. Die Worte des Lederengels versüßen ihr den nächsten Tag und begleiten sie in die Nacht. Sie kann es kaum erwarten, bis es 23 Uhr ist und sich die Gangbang-Mannschaft einloggt, um die sexuellen Phantasien der letzten Nacht auszutauschen. Das sind süchtig machende Erlebnisse, da wird Mutti, um mithalten zu können, genauso scharf zurückschießen. Bis sie mit ihren imaginären Partnern Cybersex hat. Da geht's dann wechselseitig nur noch um erotische Phantasien, wer was mit wem und vor allem, wie er es macht. Tja, und eines Tages liegt neben dem Computer dann der Dildo.

Muss natürlich nicht so sein, kann auch anders laufen, aber der Anonymität dieses Mediums haben Millionen von Frauen eine Reanimation ihrer erotischen Phantasien zu verdanken. Cyber-Affären, die keine persönlichen sexuellen Kontakte nach sich ziehen, können eine bestehende Partnerschaft ebenso torpedieren wie ein Seitensprung. Denn das Suchtverhalten in Kombination mit der emotionalen Abhängigkeit entfernt die Partner voneinander, so lange, bis ein Paar in verschiedenen Welten, auf zwei Planeten lebt.

Bei der Frage »Wo lernen Frauen heute ihren Partner kennen?« steht das Internet neben Arbeitsplatz und Party an dritter Stelle! Wer also richtig ranklotzen will, sollte am Arbeitsplatz in Erotik-Foren chatten und öfter mal 'ne Party geben, so was nennt sich dann Cross-over-Männerbeschaffungsstrategie.

Wer vielleicht schon alles versucht hat, um seine eingeschlafene Beziehung zu retten, wartet doch nur auf den Moment des Absprungs. Mir sind Frauen bekannt, die wegen Internetbekanntschaften nicht nur betrogen, sondern ihre Familien verlassen und die Stadt gewechselt haben. Aber all diese Frauen hatten den seelischen Koffer schon gepackt, bevor sie überhaupt wussten, wie man zu einem Internetanschluss kommt!

Für beide Geschlechter gilt: Der Computer gehört inzwischen zur Intimsphäre. Egal ob Affäre, One-Night-Stand, aktive Nutzung der Erotik-Foren, Surfen durch die Pornoseiten oder klassischer Seitensprung: Heute ist es normal, mit dem Liebhaber/der Liebhaberin per E-Mail zu kommunizieren. Dieses Medium entzieht sich dem Zugriff misstrauischer, stöbernder Ehefrauen wesentlich leichter als das Handy. Und die Männerdomäne Büro rettet mal wieder die weiße Weste des Ehemannes: denn der Zugriff darauf ist für Mutti tabu.

Oje, welche Traumwelten würden zerplatzen, wenn die Ehefrauen dieser Welt wüssten, was tatsächlich alles an schmutzigen Phantasien auf der Festplatte im Büro gespeichert ist! Ein Arbeitsalltag, der nicht von kleinen Flirts am PC unterbrochen wird, ist heutzutage kaum mehr denkbar.

Der ausgefuchste Profi hat inzwischen Antennen entwickelt, um einzuschätzen, welche modernen körpersprachlichen Eigenschaften ein Mann oder eine Frau an den Tag legen, wenn in Liebesdingen kommuniziert wird. Na los, kippen Sie einen Brandy und nehmen Sie zur Kenntnis, was die untrüglichen Hinweise sind, dass er oder sie etwas zu verbergen hat:

- Besteht auf Privatsphäre, wenn gesurft wird
- Chattet permanent mit »Freunden«
- Tauscht Intimitäten übers Netz online mit Freunden aus
- Empfängt Mails von immer derselben Privatperson

- Behält nervös den Computer im Auge, wenn der Partner dran arbeitet – es könnte ja sein, dass eine verfängliche Nachricht hereinflattert
- Löscht Dateien, Ordner und die Historie der Online-»Fußspuren«
- Schließt sofort den Laptop, wenn der Partner den Raum betritt
- Ändert ständig Passwörter, schließt Fenster und wechselt Seiten, wann immer der Partner ins Zimmer kommt
- Stellt den Computer in eine privatere Ecke des Wohnraumes, in die Garage, den Keller, den Dachboden, einen Schrank – natürlich um ungestört und unbeobachtet den Leidenschaften frönen zu können
- Bleibt lange auf und arbeitet am Computer, wenn der Partner längst schläft
- Richtet mehrere E-Mail-Konten ein
- Blockiert den Computer durch Passwörter für die Benutzung durch den Partner
- Checkt den Computer sofort nach dem Aufstehen nach nächtlichen E-Mails der Liebschaften
- Ist nach den Stunden am Computer sexuell erregt
- Verbringt die Freizeit in »private member rooms«
- Empfängt und sendet E-Mails mit erotischen Zwischentönen
- Kommt mit leuchtenden Augen vom PC, obwohl man eigentlich bis spät in die Nacht »gearbeitet« hat

Den Computer zu knacken wäre also die absolute Kür des misstrauisch gewordenen Partners, und danach gäbe es wohl genauso wenig Zweifel wie einst nach dem Durchstöbern persönlicher Tagebücher.

Leichter zu überführen sind Übeltäter dann doch eher durch die Art ihrer Telefongewohnheiten. Nur die ganz perfiden Geliebten wagen es heutzutage noch, telefonisch die Privatsphäre ihrer Liebhaber zu betreten. Meist verfügt eine Geliebte nicht einmal über die private Telefonnummer.

Und dieses dämliche Anrufen und Auflegen ist ohnehin nur etwas für Fremdgeh-Anfänger. Aber trotzdem: Die verfänglichen Situationen sind derart variabel, dass es immer wieder zu Situationen kommt, wo allein der Habitus des Telefonierenden den Seitensprung preisgibt:

- Telefonate werden privat geführt, d. h., der Raum wird verlassen, oder sie finden hinter verschlossenen Türen statt
- Wenn Sie zugegen sind, wird das Gespräch knapp beendet und angekündigt, später zurückzurufen
- Das Mobilfon wird verwendet, obwohl ein Festnetzanschluss daneben steht
- Es wird auffällig leise gesprochen, geflüstert oder gemurmelt
- Dieselbe unbekannte Telefonnummer erscheint im Speicher der ausgehenden Anrufe
- Die Anruflisten werden ständig gelöscht
- Immer wenn Sie ins Zimmer kommen, legt er zufällig gerade auf
- Bevor er telefoniert, vergewissert er sich, wo Sie sind und was Sie gerade tun
- Er geht spazieren, um zu telefonieren
- Wenn er mit dem Auto von der Arbeit kommt, bleibt er noch sitzen und telefoniert, bevor er aussteigt
- Er hat den drahtlosen Anschluss immer in seiner Nähe, sodass er als Erster Zugriff hat, wenn es klingelt
- Er benutzt neuerdings Pre-paid-Karten, damit keine Rechnungen mehr kommen
- Sie empfangen plötzlich ungewöhnlich viele fehlgeleitete Anrufe: falsche Nummer, abgebrochene Anschlüsse, geblockte Telefonnummern, Stimmengemurmel im Hintergrund
- Die Telefonate, die in Ihrer Gegenwart stattfinden, klingen kryptisch oder codiert, sie machen wenig Sinn und sind betont karg gehalten

- Eine Frau antwortet, wenn Sie unverschämterweise die Wahlwiederholung drücken, während er mal pissen geht.
- Er nimmt Gespräche nicht an, wenn Sie im Zimmer sind
- Er hat plötzlich ein zweites Handy – für private Zwecke
- Er prüft seine Mailbox nur, wenn er alleine ist
- Er telefoniert zu ungewöhnlichen Zeiten: sehr früh oder sehr spät
- Er telefoniert lange mit einer Person, die er dann als »falsche Nummer« deklariert
- Sobald Sie das Haus verlassen, greift er zum Handy
- Wenn er unterwegs ist, ruft er Sie von einer geblockten Nummer an, sodass Sie ihn nicht per Wahlwiederholung zurückrufen können
- Sie erhalten Anrufe, die plötzlich abbrechen, sobald er abgehoben hat – Anzeichen für eine labile und unerfahrene Geliebte
- Die Telefonrechnung enthält wiederholte Anrufe unter einer bis dahin unbekannten Nummer
- Verdächtige »falsche Verbindung«-Nummern tauchen immer zu ähnlichen Zeiten auf. Notieren Sie das Muster, es kann sein, dass Ihr eigener Mann vor jedem Rendezvous überprüft, ob Sie auch schön zu Hause auf ihn warten
- Er richtet zu Hause eine zweite Telefonnummer ein
- Er telefoniert neuerdings aus Telefonzellen
- Sie erhalten einen anonymen Anruf von jemandem, der sagt, dass Ihr Mann Sie betrügt
- Seine Geliebte ruft an, gesteht die Affäre und sagt Ihnen, dass Ihre Ehe im Eimer ist
- Der Ehemann seiner Geliebten ruft an, schenkt Ihnen reinen Wein ein und sagt Ihnen, dass beide Ehen im Eimer sind

4.
Die Schule der Mätressen –
Meisterinnen der Liebe

Es mag nur ein schwacher Trost sein, aber ein Mann, der seine Geliebte heiratet, schafft automatisch eine Vakanz für diese Position.

Ob Kokotten, Konkubinen oder Kurtisanen, die historisch verbrieften Liebesgeplänkel von Kaisern, Fürsten und Königen verleihen Affären quer durch alle Bevölkerungsschichten den Reiz des ganz besonderen Luxus. Die Nebenfrau ist eben das Wertvollste und Edelste, was sich ein Mann gönnen kann.

Die Institution Ehe wurde in den Monarchien als ein politisches, wirtschaftliches und biologisches Zweckbündnis etabliert, das klare Aufgaben zu erfüllen hatte. Aristokraten heirateten, um Macht und Land zu erhalten, um ihren Einfluss zu potenzieren, aus politischen Gründen – aber selten aus Liebe. Es mussten dann zwar ein paar Erben gezeugt werden, möglichst männliche natürlich, aber geschlafen wurde meistens getrennt – in verschiedenen Seitenflügeln des Schlosses. Im Gegensatz zu Bauern oder dem Bürgertum, das in kleinen Häusern mit quengelnden Kindern aufeinanderhockte, bot dieser Rahmen nun ja auch eine Vielfalt von Möglichkeiten, sich aus dem Wege zu gehen.

Nebenher vergnügte man sich bei Hofe mit öffentlich bekannten Affären. Dafür wurden zum geselligen Zeitvertreib während der Sommerfrische sogar Lustschlösser mit pittoresken Labyrinthen angelegt, die allerlei Ablenkung verschafften.

Das Liebesgeplänkel füllte den Alltag aus und nicht nur die Nacht. Der Alltag schlechthin bestand aus »liaisons dangereuses«.

In gesellschaftlichen Verhältnissen, wo Ehen vorrangig unter politischen und materiellen Aspekten geschlossen wurden, hatten Männer häufig eine offizielle »Beischläferin«, die sie, weil das ohnehin unmöglich gewesen wäre, nicht geheim zu halten versuchten, sondern legitimierten. Meistens hatten sie zu fürstlichen Mätressen eine engere affektive und geistige Beziehung als zu ihrer Gemahlin. Kein Wunder, wenn es in der Kiste ordentlich kracht, was gibt es Schöneres?

Als im Hochmittelalter in Frankreich und später auch im übrigen Europa die Höfe in Residenzstädten sesshaft wurden, änderte sich das Hofleben, und die Bedeutung der Frauen darin nahm zu. In diesem Kontext veränderte sich auch die Rolle der bloßen Geliebten des Fürsten hin zu der der Mätresse, die in aller Regel aus dem Kreis der adeligen Hofdamen und Ehrenjungfern kam. Konkubinen konnten seinerzeit sogar großen Einfluss am Hof erlangen. Das war bekannt und wurde auch geduldet, bis sich schließlich die Mätresse als offizielle Institution etablierte.

Zwar war es für die Kirche offiziell ein Stein des Anstoßes, dass derart öffentlich gegen das Verbot des Ehebruchs verstoßen wurde, sie tolerierte jedoch die Situation, da der hohe Klerus, der ja meist dem Adel entstammte, am Hof verkehrte und sich teilweise selbst Mätressen hielt.

In der Tat gab es so etwas wie mildernde Umstände für Fürst und Mätresse. Landesherren mussten nun mal Frauen heiraten, die sie nicht freiwillig gewählt hatten. Da diese Zwangsehen gegen die zentrale kirchliche Forderung nach Freiwilligkeit einer Eheschließung verstießen, neigten Theologen dazu, bei Fürsten und anderen hochstehenden Männern eine Ausnahme vom Gebot der Monogamie zu machen und ihnen Mätressen zuzugestehen.

Man muss auch in Betracht ziehen, dass Prinzessinnen von

Geburt an dazu erzogen wurden, keusch, ja nahezu frigide und spröde zu leben, damit sie keine übermäßige Lust auf Sex hatten und nicht etwa aus sexueller Leidenschaft unkontrolliert uneheliche Nachkommenschaft produzierten. Schließlich war Sinn und Zweck einer Vermählung zweier Könighäuser weder das Glück der Ehegatten noch ein erfülltes Sexualleben – sondern nur die Ausweitung königlicher Macht und Besitztümer. Kein Wunder, dass unter diesen Voraussetzungen die meisten königlichen Ehen eher unglücklich und frustrierend abliefen – und genau hier liegt die Wurzel, die das Klima schuf, in dem die Mätresse gedeihen konnte.

Die Mätresse wurde im Laufe des 16., 17. und 18. Jahrhunderts immer mehr zu einer Normalität am Hof. Sie erhielt einen Status mit ungeschriebenen Rechten und Pflichten, der ihr bei Hofe eine Machtposition verschaffte. Die Problematik ihrer häufig mit dem Fürsten gezeugten Kinder wurde pragmatisch geregelt: War die Mätresse verheiratet, galten sie als Kinder des Ehemannes (der mit allerlei Vorteilen entschädigt wurde). War sie ledig oder verwitwet, wurden sie legitimiert. In beiden Fällen wurden die Töchter in der Regel später mit Hochadeligen verheiratet und die Söhne, die für die Thronfolge allerdings auch als Legitimierte ausschieden, mit hohen Posten in der Armee oder der Kirche versorgt.

Man kann davon ausgehen, dass viele Fürstinnen die Mätressen tolerierten, solange sie von ihnen mit dem gebotenen Respekt behandelt wurden. Schließlich waren auch sie zwangsweise verheiratet worden und hatten meist keine tiefere Beziehung zu ihrem Gemahl. Allerdings war es ihnen als Frau von jeher untersagt, wegen der zu befürchtenden Schwangerschaften und Geburten so gut wie unmöglich, auch ihrerseits Geliebte zu haben. Sie hätten durch ihre »Kuckuckseier« die Reinhaltung des blauen Blutes gefährdet.

Als Frau »benutzt« zu werden war im Gegensatz zur politisch korrekten Einstellung heutiger Zeit (Gruß an Alice Schwarzer!) den Mätressen eine ausgesprochene Ehre. Sie standen zur Verfügung und ordneten sich den Bedürfnissen ihres Herrn und Meisters lustvoll unter. Sie taugten nur, solange sie allzeit bereit waren, die Samtröcke hochzuschlagen und sexuell begabt ihrem Herrn unwiderstehliche Genüsse zu verschaffen wussten. Und das machte sie zu Mätressen, Meisterinnen in Sachen Liebe – gelang es ihnen doch, die Erotik zur Kunst zu erheben! Ebenso wie man, um satt zu werden, Kartoffelsalat und Bockwurst verspeisen kann, so stillt doch ein raffiniert zelebriertes Drei-Sterne-Menü den Hunger auf eine ganz andere Weise. Mätressen sind Dienstleisterinnen der Sinnlichkeit. Kein Wunder, dass es an europäischen Königshöfen von Bastarden nur so wimmelte.

Für die Königin galt, die Mätresse klaglos zu akzeptieren und sie mehr oder weniger willkommen zu heißen.

In Wahrheit war das traditionelle Beziehungsdreieck – König, Königin, Mätresse – aber ein Beziehungsviereck, denn oft hatte die Mätresse einen Ehemann. Unverheiratete Mätressen wurden sogar im Laufe ihrer königlichen Affäre verheiratet, weil der Herrscher das so wollte. Diese Scheinehe sollte der Mätresse dann den Anschein von Achtbarkeit verleihen. Im Gegenzug legitimierte der gehörnte Ehemann durch stillschweigende Duldung die ehebrecherische Verbindung und wurde durch einen hohen Ehrenposten entschädigt.

Das gehobene Bürgertum oder erst recht der niedere kleine »Beamtenadel« ahmte von jeher die Lebensführung des Hochadels nach. Daraus resultiert der unstrittige Fakt, dass die Freiheiten, die sich ein Mann zugestehen darf, proportional zu seinem Bildungsniveau oder Stand wachsen.

Der Arbeiter sitzt in seiner Laube und hält die Hühneraugen in die Badewanne, während der global umtriebige, wohlhabende Manager weltweit ein Netzwerk von Gespielinnen aufbaut, die frisch rasiert in jeder Metropole seiner harren. Unter den Reichen und Schönen dieser Welt unterliegt Treue nämlich einer gänzlich anderen Definition.

Treue wird verstanden als Zusage, materiell für Nachkommenschaft und Familie einzutreten, zuverlässig den Lebensstandard zu sichern und an offiziellen Terminen und Feiertagen, die Familie repräsentierend, zur Verfügung zu stehen. Klagende, zeternde, mosernde Ehefrauen sind lästig. Und kommen meist selbst aus »kleinen Verhältnissen« oder haben sich mit gesellschaftlichem Ehrgeiz hochgeheiratet.

Kluge Frauen aus der Oberschicht fallen auch heutzutage kaum auf den törichten Gedanken herein, die letzte Gespielin im Leben ihres Gemahls zu sein. Die Utopie von der ewigen Treue bleibt jenen vorbehalten, die der Illusion bourgeoiser Idylle auf den Leim gehen, einem Ideal, das es so nie gegeben hat.

Seinen Höhepunkt erreichte das Mätressenwesen in Europa im 17. und 18. Jahrhundert. So wurde die langjährige Mätresse Ludwigs XIV., Madame de Maintenon, nach seiner Verwitwung sogar »linker Hand« von ihm geheiratet, und die berühmt gewordene Mätresse Ludwigs XV., Madame de Pompadour, blieb maîtresse en titre, auch nachdem das sexuelle Verhältnis zum König beendet war. Beide hatten Einfluss auf die Politik Frankreichs und förderten in eigener Initiative Künstler und Intellektuelle.

Auch an anderen Höfen im Europa jener Zeit blühte das Mätressenwesen. In Sachsen z. B. war Gräfin Cosel die offizielle Geliebte des Kurfürsten. Allerdings wurde auch sie, als sie ausgedient hatte, aufs übelste abgeschoben und verbannt – wie so viele ihrer »Kolleginnen«.

Doch erst als das aufkommende Bürgertum Ende des 17. Jahrhunderts über so viel Dekadenz die Nase rümpfte, erst als die ersten Revolutionen die Aristokraten den Kopf kosteten, nahm die Gesellschaft auch von deren schlüpfrigen Lebensstilen Abschied. Damit war die klassische Epoche der Mätressen beendet.

Mätressen verdanken ihren Erfolg weder Heirat noch Abstammung, sondern eigenem Handeln. Es waren immer Frauen, die jeglichen Rahmen gesprengt haben. Glanzvollen Epochen haben sie ihr Gepräge gegeben, dem Rom der Renaissance-Päpste ebenso wie dem Istanbul der Osmanen-Herrscher und dem Versailles des Sonnenkönigs.

Mätressen faszinieren noch heute, weil sie ihre Männer nicht nur durch Schönheit, sondern auch durch Klugheit eroberten und das mitbrachten und gewährleisteten, was zwischen Mann und Frau von jeher die von Verpflichtungen befreite Magie der Erotik ausmachte. Und glücklicherweise sprechen wir hier von Werten, die für kein Geld der Welt zu erwerben sind. Und genau deshalb ist diese Chemie und Anziehung eine ehrliche, nicht manipulierbare oder käufliche. Das Fundament dieser Affären war im Gegensatz zu ehelichen Pflichten der Staatsräson immer ein freiwilliges und daher von vielen Lasten befreites Handeln. Wahrscheinlich hätte einem Herrscher ohne seine Kurtisanen die Luft zum Atmen gefehlt.

Spätere Generationen unternahmen alles, um die skandalösen Spuren der Mätressen zu tilgen. Dass dies nicht gelungen ist, zeigt, dass Mätressen geschichtlich bis heute nichts von ihrer Faszination verloren haben. Während in Ehen die erdrückende Macht der Institution den Zauber der Erotik aushöhlt, legt ein Mann mit der Wahl der Geliebten, ohne es zu wissen, seine wahrhaftigste Beichte ab.

Doch nach der Abschaffung des Adels war das neue Ideal die bürgerliche Liebesheirat. Welch ein Fortschritt! Man durfte sich jetzt selbst aussuchen, wen man umschwärmte und von wem man umschwärmt werden wollte. Und schließlich mündete diese Liebe dann in eine glückliche Ehe. Oder etwa nicht?

Von jeher nun kriegen Ehefrauen die Krise, wenn sie sich der Tatsache gegenübergestellt sehen, dass der Partner in den kommenden 50 Ehejahren vielleicht mal ausschert.

Nein, ich will die Einzige und Letzte sein im Leben dieses Mannes, dem ich drei oder vier Kinder geschenkt habe, und nie, nie wieder darf eine andere Frau in den Genuss seiner Männlichkeit gelangen. Er soll gefälligst seine Jagdinstinkte einfrieren, und seine Potenz soll eher verkümmern, als dass er sie mit Konkubine, Kurtisane oder Kokotte teilt.

Wir haben das doch auf dem Trauschein unterschrieben, und die eheliche Pflicht wird vertraglich gestützt im Sinne des Gesetzes rechtmäßig vollzogen. Alles in Ordnung, oder?

Nun, dass man in dieser bürgerlichen Ehe, deren Ideal wir heute noch hinterherrennen, keine Seitensprünge mehr duldete, hat mehrere Gründe.

Erstens: In einer Liebesheirat wäre ein Seitensprung Verrat am großen Gefühl gewesen, auf dem die ganze Ehe beruht.

Zweitens: Auch bei den nicht Blaublütigen beinhaltet der Seitensprung immer die Gefahr des Kuckuckskindes, weshalb Männer sowieso in keiner Kultur dulden, dass ihre Frauen fremdgehen. Sie wollen schließlich später nicht Gefahr laufen, die Kinder eines anderen mit durchzufüttern.

Drittens hat der bürgerliche Mann nicht die Macht und die Mittel eines Königs oder Adeligen, d. h., das Geld wird dringend für die Versorgung der Erstfamilie gebraucht. Die Ehefrau, die natürlich nicht arbeiten geht, sondern zu Hause Haushalt und Kinder versorgt, kann also keine Mätressen neben sich dulden, wenn sie nicht ihre eigene (wirtschaftliche) Existenz gefährden will.

Unser kleiner kulturgeschichtlicher Exkurs macht deutlich, dass der Begriff »Treue« von jeher über Gebühr strapaziert wurde. Das bürgerliche Modell der monogamen Ehe ist harten Prüfungen ausgesetzt, stammt es doch aus einer Zeit, da die Menschen ohnehin mit 40 Jahren den Löffel abgeben mussten – im Gegensatz zu heute, wo die Mitte des Lebens als Chance zum Neuanfang verstanden wird, wo 50-jährige Frauen dank der Errungenschaften der Kosmetikindustrie in der Blüte ihres Lebens stehen. Wer sich mit 50 Jahren partnerschaftlich neu orientiert, wer in der Mitte des Lebens den Rotstift ansetzt und seine Biographie ein paar grundlegenden Korrekturen unterzieht, kann immer noch jahrzehntelang ein neues Leben, ein neues Glück, ein zweites Leben aufbauen. Oder sich dafür entscheiden, gedopt, ruhiggestellt und mit Psychopharmaka vollgepumpt nebeneinanderher zu vegetieren und diesen Zustand als eine glückliche Ehe zu betrachten. Millionen Ehen setzen sich aus zwei Partnern zusammen, die erst *in der Verbindung* begonnen haben, ihre Zustände durch die Verschreibung von Psychodrogen, Tranquilizern und Stimmungsaufhellern zu manipulieren. Sie könnten einander gar nicht ertragen, wenn sie nicht in einem Korsett psychischer Drogen steckten, das die Gefühlswelten kontrolliert, die Depressionen unter den Teppich kehrt, Entscheidungsfreiheit beschneidet, Abhängigkeit und Suchtverhalten aufbaut und letztlich charakterliche Veränderungen mit sich bringt. Da ist es nur eine Frage der Zeit, bis einer der Partner eines Morgens mit Halluzinationen aufwacht, sich an den Kopf fasst, fragt, neben wem er da eigentlich sein »lebenslänglich« absitzt und nur noch seine nackte Haut retten will.

Sie vermisst auf einmal etwas, das sie vorher nie vermisst hat. *Er* glaubt, etwas zu verpassen, was ihn früher nicht interessiert hat. Manchmal merkt man auch einfach, dass das Leben, das man gemeinsam führt, nicht das Leben ist, das man gerne haben möchte. Und dann geht einer (erst mal) fremd! Aus Notwehr?

Wenn der Seitensprung ins Spiel kommt, ist es mit der Wahrheit zwischen den Partnern vorbei! Aber noch viel kniffliger als der Umgang mit der Wahrheit ist jener mit der Lüge. Leider mussten die Männer in den vergangenen hundert Jahren erkennen, dass die schonungslose, nackte

Wahrheit in keiner Beziehung zu den besten Ergebnissen führt. So gilt, dass für jede Lüge immer zwei Personen verantwortlich sind, jene, die sie ausspricht, und jene, die sie fordert!

Massen alt gewordener Ex-Girlies zwingen ihren Ehemännern durch ihre egoistischen, weltfremden Forderungen ein Doppelleben auf. Sie lassen dem Partner keine andere Wahl und fürchten nichts mehr als die mit Wahrheit einhergehenden Veränderungen. Die Lüge ist ein Waffe, aber der Einsatz von Waffen gilt unter gewissen Umständen als berechtigt. Zum Beispiel wenn man sagt: »Liebling, ich komm später!«, um nicht erschlagen zu werden. Das ist dann keine Lüge, sondern Notwehr!

5.
Liebling, ich komm später!

Generell bewegen wir uns in unserer zivilisierten Gesellschaft in einem lügenfreundlichen Klima. Das wird sogar vom BGB gesetzlich unterstützt. Grundsätzlich ist Lügen nämlich nicht strafbar. Das gilt auch für schriftliche Lügen. Mein Gott, wenn Lügen strafbar wären, würden wir ja alle im Knast sitzen! Nicht verfolgt werden und erlaubt sind vom Gesetzgeber Häme, Schlauheit, Raffinesse, Durchtriebenheit, Hinterhältigkeit und Heimlichkeit. Dazu noch Fremdgehen und ein leidenschaftliches Sexleben, vielleicht noch das ein oder andere Laster, ein paar schöne All-inclusive-Urlaubsreisen und nebenbei als Hobby in die Spielbank – da ist doch schon mal für ein abwechslungsreiches Leben gesorgt. Und alles ganz legal!

Keiner ist in unserer Gesellschaft verpflichtet, die Wahrheit zu sagen. Und Untreue ist schon gar nicht strafbar. Dies macht doch deutlich, welche Möglichkeiten sich beim Umgang mit der Wahrheit und deren Verschleierung bieten. Schließlich geht Fremdgehen immer mit Lügereien einher – man kann sogar sagen, das eine bedingt das andere.

Und so stellt sich die Frage: Wo fängt das Lügen im Alltag an? Lügen wir nicht alle sowieso permanent? Klar, das fällt heute alles unter die Begriffe Rücksichtnahme, Taktgefühl und Höflichkeit. In Werbung und Propaganda wird mit Lügen und Täuschungen gearbeitet, sodass wir uns an das allgemeine Eingelulltwerden durch Ammenmärchen beinahe schon widerstandslos gewöhnt haben.

Gelogen wird immer, um eine verbotene Handlung zu verdecken und so Kritik oder Strafe zu entgehen. Gelogen wird aber auch aus Scham, aus Angst, zum Schutz anderer Personen oder um die Pläne des Gegenübers zu vereiteln und sich Vorteile zu verschaffen. Jedenfalls wird nie ohne Grund gelogen. Und je intoleranter der Partner, desto mehr fordert er die Lüge heraus.

Die Engstirnigkeit und Intoleranz, ja die Strenge der dem traditionellen Ehemodell verhafteten frustrierten Hausfrauen lässt dem Ehegatten als Ausweg und Sicherung seines Menschseins ja nur die Lüge. Da muss man so manch einer in Tradition erstarrter Trutsche, die sich etwas darauf einbildet, sich erfolgreich reproduziert zu haben, amtlich bescheinigen, dass sie ganz eindeutig alles tut, um belogen zu werden. Andernfalls müsste sie die Wahrheit akzeptieren lernen. Und die würde vielleicht beinhalten, dass sie selber seit Jahren eine Lebenslüge lebt. Doch viele Frauen stecken lieber den Kopf in den Sand, als sich mit der Wirklichkeit des eigenen Lebens abzufinden. Sie wollen lieber belogen werden, als ihren Traum vom Liebesideal aufzugeben. Ebenso wie mancher Fremdgänger es darauf anlegt, erwischt zu werden, damit ihm jemand die längst überfällige Entscheidung, sein Leben zu verändern, abnimmt.

Wenn man sich die »blöden Zufälle« ansieht, durch die eine Affäre zufällig auffliegt, dann waren dies auf den zweiten Blick nämlich alles andere als Zufälle. Da gibt es so schicksalhafte Ausrutscher, Fehlleistungen und Schwindeleien, welche den Schleier lüften könnten, aber von Frauen nicht wahrgenommen sein wollen. Sehr viele Menschen kämpfen sich durch das Netz ihrer alltäglichen Lügen wie durch einen Irrgarten – und in diesem Dschungel gibt es immer wieder undichte Stellen: Man muss nur lernen, sie zu finden!

Es geht beim Lügen nämlich nicht nur um den Inhalt, sondern auch um den mehr oder weniger gereizten Ton. Nicht nur das gesprochene Wort, sondern auch die Haltung, mit der es verabreicht wird, spricht Bände.

Ihre Empfindungen, Vermutungen, Erinnerungen und Eindrücke sind ebenso Botschaften und Teil der Kommunikation. Wer die Wahrheit erfahren will, sollte prinzipiell in allen Lebensbereichen nicht nur auf das hören, was gesagt wird, sondern viel mehr darauf hören, was nicht gesagt wird.

Suchen Sie zwischen den Zeilen und schärfen Sie Ihre Sinne für das, was ungesagt bleibt. Bevor bei einem Rohrbruch das Wasser tropft, hat es schon eine weite Reise hinter sich. Niemals tritt es dort aus, wo es herkommt. Wasser sucht sich verschlungene Wege, und die Suche nach der undichten Stelle kann zu einer großen Schweinerei ausarten. So ist es auch bei den Lügen: Dort, wo sie auftreten, ist selten die Ursache für die Misere zu finden. Wer fündig werden will, muss mit dem schweren Hammer die kostbaren Kacheln von der Wand schlagen und das marode Netzwerk verkalkter Leitungen freilegen.

Wenn Sie also die Wahrheit über Ihre Beziehung herausfinden wollen, seien Sie einfach generell aufmerksamer Ihrem Partner gegenüber. Lernen Sie wieder hinzuhören, hinzusehen und reanimieren Sie Ihre weibliche Intuition. Hören Sie auf Zwischentöne. Speichern Sie Randbemerkungen ab. Schärfen Sie Ihre Sinne für Ungereimtheiten:

- Er ignoriert besonders auffällig Gespräche um eine spezielle Frau, mit der ihn nachweislich eine Menge verbindet.
- Er verhält sich schroff oder besonders nervös, wenn es um diese »Freundin« geht.
- Er investiert Anstrengungen, im Umgang mit dieser Person besonders »unauffällig« zu sein.
- Die Unauffälligkeit ist auffällig.
- Er vermeidet Zusammentreffen zwischen dieser »Freun-

din« und Ihnen. Wenn es sich wirklich um eine belanglose Kegelbekanntschaft handelt, warum können Sie dann nicht zu dritt einen Abend verbringen?

- Er taut auf, wenn es um diese spezielle Freundin geht, die Langeweile verfliegt, und er wird auffällig lebendig.
- Er verhält sich in Gegenwart dieser Person ungewöhnlich scheu und schweigsam. Er gibt so wenig preis wie möglich. Er zeigt ein Pokerface, sobald der Name fällt.
- Er diskutiert gewisse Themenbereiche, z.B. Treue oder Sexleben, neuerdings überhaupt nicht mehr mit Ihnen.
- Wenn er mit dieser gewissen Person und Ihnen zusammenkäme, wären Sie von der Unterhaltung ausgeschlossen.
- Seine spezielle Mitarbeiterin / Freundin / Kollegin / Sekretärin / Trainerin / Teammitarbeiterin erhält zum Geburtstag oder Weihnachten auf einmal ein besonderes Geschenk.
- Er legt auffällige Neugierde an den Tag, wenn es um Ihre beste Freundin / Nachbarin / Kollegin geht.
- Seine Manieren verwandeln sich, sobald er in Kontakt mit dieser Person ist: Plötzlich ist er ganz Gentleman.
- Er liefert logisch konstruierte Geschichten / Erklärungen / Entschuldigungen, warum er mit dieser speziellen Person Unternehmungen starten, Kontakt halten, gemeinsame Projekte erörtern oder Zeit verbringen muss – wenn nicht sogar verreisen.
- Er tut für diese Person Dinge, die er schon lange nicht mehr für Sie getan hat. Plötzlich malert, repariert oder installiert er in fremden Häusern oder verlegt Teppiche und baut Regale zusammen, wovon er daheim nie was wissen wollte.
- Er animiert Sie, mit dieser speziellen Person die Freundschaft zu vertiefen.
- Die spezielle Person weiß einfach alles über das Intimleben Ihres Partners, definitiv mehr als Sie.

- Trinken Sie einfach einen Kaffee mit der Frau, die Sie als Geliebte Ihres Partners im Visier haben. Je mehr sie Ihren Mann liebt und an ihm festhalten will, umso mehr wird sie in seinem Sinne lügen!
- Er schlägt vor, dass Sie eine gewisse Person in Ihren gesellschaftlichen Kreis aufnehmen. Oder sie davon ausschließen!
- Er gibt seine Unbefangenheit in Bezug auf diese spezielle Person auf.
- Mit erhöhter Energie meidet oder intensiviert er Gespräche um diese gewisse Freundin.
- Er zeigt mehr Offenheit in persönlichen Gesprächen mit dieser Person, als Sie es gewohnt sind.
- Er kann eine gemeinsame Bekannte von Ihnen plötzlich überhaupt nicht mehr leiden – wahrscheinlich weil diese Person von der Beziehung weiß.
- Diese Mitwisserin fühlt sich in Ihrer Gegenwart plötzlich nicht mehr entspannt.
- Er weiß über eine spezielle Person plötzlich alles: kennt die Vorlieben, Gewohnheiten, Ideen und Meinungen, Talente und den persönlichen Geschmack dieser Frau.
- Er wendet sich an diese spezielle Freundin für emotionale Unterstützung und sucht dort Rückendeckung.
- Er ignoriert Sie komplett, sobald Sie in Gegenwart dieser Frau sind.
- Er sieht rot, wenn eine gemeinsame offizielle Feier ansteht, bei der Sie auf die Frau treffen werden: Hochzeit eines gemeinsamen Freundes, Weihnachtsfeier oder Firmeneinladung im Beisein der Partner.
- Der Hund wedelt mit dem Schwanz, wenn Sie beim Gassigehen der gewissen Frau begegnen – weil Ihr Köter sie schon kennt!
- Die spezielle Frau war in Ihrem Haus, ohne dass Sie es gewusst haben – er wollte voller Stolz zeigen, wie er wohnt. Dafür hat er Ihnen und den Kindern auch ganz spontan einen Kurzurlaub spendiert!

- Versehentlich nennt er Sie bei dem Kosenamen der anderen! Vielleicht sogar beim Sex ...
- Der Kumpel, mit dem er angeblich unterwegs ist, ruft bei Ihnen an.
- Während Sie mit Freundinnen unterwegs sind, treffen Sie Ihren Mann in Gegenwart der anderen.
- Jemand, der unbefangen davon ausgeht, Sie wüssten von der Affäre, spricht ganz offen darüber.
- Er kommt nach Hause und hat die Unterwäsche verkehrt herum an.
- Dinge, die er bei sich trug, fehlen – weil er sie bei der anderen vergessen hat.
- Er spricht über einen Film oder eine TV-Sendung im Glauben, dies mit Ihnen angesehen zu haben – dabei war es mit der anderen.
- Oder er glaubt, mit Ihnen an einem Ort gewesen zu sein, wo Sie nie zusammen waren.
- Seine Freunde beschweren sich, dass er sich gar nicht mehr blicken lässt, obwohl er die Kumpels dauernd als Alibi vorschiebt.
- Sie kriegen von wohlmeinenden Freunden Hinweise, was hinter Ihrem Rücken läuft.
- Sie finden Fotos von ihm und der anderen, die bei Gelegenheiten entstanden sind, von denen Sie nichts wussten.
- Jemand, der von der Affäre weiß, verpfeift ihn anonym.
- Die Daten, Termine und Belege, die er im Portemonnaie trägt, passen nicht zu seinen Geschichten.
- Sie rufen in dem Hotel an, in dem er sich angeblich aufhält, aber er ist dort nicht registriert.
- Sie finden heraus, dass ein Restaurant, Club oder eine Bar geschlossen war, als er behauptete, dort gewesen zu sein.
- Sie finden heraus, dass ein Event, an dem er angeblich teilnahm, abgesagt wurde.

- Sein Auto bekommt einen Strafzettel, dessen Ort und Zeit nicht zu seinen Geschichten passt.
- Sein Auto wird abgeschleppt, und zwar von einer Adresse, die keine geschäftliche sein kann.
- Sein Auto wird gestohlen, im Kofferraum finden sich die Pornovideos, die er von sich und der anderen gedreht hat. Der Dieb ist so freundlich, sie Ihnen direkt zuzuschicken!
- Ihr Mann nimmt Sie zu offiziellen Anlässen der Firma gar nicht mehr mit – oder verschweigt, dass solche Einladungen bestehen.
- Er schiebt Konferenzen vor, von denen keiner in der Firma etwas weiß.
- Er plädiert für getrennte Urlaube.
- Zu Geschäftsreisen dürfen Sie nicht mehr mit. Oder umgekehrt – aber dann hat er die Affäre nicht im Büro, sondern wohl eher mit Ihrer besten Freundin / Nachbarin oder in einer ganz anderen Stadt.
- Wenn er schon mal verreist ist, erreichen Sie ihn so gut wie gar nicht mehr.
- Sie rufen sein Hotel an, und eine Frau hebt ab.
- Er vermeidet, dass Sie ihn vom Flughafen abholen oder ihn hinbringen.
- Er packt für eine Geschäftsreise die falschen Sachen ein: Shorts, Jeans, Badehose, Freizeitklamotten.
- Er bereitet eine spezielle Reise mit besonderer Nervosität und Planung vor.
- Er verweigert Ihnen die Hotelnummer und besteht darauf, dass Sie ihn nur mobil anrufen.
- Er bereitet für Sie während seiner Reise besondere Unternehmungen vor: Besuche / Funparks / Theaterkarten / Kinogutscheine, um damit sein schlechtes Gewissen zu kompensieren.
- Mit seinen Kumpels etabliert er neue Hobbys, anstrengende Outdoor-Aktivitäten, die Ihren Fingernägeln keinen Gefallen tun: Fischen, Rafting, Camping, Jagen,

Mountainbiking – um Freiräume für die Affäre zu schaffen.

- Er kommt von diesen Jagdausflügen und Sporttouren ohne Beute zurück: Die Anzahl der Mehlwürmer ist nach dem Angelausflug dieselbe!
- Neuerdings vergisst er, Ihnen mitzuteilen, wo er sich aufhält, wenn er auf Reisen ist.
- Er wohnt gar nicht an dem Ort, den er Ihnen angegeben hat.
- Er wechselt auf Reisen den Aufenthaltsort / das Hotel oder er ändert die Reiseroute: Gründe sind verschobene / ausgefallene Flüge, ausgebuchte Hotels, Wetterkatastrophen, Krisensitzungen oder Streiks.
- Er ist abends überhaupt nicht mehr zu erreichen, nur tagsüber geht er ans Handy.
- Seine Anrufliste belegt, dass er in anderen Städten gewesen ist, als er Ihnen erzählt hat.
- Auf Reisen pendelt es sich so ein, dass er bei Ihnen anruft und Sie ihn umgekehrt nie an die Strippe kriegen. Die Beziehung besteht nur noch aus Rückrufen.
- Seine Anrufliste belegt anhand der Vorwahlen, dass er gar nicht die Stadt verlassen hat, obwohl er angeblich verreist war.
- Er ist generell glücklicher, freundlicher, selbstbewusster, entspannter.
- Er ist ausgeglichen, während Sie am Rad drehen.
- Sie kommen mit ihm wesentlich besser zurecht als früher – weil er ein glückliches Privatleben hat und sein Ego gerade aufpolieren lässt.
- Er zeigt sich liebevoller und besorgter um Sie als je zuvor – um mit seinen Schuldgefühlen klarzukommen.
- Er verteidigt sich grundlos.

Solche Signale zu übersehen zeugt von einer erstaunlichen Unkenntnis der männlichen Mentalität!
Die Affären von Männern sind ein einziges Theater. Daher

sind auch die langandauernden Liebesaffären ihrer Natur nach wesentlich zerstörerischer für eine Ehe als der simple One-Night-Stand, der immerhin als Ausrutscher verbucht werden kann.

Was die Betrogenen bei längeren Affären so sehr verletzt, ist weniger der sexuelle Akt als vielmehr das intime Verhältnis, welches über lange Zeiträume nebenherlief und im Rückblick alles Gewesene in einem völlig anderen Licht erscheinen lässt. Die Tatsache, dass im Leben des Partners noch eine andere Frau existiert, kennzeichnet den Vertrauensbruch und macht den Schaden irreparabel. Den Partner langfristig zu täuschen ist daher viel verhöhnender und hinterhältiger, als mal eben schnell zur Notlüge zu greifen. Die grundlegenden Lebenslügen haben wahrlich eine andere Qualität als die plumpe Ausrede à la »Liebling, ich komm später«. Eine Frau kann ja froh sein, wenn der Mann sich drolliger, klischeehafter Ausflüchte bedient und sie nicht mit einem kompletten Doppelleben aufs Glatteis führt.

Große Lügen werden in der Regel gut vorbereitet. Hierfür wird es als notwendig erachtet, sich strategisch über einen längeren Zeitraum durch Wahrhaftigkeit das Vertrauen des Gesprächspartners zu erschleichen und so eine Reputation besonderer Loyalität und Glaubwürdigkeit herzustellen – um dann für den entscheidenden Augenblick, wenn es um den großen Vorteil für das eigene Fortkommen geht, die Lüge zu platzieren. Für den Täuschungserfolg kommt es darauf an, sich in dieser entscheidenden Lüge selbst treu zu bleiben. Deswegen heißt es sprichwörtlich: Nur wer mit gutem Gewissen lügt, lügt gut.

Das kennzeichnet jene Fremdgänger, die kein schlechtes Gewissen mehr kennen und mit weißer Weste vor sich selbst behaupten: »Ich betrüge zwar meine Frau, aber immer mit Verantwortung!«

Doch leider muss man an dieser Stelle auch zum Vortrag bringen, dass Männer, die ihre Frauen belügen, dies aus gutem Grund tun – weil die Frau die Wahrheit nicht akzeptieren würde.

Aber auch kluges Verschweigen kann der Lüge gleichgesetzt werden. Weil Männer generell viel erzählen können, wenn der Tag lang ist, sollten im Zweifel misstrauische Frauen umso mehr auf seine Taten achten. Und prinzipiell ihre Erwartungen an Partnerschaft neu definieren.

Niemals kann die angestammte Ehefrau, die feste Partnerin, einem Mann die dringend notwendige Selbstbestätigung geben. Denn *sie* hat er ja sowieso schon an der Hacke. Sie zählt mit ihren Wahnvorstellungen von ewiger Liebe und Treue einfach nicht mehr zu den selbstwertfördernden Eroberungen.

Warum sollte ein einigermaßen attraktiver Mann nicht mit einer wuschigen Frau poppen, die das auch will? Warum nicht, um Himmels willen? Denn wenn die eroberte Trophäe verzichtet, weil der Kerl liiert ist, dann sucht er sich eben eine andere. Der Wunsch, aus der Verbindung auszubrechen, hat längst stattgefunden, nämlich in seinem Kopf. Und genau diese Bereitschaft muss vorhanden sein, bevor »etwas passiert«. Daher gehört auch der dämliche Vorwurf »Die Zimtzicke hat meinen Mann verführt« zu den lächerlichen Abwehrmechanismen betrogener Ehefrauen. Man kann einen Mann überhaupt nicht verführen, solange dieser nicht von sich aus fremdgehen will.

Die »ausgezeichnete Liebhaberin« jedenfalls hat keinen Grund, sich zu rechtfertigen. Nichts stimmt einen Mann heiterer, als festzustellen, dass er sexuell unersättlich ist und die sexuelle Nachhilfe, die er erteilt, mit *** versehen wird.

Nein, aus Askese sollte man nicht auf guten Sex verzichten, das würde nur zu Stauungen, Verspannungen und Kopfschmerzen führen. Schlechter Sex lässt die Liebe erlahmen, erhöht die Trennungslust, treibt die Menschen auseinander und lässt Horden von Scheidungsopfern zurück. Schlechter Sex hat einfach überhaupt nichts Gutes – er sollte wirklich aus der persönlichen Biographie verbannt werden, denn er verursacht die bösesten Spätfolgen!

Aufgerufen sind dann doch eher die Betrogenen, ihre Erwartungshaltung an jahrzehntelang währende, monogame Lebensgemeinschaft aufzugeben. Die Monogamie als solche ist aus der Arbeitsteilung von Primaten und Höhlenbewohnern heraus entstanden und geht mit deren langen und wesentlich längeren Kindererziehung als bei den Tieren einher. Die Frauen mussten sozial abgesichert sein. Das führte zur Einehe. Für maximal 15 bis 18 Jahre. Irgendwie eine originelle Einrichtung. Nur heute haben sich die sozialen Strukturen für alle verbessert und komplett geändert. Diesem Modell verhaftet zu bleiben wäre wie für jede Currywurst, die man essen will, ein Rind zu jagen und dann dessen Abfälle zu verarbeiten. Monogamie wird der menschlichen Triebstruktur seit Jahrhunderten einfach nicht mehr gerecht.

Wir machen uns alle die Monogamie vor. Der Schmerz der Eifersucht ist das Ergebnis der Anbetung dieses Gottes »Monogamie«, die mit Liebe verwechselt wird. Zur wirklichen Liebe gehört auch absolute Aufrichtigkeit. Und gerade die Liebesbeziehung ist der geistige Ort, an dem am meisten geheuchelt und gelogen wird. Um nicht zu verletzen, um Konflikten aus dem Weg zu gehen, aus Angst vor der Konsequenz einer Trennung. Wir sind so oft nicht ehrlich zueinander, weil wir den Partner, die Beziehung oder nur uns selbst schützen wollen. Aber mittel- und langfristig, eigentlich schon kurzfristig, sind Lüge und Halbwahrheiten das reinste Beziehungsgift! Ehrlichkeit wird eine Liebesbeziehung nicht künstlich am Leben erhalten. Aber wenn dadurch eine echte Freundschaft hält, so ist das mehr, viel mehr als nichts!

Wir sind uns jedoch über die Liebe hinaus verpflichtet, wenn es gemeinsame Kinder gibt. Ich denke, dass getrennte, aber in Freundschaft verbundene Eltern den Kindern besser tun als Eltern, die sich, ihren Kindern und der Umwelt eine intakte Beziehung vorzutäuschen versuchen.

Wir müssen die Polygamie, ich meine die zeitlich befristete, sprich die serielle Monogamie, zum ideologischen und gesellschaftlichen Normalzustand machen. Weil sie wirklich der von Lügen befreite und damit nicht das Vertrauen verspielende Normalzustand ist!

6.
Wie treiben's die Nachbarn?
Fremdgehen in aller Welt

Die Welt ist voller Überraschungen! So unterschiedlich Männer und Frauen auch sein mögen, das Paradoxe ist: Wenn sie fremdgehen, sind sie alle gleich. Weltweit haben Männer den Pakt geschlossen, dass sie nur deshalb händchenhaltend mit der Frau ihres Herzens durch die Straßen schlendern, damit diese nicht anfängt zu shoppen!
Wo man auch hinschaut, sind Liebende gewissermaßen gezeichnet – Eros und nichts als Eros verbindet sie. Und der Gott der Liebe ist erhaben über Gesetze, Religionen Hautfarben und Landesgrenzen. Mein Gott, wenn man diese Chemikalie, die das Geheimnis der erotischen Anziehung ist, in Flaschen abfüllen könnte, würde man Bill Gates damit zum armen Mann machen.
Da die Lust sich beim Menschen auf Partner bezieht und diese Partner erwiesenermaßen austauschbar sind, ist die irrationale Faszination der Liebe ebenso fesselnd wie beängstigend. Heimlichkeiten weltweit. Lüge überall. Grenzenlosigkeit der menschlichen Sehnsüchte. Triumph der Emotionalität. Kunst der Tarnung. Sieg der Liebe. Und dazu obendrein noch Happy-Weekend-Tarife, Flatrates und Billig-Airlines. Es scheint, als hätten alle Nationen dieser Welt sich zusammengeschlossen, um in einem globalen Komplott jede erdenkliche Möglichkeit zu erschaffen, damit Fremdgehen noch bequemer stattfinden kann! Jedem Mann dürfte klar sein, dass er nicht alle Frauen dieser Welt haben kann – aber versuchen kann man es ja!
Es läuft an Affären und heimlichen Liebschaften ungleich

mehr, als jemals ans Licht der Öffentlichkeit kommt. Das ist wie mit Flugzeugabstürzen: Wer erfolgreich und planmäßig startet und landet, von dem gibt es nichts zu berichten. Transparent werden die Gefahren des Fliegens erst dann, wenn wir selber involviert sind oder Katastrophen anderer uns erschüttern. Aber wenn man bedenkt, wie viel erfolgreich geflogen wird, ist das Risiko doch sehr überschaubar. Und es wird noch x-millionenmal mehr fremdgegangen, als täglich Flugzeuge starten.

Eigentlich also alles ganz normal? Oft schlägt das Leben uns auch durch unvorhergesehene Wendungen ein Schnippchen, und Partnerschaften entwickeln eine Eigendynamik, die sich unserer Kontrolle entzieht. Zum Beispiel gehen Ausreden, Vertrauensbrüche und Schuldgefühle mit Affären nun mal einher. Ohne geht's einfach nicht. Der Durchschnittsschlawiner weiß uns Frauen immer ganz gut zu beruhigen und sieht sich dennoch früher oder später Tatsachen gegenübergestellt, die ihn zu Entscheidungen veranlassen, vor denen er ein Leben lang geflüchtet ist.

Frauen wissen, was ich meine. Männer können nichts dafür, dass sie Bequemlichkeit lieben und Unannehmlichkeiten auf die lange Bank schieben, denn sie sind so programmiert. Aber wer sind eigentlich diese Männer und Frauen, von denen immer gesprochen wird? Sind das immer nur die anderen, oder sind wir gemeint?

Glauben Sie mir, während sich die durchaus als flott zu bezeichnende Autorin diesem facettenreichen Thema näherte, stöberte sie nicht nur durch Hunderte von Einzelfällen und Kommentaren belogener, betrogener, enttäuschter Täter und Opfer, sie nutzte sogar ihre weltweiten Kontakte und interviewte Freunde, Familienmitglieder und Beobachter der Szene. Unabhängig von Background oder Bildungsstand kristallisierten sich im Laufe meiner Recherchen Verhaltensmuster heraus, die einander weltweit zu gleichen schienen. Ob es nun Russen, Inder oder Araber waren, die sich mir mal eben schnell während der

Luxus-Pediküre, auf einer Skihütte dem Himmel nah, auf einem Langstreckenflug nach Australien, in einer Berliner Eckkneipe, im Kölner Karneval, im Urlaub auf einer Yacht in der Karibik oder in einer finnischen Sauna anvertrauten, niemand nahm seine romantischen Verstrickungen leicht. Aber verstrickt waren sie alle.

Und man kann sagen, dass keiner der Betroffenen mit seiner Situation leichtfertig umging. Den Affären gingen endlose Auseinandersetzungen und häusliche Kämpfe voraus, in denen die Beteiligten hart um ihre Ehen kämpften, verzweifelt an sich selbst gearbeitet hatten, um ihre Enttäuschung und Bitterkeit zu überwinden, hauptsächlich bemüht waren, sich nach den Wünschen des Partners zu ändern und doch verzweifelt hofften, im Namen ihrer Partner, Kinder und Familien die richtigen Entscheidungen für die Zukunft zu treffen. Doch ihr eigenes persönliches Glück konnte nun mal durch nichts anderes aufrechterhalten werden als durch die Fortsetzung ihrer Affären. Diese aufzugeben war nie eine Alternative – es käme einer Kastration gleich!

Viele gestanden mir, ihre außereheliche Liebesbeziehung hätte sie erwachsener, ernsthafter, glücklicher, selbstbewusster und reifer werden lassen, in jedem Falle seien sie daran gewachsen und durch die Freiheiten, die sie sich nahmen, Mensch geworden. So paradox es klingen mag, aber Fremdgehen und Zufriedenheit scheinen einander zu bedingen. Ach so, und der Sex ist natürlich immer auch 1000-mal leidenschaftlicher als zu Hause!

Warum sonst liefern Menschen sich weltweit dieser emotionalen Höchstbelastung aus, ihre Partner zu hintergehen und ein Doppelleben aufzubauen? Ist es dies alles wirklich wert? Ich würde mal sagen, zwei Milliarden potente und aktive Teilnehmer, die das Glücksrad Seitensprung in Schwung halten, werden gute Gründe dafür haben. Da kann man als Deutscher getrost aufatmen und sich mit seinem statistischen Platz auf den hinteren Rängen arrangieren. Schauen wir doch mal über den globalen Gartenzaun:

Für die ebenso prüden wie tratschsüchtigen Amerikaner gilt: Ein Leben wird erst durch Sex und Seitensprung erfolgreich. Erfolg beim anderen Geschlecht zu haben ist der eigentliche Ritterschlag des Lebens. Zwar erwarten die Amerikaner von Menschen im Rampenlicht blütenreine Westen. Oder zumindest die Aufrechterhaltung der Heile-Welt-Fassade. Aber eigentlich gieren alle nur nach den schmutzigen Details unter den Bettdecken. Und verfolgen deshalb ihre Politiker und Promis auf Schritt und Tritt.

Ingesamt spielen die Amerikaner ein verlogenes, bigottes Spiel: geben sich hochmoralisch – aber treiben es genauso wild wie der Rest der Welt. 60 Prozent aller verheirateten Männer und 40 Prozent aller verheirateten Frauen geben zu, immer wieder Affären gehabt zu haben oder theoretisch dafür bereit zu sein. Kein Wunder – beobachten Sie doch mal, wie gekonnt Frauen in den USA einen Maiskolben abnagen, ohne das der Lippenstift verschmiert – das sieht verdammt nach oraler Trainingseinheit aus!

Jedenfalls nimmt man es in den Staaten sehr ernst mit der Nachkommenschaft, die von den Seitenspringern produziert wird. Männer, die als fahnenflüchtige Väter keine Alimente zahlen, wandern in den Knast und sind von Rechts wegen ein Leben lang kriminalisiert. Ich finde das richtig so. Wer sich der Verantwortung für seine Kinder entziehen will, begeht ein moralisches Verbrechen.

Mutter mehrerer Kinder wohlhabender Männer zu sein ist in den USA für Frauen immer noch eine einträgliche Karriere. Natürlich ist die Gratwanderung zur professionellen Liebesdienerin recht schmal. Aber um dem entgegenzuwirken, wird ja auch gleich geheiratet.

Noch klatschsüchtiger und abgebrühter sind jedoch die südamerikanischen Länder. Dort lässt man sich liebend gerne von den Affären der Oberen unterhalten! Und die sind nun mal in Lateinamerika der eigentliche Sinn des

Lebens. Die Presse kostet jede Promiaffäre, jeden eifersüchtigen Meuchelmord, jede angebliche Partnertauschparty bis ins Letzte aus. Tenor: Die da oben treiben es noch schlimmer als wir hier unten! Und auf den Straßen von Rio wird wahrlich nicht lange gefackelt, wenn's zur Sache gehen soll.

Insgesamt ist bei den Latinos Untreue der Normalfall und das Machotum sowieso. Ob am Strand, auf den Straßen, in den Cafés und Clubs, man geht überhaupt nur unter Leute, um anzubandeln. Dabei ist der Lateinamerikaner generell locker, musikalisch, körperlich und kommunikativ, sodass »cruisen« oder »aufreißen« eine Selbstverständlichkeit ist. Gefragt zu sein ist gleichbedeutend mit Marktwert und Macht. Der Verlust der Potenz wäre die Bankrotterklärung ans Leben selbst.

Paradoxerweise tobt und gedeiht die Eifersucht auf beiden Seiten. Hier spielen sich Ehedramen noch auf offener Straße ab, und alles steht drum herum und diskutiert mit. Da werden dramatische Szenen im Restaurant zu Salsa-Klängen gemacht, es setzt Ohrfeigen, und man lässt den Leidenschaften freien Lauf.

Gleichzeitig gibt es aber auch eine Menge organisierter Privatdetektive, die die Fremdgeher aufspüren. In Lateinamerika ist das Seitenspringen quasi Geschäftsgrundlage. Heerscharen von Psychologen und Seelsorgern, bei denen die Betrogenen ihre Gefühle aufarbeiten, schneiden sich vom Kuchen am Ende eine Scheibe ab. Jeder lutscht mit, könnte man sagen. Der Gang zum »Seelenklempner« gehört in Lateinamerika genauso zu einem gepflegten Leben wie die Session beim Schönheitschirurgen. Die gepflegte Latina gibt sich bis ins hohe Alter so attraktiv, dass man annehmen könnte, selbst ihre Augenringe seien von Gucci. Und das alles nur, um fit fürs Liebeskarussell zu bleiben und den Budenzauber der Romantik am Leben zu erhalten.

Nicht viel anders bei den Russen: Die Hälfte aller russischen Männer bekennt sich gut gelaunt zum Seitensprung.

In der Metropole Moskau liegt die Zahl sogar bei 76 Prozent. Bei den Frauen sind es jeweils nur halb so viele. Immerhin aber dennoch fast 40 Prozent. Traditionell haben in Russland sowieso die Männer das Sagen – und können immer noch weitestgehend tun und lassen, was ihnen gefällt. Solange sie liquide sind natürlich!

Zu einem neureichen Russen gehört eine junge Geliebte quasi zwingend als Statussymbol dazu – man protzt eben gerne, und zwar nicht nur mit Autos, Versace und Grundbesitz. Ein reicher Russe, der seiner vollschlanken Babuschka die Treue hält und sich nicht mit buntgewandeten Gespielinnen dekoriert, läuft Gefahr, einen echten Imageverlust zu erleiden. Ist er vielleicht pleite? Kriegt er keinen mehr hoch? Ist er gar schwul? Nein, die gebildete Russin versteht sich ganz von selbst als dekorative Lebensabschnittspartnerin, deren sexuelle Dienstleistung großzügig entlohnt wird. Und unter der schlichten Landbevölkerung gilt es als ehrenhafter Beruf, wenn die Dorfschönheit Chancen am Heiratsmarkt hat und im durchaus modernen und angesehenen Metier der Prostitution den Lebensstandard für den Rest der Familie aufbessert.

Aber auch die Frauen nehmen sich in Russland (heimlich), was sie zu Hause nicht (mehr?) kriegen können. Vor allem, wenn der Ehemann mal wieder von der »Stress-Impotenz« geplagt wird. Oder der ausufernde Wodka-Konsum das eheliche Liebesleben trübt. Da geht es wirklich doll zu. Da kann keiner kommen und sagen, der russischen Seele sei die Mentalität von Schlaftabletten zu eigen. Ganz das Gegenteil ist der Fall.

Wo sind bitte die Mischlingskinder der Latinos und Russen? Ich glaube, denen gehört die Welt von morgen!

Damit aufnehmen können es in Europa aber auch die Tschechen. Die sind in Europa wahrscheinlich die Lockersten von allen. Gerade haben zwei einflussreiche Politiker ihre Ehefrauen gegen Geliebte ausgetauscht – na und? Politisch schaden tut das in Tschechien niemandem. Hier hatte die Kirche nie großen Einfluss, die meisten Tschechen sind religionslos und haben wenig Hemmungen, was den Seitensprung angeht. Dafür ist ihre Scheidungsrate aber auch am höchsten in ganz Europa. Zusammenzukommen und auseinanderzugehen ist sozusagen Alltagsgeschäft.

Wohin um Himmels willen soll sich denn bloß die tugendhafte Frau wenden, um ihren Glauben an die Treue des Ehemannes nicht zu verlieren?

Also ganz bestimmt nicht nach Italien, dieses Land muss gemieden werden, wenn man dem Ehebruch keine Chance geben will. Und dies trifft ausgerechnet auf die Hochburg des Katholizismus zu. Bezeichnenderweise ist das katholische Italien nicht nur Heimat des Papstes, sondern auch Casanovas. Wen wundert es da, dass die Frau von Silvio Berlusconi ihrem Mann auf der ersten Seite der Zeitung *La Republica* einen vorwurfsvollen offenen Brief schrieb: Sie habe seine Techtelmechtel mit Fernsehfeen und Filmsternchen satt! Der Regierungschef säuselte ergeben zurück: Ich liebe doch nur dich usw. – aber gelobte keine Treue! So hält es wohl auch der Rest der Nation. Die Familie ist heilig, aber die Natur – vor allem die italienisch-männliche – muss auch zu ihrem Recht kommen.

Casanova lebt! 67 Prozent aller Ehemänner betrügen ihre Frauen, und die finden das meistens sogar ganz o. k. Die romanischen Länder kultivieren geradezu ihre »Zweitfamilie«, glauben an Urlaube im Patchworkstil und wünschen sich, dass Ex-Frauen, aktuelle Gattinnen und neue Geliebte alle gemeinsam an einem großen Tisch feiern und ihrem liebevoll sorgenden »Patriarchen« bei Wein und gutem Essen huldigen. Und der erzieht seine Söhne nach demselben Prinzip als Macho vom Dienst.

Doch die italienische Frau weiß sehr genau: Eine gute Ehe hält eine Weile – Alimente sind für die Ewigkeit!

Das sind ja Bedingungen, von denen die islamische Frau nur träumen kann. Denn selbst die dümmste Ägypterin wird sich reiflich überlegen, ob sie der Verführung nachgibt und ihrem Manne abtrünnig wird. Verheiratet zu sein kann in diesen Regionen Europas wahrlich einer lebenslangen Haftstrafe gleichkommen – insofern diese nicht sogar schneller abgesessen wäre. Da rechnet es sich ja fast besser, den Ehemann zu erschlagen, da ist man schneller wieder auf freiem Fuß, als die goldene Hochzeit abzuwarten. Die fröhliche Ibizaurlauberin nehme zur Kenntnis: Nach islamischem Recht stehen auf Ehebruch Peitschenhiebe, Steinigung oder sogar die Todesstrafe. Zwar werden diese drastischen Maßnahmen – außer bei ein paar Fundamentalisten in abgelegenen Dörfern – nicht mehr praktiziert, aber Vorsicht ist geboten, wenn man in der islamischen Welt mit aufs Hotelzimmer gehen will. Gern endet ein Liebesgeplänkel auch in blutigen Familiendramen. Und ob das ein One-Night-Stand wert ist? Die ägyptischen Zeitungen sind jedenfalls voll von Geschichten über erschossene Ehefrauen, von Krokodilen zerstückelte Fremdgängerinnen oder in den Nil geworfene Ehemänner.

Insgesamt ist sowieso im Orient der Mann bessergestellt: Er darf sich mehrere Frauen gleichzeitig »nehmen«. Allerdings schreckt viele Männer die Vielehe ab, denn dann sind sie auch für alle ihre Ehefrauen und Kinder unterhaltspflichtig. Stattdessen wurde die sogenannte »Zeitehe« erfunden (Frau Pauli lässt grüßen!). Diese Zweckehe ist von Ägypten bis in den Iran beliebt: Man kann sich offiziell neben der Ehefrau eine Geliebte halten – und solange diese Frau geschieden oder verwitwet ist, gibt es damit auch keine Probleme. Wenn man die Zeitehe aufheben will, zerreißt man einfach den Vertrag. Fertig. Die Nächste bitte.

Wer es sich leisten kann, verzichtet aber auf komplizierte Vertragsformalitäten und baut einfach jeder Geliebten ein Palais, damit sind alle Verpflichtungen abgegolten. Im arabischen Raum sanktioniert Geld eben alles. Solange die angetraute Gattin einige Male im Jahr mit neuen Juwelen und Preziosen bedacht wird, werden auch von dieser Seite keine lästigen Fragen kommen. Für alle weniger Begüterten gilt: Klappe halten und weiter malochen.

In der Türkei herrschen hingegen die größten Gegensätze. Zum einen ist es in manchen ländlichen Regionen nicht nur lebensgefährlich fremdzugehen, sondern ebenso lebensbedrohend, vorehelichen Sex zu haben. Zum anderen geben nach einer Studie des Kondomherstellers Durex 58 Prozent (!) aller Türken zu, schon mal fremdgegangen zu sein. Und die durchschnittliche Anzahl von Sexualpartner(innen) liegt bei den befragten Türken bei 14,5. (Allerdings fand die Umfrage nachts in einer Istanbuler Disco statt.) Wenn die Zahlen aber wirklich stimmen sollten und hier nicht nur Machogeprahle, Maulhuren und totale Angeberei den Ton angeben, wären die Türken im Bett Weltspitze.

Wahrscheinlich zählen türkische Männer bei den Partnerinnen jedoch auch ihre Bordellbesuche mit. Und die gehören in den Großstädten durchaus zum guten Ton. Da spendiert auch schon mal der Vater dem Sohn eine erste Liebesnacht. Trotzdem ist man in der Türkei sehr traditions- und familienbewusst – und niemand bleibt hier freiwillig unverheiratet. Also erträgt man eben die Langeweile miteinander, trennt sich nicht, aber geht heimlich fremd – Männer wie Frauen. Allerdings halten die Frauen ihre Affären eher kurz, denn auf keinen Fall wollen sie später einen eifersüchtigen, heißblütigen Liebhaber an den Hacken haben. Denn der könnte sie ja am Ende noch das Leben kosten – sprechen wir doch von einem Land, in dem Blutrache zur Tradition gehört.

Schauen wir gen Osten, wird es sogar noch krasser: Fremdgehen ist in China vor allem unter den Neureichen der letzte Schrei! Es sind in China circa zehn Millionen Neureiche registriert. Für jeden dieser Emporkömmlinge muss eine Auswahl von Gespielinnen her, was praktisch mindestens 20 Millionen Frauen macht. Und die attraktiven, modernen Asiaten haben gleich eine alte chinesische

Tradition aufleben lassen: die Konkubine. Männer kaufen ihren Geliebten Yachten, Zweitwohnungen, Autos und Chanelkostüme – und dürfen dafür jederzeit zwecks Begattung vorbeikommen, wenn die Lust sie dazu drängt.

»Er nai« nennen die Chinesen die Geliebte – »der Zweitbusen«. Neuerdings wehren sich die »Zweitbusen« aber, wenn sie aussortiert, abserviert oder entsorgt werden sollen – z. B. indem sie ihre kompromittierenden Geschichten im Internet veröffentlichen. Oder an die Presse verkaufen. Danach lassen sie dann noch aus Rache DNS-Tests von ihren Kindern machen – und verklagen die reichen Väter auf Unterhalt!

Wohin man auch blickt, die Hormone schlagen der Menschheit überall ein Schnippchen! Werfen wir dann doch mal einen Blick auf einen Kontinent, dessen erotische Power sagenumwoben und dessen männliche Proportionen legendär sind: Afrika. Das alles mag sehr einladend klingen, aber man kann in Afrika auch schnell mal von einem wütenden Gatten mit der Machete geköpft werden. Wer sich nämlich dort mit der Frau oder dem Mann eines anderen heimlich ins Gebüsch verzieht, lebt gefährlich. Und dann steht es am Tag danach in Uganda wieder in der Zeitung. Dabei nehmen es die Afrikaner im Prinzip mit der Moral nicht so genau. Affären zu haben ist eigentlich keine große Sache. Polygamie war früher mal weit verbreitet, und Triebhaftigkeit orientierte sich nicht an der Moral, sondern an der Natur.

Doch das ändert sich langsam. Denn der Seitensprung in Afrika birgt inzwischen eine ganz andere Gefahr. Das Gefährlichste am Geschlechtsverkehr in Afrika ist Aids. Durch Vielehe und Affären wird das Virus immer weiter verbreitet, an die Ehepartner und Kinder weitergegeben. Die nicht selten später als Aids-Waisen aufwachsen. Dies ist die größte Tragik des afrikanischen Kontinents. Jedoch hat kein anderer Kontinent insgesamt so sehr im Hinblick auf sexuelle Leistungskraft von sich reden gemacht. Und es gilt im Leben einer Frau immer noch als der absolute Kick, von einem wohlproportionierten »black guy« beglückt zu werden. Liebesdienste dieser Art werden teilweise sogar von gönnerhaften Weißen ihren Frauen als »special treat« zum Hochzeitstag geschenkt – na, ich denke mal, die Kerle tun das aber auch nur, weil sie das Zuschauen selber antörnt, und ganz gewiss nicht nur aus selbstloser Liebe der Gattin gegenüber. Und nicht wenige Frauen blicken danach nie wieder zurück. Der Schwarzafrikaner gilt zumindest weltweit als das maximal denkbare männliche Sexualobjekt für optimalen Lustgewinn. Wir können ja mal bei Heidi Klum nachfragen, ob da was dran ist!

Es mag zynisch klingen, aber unsere imaginäre tugendhafte Frau hat auf dieser Rundreise immer noch keinen Hort gefunden, an dem sie sich in ihrem moralischen Kontext sicher wähnen darf. Überall wird gegrapscht und gebaggert, dass es kracht.

Die Belgier gehen viel und häufig fremd. Dabei bleibt das Fremdgehen in der Ehe in Belgien juristisch nicht folgenlos – und wer seinen Partner erwischt, kann sich nicht nur schneller scheiden lassen, sondern auch mehr Unterhalt verlangen. Um den anderen in flagranti zu erwischen, stellt man in Belgien einen Antrag bei Gericht. Dann kommt der Gerichtsvollzieher morgens um fünf Uhr in die entsprechende Wohnung und prüft die Laken. Oder diejenigen, die da zusammen im Bett liegen. Allein im Jahr 2004 schlugen die Gerichtsvollzieher 4500-mal zu! Aber anscheinend hält das die Belgier nicht ab – im Gegenteil. Tabus sind ja dazu da, dass man sie bricht!

Wenden wir uns nach all diesen unmoralischen Befunden doch mal den Schlechtwetterregionen zu. Könnte es nicht sein, dass Regen, Schnee und Eis die Menschen enger zusammenrücken, genügsamer und moralisch stabiler werden lässt? Weit gefehlt! Die Schweizer treiben es genauso viel wie die anderen Europäer, aber reden so gut wie nie darüber! Schließlich ist man ein vornehmes, solides, konservatives kleines Land! Wo zudem jeder jeden kennt. Und auch die Kirchen haben noch ziemlich viel Einfluss. In der Zeitung steht jedenfalls höchstens mal was über fremdgehende deutsche oder amerikanische Promis. Aber den Schweizern darf so etwas in den Medien nicht passieren. Und wenn doch, dann kommt es ganz schnell und diskret zu einer sauberen Scheidung. Als ausgerechnet dem Schweizer Botschafter Borer-Fielding 2002 eine Affäre angedichtet wurde, da kriegten sich die Schweizer fast nicht mehr ein vor Empörung. Wenige Zeit später musste der Schürzenjäger als Konsequenz auch seinen Hut nehmen, und er wurde strafversetzt: zurück ins eigene Land.

Die Engländer sind wahrlich keine Kostverächter – legendär sind ihre Office-Partys, bei denen wild die Partner getauscht werden. Außerdem geht auch die Royal Family seit Jahrzehnten mit schlechtestem Beispiel voran! Siehe Charles und Camilla, Andrew, Margret, Prinz Philipp. Und so wie die Royals macht es auch das Bürgertum: Man trifft sich am Wochenende zum Polo, zum Kricket oder zur Jagd und verdrückt sich dann in ein lauschiges Country-Hotel. Wer was auf sich hält, hat nebenher was laufen. Treue ist nur etwas für arme Leute. Wer sexy ist, muss »available« sein, sonst ist die Party für ihn vorbei. Statistische Zahlen gibt es dagegen keine, denn um offen zuzugeben, dass sie es alle tun, sind die Briten dann doch wieder zu vornehm. Oder zu verklemmt? Aber dies scheint nur ein Klischee.

Wie man übrigens auch mit dem Klischee über das Schlampentum der lüsternsten Verführerinnen aufräumen sollte, den sexbesessenen, strohblonden, schamlosen Schwedinnen. Das Gegenteil ist der Fall. Schwedinnen sind kühl und zurückhaltend, präzise, fleißig und korrekt, meistens in festen Händen und treu. Ein Seitensprung ist jedenfalls nichts, womit man öffentlich angibt. Fremdgegangen wird zwar auch, aber es ist immer doch eher die Seltenheit – und eigentlich auch nur, wenn die offizielle Beziehung schon in die Binsen gegangen ist.

Und in Finnland kennen sich dank Sauna sowieso alle nackt – da wird mit der Nachbarsfrau ganz ungeniert ins Eisloch abgetaucht, um ein Schwätzchen zu halten. Wo Eiseskälte regiert, ist es die selbstverständlichste Sache der Welt, vorm Kaminfeuer zu kuscheln. Was soll man auch anfangen in einem Land, in dem neun Monate kaum die Sonne aufgeht? Da kann man ja nur ins Bett gehen und sich gegenseitig einheizen!

Zu guter Letzt Frankreich: Im Land der Liebe ist man très genereux mit l'amour toujours! Das sieht man schon an den Staatsoberhäuptern. Frankreichs derzeit mächtigster Mann hat ein Faible für schöne Frauen – wie viele seiner Vorgänger. Im Elysée saßen noch nie Heilige, die ihren Gattinnen treu waren. Schließlich haben die Könige seit Ludwig XIV. vorgegeben, wie gelebte joie de vivre aussieht! Wenn nicht in Frankreich, wo kann man sonst wie Gott auf Erden leben und lieben? Dieses Land vermarktet ja sogar Romantik als Pauschalreisen!

Die berühmten Kokotten, die Avenues d'amour Rue Saint Denis und Montmatre, Frankreichs Morgengabe an die Welt – und noch immer schlendern verliebte Paare händchenhaltend durch den Bois de Boulogne und machen Liebe im Gebüsch, ohne dass irgendjemand etwas Schlechtes darüber denkt! Jacques Chirac machte sogar nächtliche Ausflüge dorthin, und als ihm die Polizei die Nachricht von Dianas Tod im Tunnel überbringen wollte, war er leider gerade nicht auffindbar! Über François Mitterrands Doppelleben mit zwei Frauen, zwei Wohnungen und einer unehelichen Tochter wussten die meisten Franzosen Bescheid. Aber erst auf dem Sterbebett bekannte sich Mitterrand selbst dazu. Und Geliebte und Ehefrau lagen einander bei der Beerdigung weinend in den Armen! Sarkozy hält dagegen nichts von der vornehmen Verlogenheit früherer Generationen. Er ist der modernste Präsident überhaupt, was persönlichen Lebensstil anbelangt. Hat nach nur sechs Wochen in Carla Bruni ein Model/Chansonette geheiratet und vermischt Staatsbesuche mit Reportagen über Kuschelwochenenden und unkonventionelle Auftritte. Und recht hat er, denn Carla Bruni hat unter dem kleinen Fingernagel mehr Klasse als irgendeine andere First Lady. Und ganz en passant hat sie die Welt vom Terror des Stilettos befreit und die neue Ära der Ballerinas eingeläutet – man muss ja nicht gleich zwei Köpfe größer sein als der Präsident, ein Kopf größer ist ja auch schon mal ein Hingucker. Und mit seiner offen zur Schau getragenen »männlichen« Ausstrahlung stellt er sich direkt in eine Linie mit den französischen Königen.

Dabei galt der französische Hof als der vergnügungssüchtigste Europas! Manche der royalen Paare hatten richtiggehende Seitensprung-Wettbewerbe laufen. Jeder mit jedem, alles en famille und kreuz und quer. Der Adel eiferte dem königlichen Vorbild nach. Und der Marquis de Sade setzte allem noch die Krone auf!

Das alles wirkt bis heute nach, denn ein prüdes »viktorianisches Zeitalter« hat es in Frankreich nie gegeben. Bis ins 20. Jahrhundert wurde in den Pariser Luxus-Bordellen manche Regierungskrise beigelegt. Auch ausländische Staatsoberhäupter äußerten häufig den Wunsch, das sagenhafte Etablissement näher kennenzulernen. Bis heute blüht in Frankreich der käufliche Geschlechtsverkehr in allen Varianten als ehrenwerte Dienstleistung so zivilisiert wie nirgendwo auf der Welt.

Ebenso wenig ausgestorben sind die Nebenfrauen. Prominente brauchen – anders als in England oder Amerika – nicht zu befürchten, dass ihre Karriere unter einem solchen Verhältnis leidet. Eher erntet man Anerkennung als Platzhirsch oder Kokotte. Das schlägt sich auch juristisch nieder: 1999 führte die Regierung eine Art Ehe mit dreimonatiger Kündigungsfrist ein. 2007 kamen in Frankreich erstmals mehr außereheliche als eheliche Kinder zur Welt! Ich frage mich bloß, wie das passieren kann in einem Land, das oralen Sex weltweit als »französisch« propagiert?

7.
Wo beginnt Untreue?

Ob regelmäßige E-Mails, SMS oder nächtliche Kneipentouren – wenn der Partner sich rege mit anderen Frauen
austauscht, platzt so mancher Partnerin schon einmal der
Kragen. Schnell steht der Vorwurf des Fremdgehens im
Raum. Auch wenn gar nichts läuft. Und oft wähnen sich
Betrogene noch in Sicherheit, obwohl der Partner schon
sang- und klanglos mehrere Affären abgewickelt hat, ohne
dass die leisesten Zweifel aufgekommen wären. Manche
Männer führen ein etabliertes Doppelleben, ohne dass es
je daheim zu unangenehmen Fragen kam. Nur: je größer
die Kluft der Entfremdung, desto desaströser die Stunde
der Wahrheit. Das ist dann so wie innerer Streukrebs, von
dem keiner was ahnte. Die Geschwulst wird ignoriert und
kann ungestört die innere Zersetzung vorantreiben. Am
Ende heißt es dann: »Mein Mann hat mich von heute auf
morgen verlassen.« Nein, so war es nicht. Gespürt hat
man den anderen schon längst nicht mehr, und das Versiegen gewisser Kräfte markiert den Scheideweg. Da muss
man doch wirklich auf der Hut sein, wenn erste Zweifel
aufkeimen.
Aber man will ja auf gar keinen Fall als hysterisch gelten!
Da hält man doch lieber erst mal die Klappe, um nicht
noch Öl ins Feuer zu gießen. Egal was man macht, es wird
immer falsch sein, wenn man erst mal so richtig betrogen
wird!
Doch wann fängt der Betrug an? Für viele beginnt die Untreue schon lange vor dem Sex im fremden Bett. Ist das

Interesse an einer anderen Person, die Sympathie zu einer Kollegin, das Abendessen unter Sportsfreunden oder ein Kaffee bei der Nachbarin schon der erste Schritt zum Seitensprung?

Soll man den Partner einsperren und sich abkapseln, um zu verhindern, dass dieser Spaß mit anderen hat? Bedeuten attraktive Neuzugänge im Freundeskreis schon eine Chance, sich zu verlieben? Wird der innige Austausch mit der platonischen Busenfreundin erst zum Seitensprung, wenn man körpereigene Sekrete austauscht? Darf man denn als treuer Partner wenigstens ab und zu an Sex mit einem anderen denken?

Niemand kann einen doch des Seitensprungs bezichtigen, wenn man schmutzige SMS austauscht oder eine kleine Fotodatei reizvoller Schnappschüsse der Yogalehrerin auf seinem PC ablegt! Wo kämen wir hin, wenn Gedanken nicht mehr frei sind? Oder unsere Phantasien einer Zensur unterliegen?

Es könnte doch alles so einfach sein: Sie mag ihn, er mag sie – und Bingo! Der Schlamassel, dem wir uns gegenübergestellt sehen, fängt ja schon damit an, dass es keine äußere Autorität mehr gibt, die den Umgang mit dem regelt, was als sexuelle Treue gefordert werden darf. Meist sieht es in Beziehungen so aus, dass am Ende der Durchsetzungsfähigere die Normen bestimmt. So denkt zumindest *er*. Und *sie* schmollt und vertraut ihre Diskussionen Freundinnen der Betroffenheitsrhetorik an. Das sieht dann so aus:

»Wenn du mich wirklich lieben würdest, dann würdest du mir nicht das bisschen Spaß verbieten, das dir nicht das Geringste wegnimmt!«, sagt Partner A.

Partner B antwortet: »Wenn du mich wirklich lieben würdest, müsste es dir leichtfallen, auf diesen angeblich bedeutungslosen Zeitvertreib, der mich total verletzt, zu verzichten.«

Auseinandersetzungen dieser Art sind eine Pattsituation im Machtkampf. Im Prinzip haben beide schon verloren, wenn das Ringen um sexuelle Vorrechte sich im Kreis dreht. Seien Sie doch erst mal froh, dass er überhaupt noch mit Ihnen schläft. Und vielleicht sogar so tut, als ob es ihm Spaß macht. Sie täuschen doch Ihren Orgasmus auch aus ehrlicher Zuneigung vor, oder? Solange Sie sich auf diesen Deal geeinigt haben, bezeichnen Sie Ihre Ehe doch nach außen hin als intakt, stimmt's?

Für 42 Prozent aller Frauen ist der Seitensprung absolut unverzeihlich – sie würden sofort mit dem Partner Schluss machen, sobald sie davon erfahren. Ehe gilt also als intakt, solange sie nicht durch Untreue beschmutzt wird. Das Maß aller Dinge ist letztendlich das ausschließliche und alleinige Vorrecht auf körperliche Befriedigung unter den beiden Partnern. Ihre sexuellen Höhepunkte gehören nur ihnen allein – sie werden mit niemandem geteilt.

Und? Schon mal dran gedacht, dass Ihr Mann nur noch mit Ihnen schläft, um missliche Diskussionen zu vermeiden? Aus purer Triebbefriedigung oder aus Gewohnheit? Der Autorin sind Männer bekannt, die mit ihren Frauen schlafen, »damit die keine Fresse zieht«. Schade eigentlich. Wo es doch die schönste Sache der Welt sein soll!

Was Frauen so vom Partner einklagen oder als Treue definieren, das ist ein solch hochgestecktes Ideal, dass die Enttäuschung zwangsläufig mitgeliefert werden muss. Eine ganze Reihe weiblicher Exemplare programmiert sich selbst regelrecht für die ganz große Tragödie. Da reicht ein falscher Blick des Partners schon, um Eifersuchtsszenen auszulösen. Ach was, es reicht schon ein Gedanke, damit Frauen das Gleichgewicht verlieren und in Tränen aufgelöst eine Party verlassen.

Ob Mann oder Frau – der Eifersüchtige will Qualitäten einklagen, die perfekt seiner Idealisierung des Partners entsprechen. Der Geliebte soll wie eine Schablone auf das Bild passen, das man sich von ihm gemacht hat. Was der Eifersüchtige fürchtet, ist die Enttäuschung, die Desillusionierung seiner fixen Idee. Und gleichzeitig hasst er den Gegenstand seiner Eifersucht dafür, dass dieser Partner nicht genauso abhängig von ihm als Partner ist wie er selbst.

Wo Bindung entstanden ist, keimt zwangsläufig auch Eifersucht. Besonders seitens der Frau. Wir lieben eben anders. Die Eifersucht schläft nie. Wenn Frauen erst mal anfangen zu zweifeln, wird alles geeignet sein, Misstrauen zu erwecken. Wir klammern uns auch dann noch an unseren Traum von der erfüllten Liebe, wenn die Idealisierung der Beziehung längst nicht mehr möglich ist. Aus diesem Gefühl heraus wird jede auch nur angedachte Möglichkeit auf Entfernung vom Partner panisch übersteigert.

Gleichzeitig sind Frauen harmoniesüchtig und konfliktscheu. Sie werden gehemmt, ängstlich und ziehen sich in sich selbst zurück. Die Persönlichkeit verändert sich bei einer krankhaft eifersüchtigen Frau, denn sie leidet. Das Ventil sind die üblichen Spielchen. Und immer ist »die Andere« mitschuldig am Treuebruch. Am Ende sitzt *sie* dann in Therapie, obwohl *er* es ist, der sie nötig hätte!

Im Grunde quälen sich die Partner mit Eifersucht provozierenden Extremsituationen jedoch am meisten selbst. Nicht selten sind Partner sogar eifersüchtig auf das gesamte Vorleben des anderen. Aber wie soll man Einhalt gebieten oder den Gefährten vertrauensvoll an der langen Leine laufen lassen, wenn man vermutet, dass seine schnarchenden Pfeifgeräusche und sein genüssliches Räuspern daher rühren, dass er des Nachts von sagenhaft attraktiven Frauen träumt?

Nun, ich gehe mal davon aus, dass meine Leserschaft zum Großteil aus erwachsenen Menschen besteht. Und so, wie Sie als dünnhäutige, empfindliche Frau erwarten, dass Ihr Mann seine Antennen für andere Frauen einfährt, hat er einen berechtigten Anspruch darauf, das Sie Ihre Emotionen in Schach halten. Ich finde, ein Mann darf von einer Frau erwarten, dass sie sich in der Gewalt hat und Herrin ihrer Sinne ist. Weil er Sie, als die Frau, für die er sich irgendwann einmal entschieden hat, schützen und behalten will, erzählt er Ihnen nämlich genau all das *nicht*, von dem er weiß, dass es Sie auf die Palme bringt. Nun entscheiden Sie selbst, ob Sie gut beraten sind, Ihrem Partner daraus einen Vorwurf zu machen oder nicht!

Je mehr Sie mosern, desto weniger werden Sie erfahren.

Die Fakten sind besorgniserregend. Umfragen des Bundesfamilienministeriums, des Max-Planck-Institutes und die Auswertungen diverser Emnid-Studien ergeben, dass für 45 Prozent aller Frauen der Seitensprung beginnt, sobald der Partner in der Phantasie fremdgeht. Und jetzt kommt's: je gebildeter, desto liberaler! Denn Menschen mit Abitur oder Hochschulabschluss geben nur zu 34 Prozent an, Fremdflirten als Untreue zu empfinden.

Zwar sind sich die meisten Paare darüber einig, dass Monogamie prinzipiell zur Liebe gehört, doch selten darüber, wo die Grenzen liegen. Die sind äußerst dehnbar. Ob es nun in Ordnung ist, wenn man auf einer Party anderen Frauen schöne Augen macht oder mit einem anderen Mann tanzt, kann man ausdiskutieren, ohne das Ergebnis jemals zur Norm erheben zu können. Und will man wirklich einen Mann, der zwar 100 Prozent treu ist, aber dafür Partymuffel, Spaßbremse und uncharmanter Stiesel? Entscheiden Sie sich, ob Sie tatsächlich ein geschlechtsloses Wesen an Ihrer Seite haben wollen, dem man ansieht, dass er keine Eier mehr hat, und dem es nicht mal mehr erlaubt ist, alleine auszugehen. Wollen Sie wirklich die nörgelnde Mutti sein, die nachts in der Kneipe anruft und Vati wie einen Straßenköter zurückpfeift? Nein??? Dann gönnen Sie Ihrem Mann den Freiraum und unterstützen Sie seine Kneipentouren! Er will ganz einfach auch mal in Ruhe gelassen werden, unter seinesgleichen sein und auf der Piste Frischluft schnuppern. Vor seinen Kumpels steht er gut da, wenn er das darf, und Sie als Frau werden auf jeden Fall in seiner Achtung steigen, wenn Sie ihn ziehen lassen. An so einem Abend haben Sie doch mal wieder richtig schön

Zeit, über Ihre Beziehung nachzudenken und alle abgerissenen Hemdenknöpfe anzunähen.

Zwar sollten in Beziehungen beide Partner die Regeln definieren und deutlich machen, wo ihre persönlichen Schmerzgrenzen liegen. Da findet man ebenso wie die Treuedogmatiker jene Paare, die sich als Kompromiss auf die offene Beziehung/Ehe einigen. Nach dem Motto »Tschüs, Schatzi, bis morgen dann, ich schlaf heut bei Sabine!«. Aber vielleicht tun sie das auch nur, um den kleinsten gemeinsamen Nenner zu finden. Weil sie wissen, dass der andere sonst Leine zieht. Klar kann jede Form funktionieren, wenn beide einverstanden sind, aber wehe, es verliebt sich dann einer!

Also für mich wär's nix! Mir erscheint die offene Ehe als das Mittel der Natur, um auszudrücken, dass die Trennung ansteht!

Sehen wir die Lage doch mal praktisch: Sie können einen Mann mit Sex nicht halten – und mit Gewalt schon gar nicht. Sorgen können Sie nur bestenfalls dafür, dass es ihm nirgendwo besser geht als bei Ihnen. Und auch das kann sich ändern, falls einer der beiden Partner auf die Idee kommen sollte, sich persönlich weiterzuentwickeln. Das werden Sie mehr oder weniger maulend tolerieren müssen.

Wenn Sie einen Mann halten wollen, muss es Ihnen wissenschaftlich gesehen gelingen, sein Vorderhirn so zu programmieren, dass das Treuehormon Vasopressin vermehrt ausgeschüttet wird. Dadurch wird Ihr Partner sein Streunverhalten und seinen Jagdtrieb einstellen und sich zum kuscheligen Schmusebär entwickeln, der auf der Couch liegt und gekrault werden will. Leider funktioniert dieses Experiment bislang aber nur bei Mäusen und Affen. Wer also heute zur kleinen blauen Pille greift, um den Partner bei der Stange zu halten, der wird in zehn Jahren vielleicht eine braune Kapsel unters Essen mischen, wenn Papi auf die Piste geht.

Vor allem in Ostdeutschland wird Fremdgehen nicht so

ohne weiteres geduldet: Dort sind zwei Drittel der Befragten der Auffassung, dass ein Seitensprung der Anfang vom Ende einer Beziehung ist. Im Westen sieht man das etwas entspannter: Hier ist etwa die Hälfte dieser Auffassung.

Auf die konkrete Frage »Wo fängt Fremdgehen an?« gab es außer »Im Kopf«, »Beim Küssen«, »Beim Sex« immer wieder die penibelsten Grenzziehungen. Leider muss man feststellen, dass alle Versuche, die Problematik einzukreisen, hinken.

»Fremdgehen beginnt meistens schon dann, wenn man Interesse an einer anderen Person hat. Es ist dann nur noch eine Frage der Zeit, dass beide gleichzeitig Interesse haben. Einer wartet doch immer, dass der andere Partnerprobleme hat und er dann tröstend einspringen darf.«
Jessica, 28
Mein Gott, das hieße ja, sich abzukapseln und ein ungeselliges Leben in Isolation zu fristen!

»Man sollte jedem seine Freiheit insoweit lassen. Schauen und vielleicht ein bisschen flirten schadet nicht, aber das ist auch alles.« Marita, 18
Na ja, bis halt in einem schwachen Moment »der eine« oder »die eine« das ramponierte Selbstbewusstsein in rosarotes Licht taucht.

»Wer fremdflirtet, bei dem ist es eh vorbei.« Dorit, 36
Ein hartes Regime, wenn man für jedes freundliche Lächeln abgestraft wird, das schlägt Männer doch in die Flucht.

»Fremdgehen fängt bei mir an, wenn mein Partner auffällig viel Körperkontakt zu jemand anderem hat und sie sich heimlich treffen.« Sandy, 39
Ein guter Gedanke, das Anfassen und der Austausch von Körperwärme könnte in der Tat eine Grenzüberschreitung sein. Aber halt, was ist dann mit meinem Masseur oder

Personal Trainer? Dürfen sich denn gute Kumpels gar nicht mal in den Arm nehmen?

»Es beginnt immer im Kopf, nur man sollte sich noch selbst fragen. Was / wie würde ich mich fühlen, wenn mein Partner mir das antun würde?« Eileen, 42
Ob das was hilft? Vielleicht hat der andere ja schon längst mehrere Affären hinter sich und man selbst ungestört in seinem Wolkenkuckucksheim den Kopf in den Sand gesteckt?

»Beim Sex fängt fremdgehen an.« Heidi, 24
Okay, dann ist Bill Clinton also nicht fremdgegangen, denn er lag nur da und hat sich von der Praktikantin oral befriedigen lassen. Also hätte man dieser jungen Dame bei einer Untersuchung sogar bescheinigen können, dass ihre Jungfernschaft unversehrt geblieben wäre.

»Wenn man an einen anderen denkt.« Michelle, 22
Dies als Maßstab zu nehmen hieße Gedankenzensur, und brächte eine Menge von hysterischen Szenen und dummen »Woran denkst du gerade«-Fragen seitens des Partners mit sich.

»Wenn es in der Beziehung stimmt, ist fremdgehen ein Fremdwort. Warum soll ich woanders naschen, wenn ich zu Hause alles bekomme, und das aufs Spiel setzen? Wichtig ist Vertrauen, denn Eifersucht ist eine Leidenschaft, die mit Eifer sucht, was Leiden schafft. Flirten macht Spaß, und ab und zu mal Fremdküssen ist okay – mehr sollte nicht sein.« Roswitha, 46
Das klingt sehr weise, leider gibt es jede Menge Männer, die sich als glücklich verheiratet bezeichnen und trotzdem alles aufs Spiel setzen, weil sie das Umhervögeln brauchen, da die absolute Treue beim Schürzenjäger tiefe Depressionen auslöst. Der Seitensprung soll wieder Schwung

in die Eheroutine bringen. Da müsste ja die Ehefrau der Geliebten sogar noch ein Dankschreiben schicken, weil die Ehe ohne fremde Beischläferin vielleicht schon ganz zerbrochen wäre.

»Meiner Meinung nach beginnt fremdgehen beim ersten längeren Kuss.« Henriette, 26
Könnte man so sagen!

»Fremdgehen fängt beim Austausch von Zärtlichkeiten an. Ich meinte intensives Küssen usw.« Friederike, 31
Ein klares Wort, aber wenn Fremdgehen mit Anfassen verbunden ist, was sind dann die Online-Partnerschaften und was ist mit Cybersex?

»Die Gedanken sind frei!« Sophia, 39
Das soll auch so bleiben.

»Flirten finde ich auch okay, und wenn man in einer festen Beziehung ist, will man testen, ob man für andere noch attraktiv wirkt« Jennifer, 27
Bloß wer weiß, ob man für die auch als Single noch attraktiv wäre? Wir kennen das doch: Kaum ist man gebunden, rennen einem die Kerle hinterher – ist man frei, guckt keiner mehr!

»Fremdgehen fängt mit Sicherheit im Kopf an. Sobald man sich in seinen Träumen nach einem anderen Menschen sehnt, geht man praktisch schon fremd.« Kathleen, 45
Na, dann viel Spaß beim Kontrollieren des partnerschaftlichen Gedankengutes – unter diesen Bedingungen kann der Partner ja nur mit faustdicken Lügen überleben.

»Ich unterscheide, ob ich mit meinem Partner unterwegs bin oder er allein. Beachtet er mich wenig und widmet sich anderen Damen, ist dies für mich bereits eine Art

Fremdgehen, da ich nicht an erster Stelle stehe. Dient das bloße Gucken, Tanzen oder Unterhalten nur der Konversation, ohne dass ich mein Gesicht verliere, ist es okay!« Andrea, 48

Gut, wenn all das nicht zählt, was er alleine unternimmt, dann darf er ja auf Geschäftsreise und im Büro tun und lassen, was er will. Er könnte sogar eine Zweitfamilie betreiben, solange die Angetraute nie dabei sein wird. Alles in allem also eine Aufforderung zum Doppelleben.

»Fremdgehen fängt bereits beim Flirten an. Wenn man einen Partner hat, sollte man sich für keinen anderen interessieren und nicht mit anderen Kontakt aufbauen. Irgendwann liegt man dann zusammen im Bett, deshalb sollte man bereits das Flirten vermeiden. Wenn man flirtet und sich für andere interessiert, ist es keine Beziehung.« Sharon, 29

Ein Leben ohne Flirten hieße lebendig begraben sein. Wenn die Musik aufspielt, darf es nicht verboten sein, dass die Seele zum Klingen kommt. Diese Ansichten gelten nur für partyscheue Einsiedler.

»Jeder soll seinen Freiraum haben. Aber Sex mit andern ist fremdgehen.« Jessica, 50

So schlicht es auch klingt, aber da könnte man doch zustimmen, oder?

»Geschlechtsverkehr ohne Küssen ist kein Fremdgehen und für Geld schon gar nicht.« Mandy, 23

Na, da hat sich wohl eine Kandidatin aus dem Rotlichtmilieu ins Interview eingeschlichen.

»Mund- und Zungenküsse sind der körperliche Anfang des Fremdgehens. Dazu kommt es aber meistens erst, wenn man schon vorher im Kopf dazu bereit war.« Veronika, 40

Stimmt! Bloß dass der Partner sagen wird: »Hör auf zu spinnen, ich bin nicht fremdgegangen, ich schwöre, wir hatten keinen Sex!« Und er lügt nicht mal!

»*Blickkontakt!*« Rebecca, 17
Horror, wenn der Partner sogar die Blicke kontrolliert und das Schauen schon Provokation ist.

Es sind halt die Eifersüchtigen, die Blicke und Gedanken nicht dulden. Die nicht mal gönnen können, dass sympathische Menschen untereinander Kontakt aufnehmen. Die die Lüge für treuloser halten als den Seitensprung selbst. Die sich selbst kasteien, indem sie jedes Detail bis zur Koitusposition und den detaillierten Praktiken gebeichtet haben wollen – als Bedingung, um verzeihen zu können. Aber das tun sie dann sowieso nicht, auf diese Zusage sollte man nie hereinfallen. Es ist widernatürlich und einfach vom Partner zu viel verlangt, dass er quasi in die Mutterrolle schlüpft und plötzlich wie die gute alte Freundin die Generalbeichte abnimmt, um dann die Absolution für Schuldfreiheit zu erteilen. So werden Geständnisse erpresst, indem Straffreiheit versichert wird, und am Ende drehen doch alle durch. Für den »Liebestäter« wäre es das Beste, sich gar nicht dem Geständniszwang auszusetzen. Wenn jedoch in einer Partnerschaft die Untreue Programm geworden ist, dann muss man sich auch fragen, warum der »Betrüger« so gerne mit der Eifersucht des Betrogenen spielt.

Beim Seitensprung müssen alle Beteiligten, also mindestens drei Personen, lernen, ihre Grenzen zu akzeptieren. Als Geliebte darf man nicht Verräterin werden, und als Betrogene gehen einen die intimen Details einen feuchten Kehricht an.

Oftmals legen die Abtrünnigen es aber auch direkt darauf an, ertappt, erwischt und überführt zu werden. Sie setzen ihre Duftmarken im Umfeld des Partners und übergeben ihre virtuellen Fußspuren dem Äther. Sie lassen kein Fettnäpfchen aus, das als logische Konsequenz zur Folge haben wird, dass Geständnisse erzwungen, Liebesbriefe gefunden und eindeutige SMS gelesen werden. Sie schüren Situationen und befeuern Umstände, die Hass und Grausamkeit heraufbeschwören. Vielleicht ist es die Sucht nach dem Drama, die Sehnsucht, die Gefühlsabhängigkeit im Leben eines anderen bestätigt zu sehen oder durch Fehlleistungen die erkalteten Gefühle des Partners zu reanimieren. Besser, es fliegen die Fetzen, als länger die Gleichgültigkeit ertragen.

Nicht selten tragen Partnerschaften paradoxe Züge, indem sie sich an die geliebte Person klammern und diese gleichzeitig vernichten wollen. Liebe und Rache liegen eng beieinander. Man könnte fast annehmen, eingefahrene Paare brauchen den Eklat ums Fremdgehen, damit sie endlich wieder ins Gespräch kommen.

Auch hier ist für die Position der Geliebten Wachsamkeit geboten: Die Teiltrennung von der Ehefrau durch eine Affäre kann auch in dem Bestreben vollzogen werden, sich der Liebe und gegenseitigen Zuneigung neu zu versichern! Aber Opfer, sprich Geliebte, die sich an Tätern rächen, sind deshalb nicht im Recht!

Verlassen wird er Sie, liebe Leserin, nur, wenn er eine echte Alternative zu Ihnen hat. Und diese könnte Ihre Gegenspielerin bieten, wenn Sie mit Eifersuchtsszenen Ihre eigene Partnerschaft torpedieren.

Eine Diskussion um Untreue kann nicht geführt werden, ohne Treue zu definieren, markiert der Treuebruch doch den Verlust der klaren Grenzen, die Sie gezogen haben. Klar, dass die absolute Treue ein Höchstmaß an Sicherheit bietet. Treue bedeutet uneingeschränkte Hingabe an den Partner. Hört sich gut an, was? Wollen wir doch alle, oder? Aber warum wenden wir denn nicht mal die Medaille und betrachten, was Zusagen dieser Art überhaupt beinhalten?

Treue bedeutet, dass Verliebtheit in Dritte nicht mehr zugelassen wird. Treue bedeutet, dass Triebhaftigkeit, die durch Dritte angeregt wird, überwunden werden muss. Treue bedeutet, dass Pflichtgefühl und Verantwortungsbewusstsein die persönlichen Entwicklungsmöglichkeiten, die durch neue Paarungsvarianten möglich wären, im Keim ersticken.

Mit der Zusage an absolute Treue gehen den Paaren in jedem Fall Möglichkeiten verloren, und zwar auf allen Ebenen. Somit bedeutet Treue auch Verzicht und Opferbereitschaft.

Die absolute Verlässlichkeit, die Paare einander im Treueeid schwören, büßt ihre Stabilität ein, sobald ein bestimmtes drittes Element als Katalysator hinzutritt. Tja, und dann passiert »es« eben: Durch unbewusste Impulse werden Hemmungen überwunden, und man trifft auf den oder die, für den oder die man alle guten Vorsätze und Prinzipien über den Haufen wirft.

Diese moralische Idealisierung der Partnerschaft, die dem monogamen Modell innewohnt, hat sich ausgeprägt, um unsere eigentlichen Emotionen in Schach zu halten und das zu bändigen, was der Bauch uns immer wieder einflüstert. Paare verharren in Langeweile und Erstarrung nebeneinander, nur um von der anderen »Partei« nicht gehasst und entwertet zu werden. So verraten sich die Vorboten des »Betruges« schon im ersten Misstrauen. Denn hier beginnt der Teufelskreis: Wer dem Partner viel Vertrauen und Toleranz schenkt, wird auf weniger Täuschungsmanöver stoßen als ein Partner, der herumspioniert und kontrolliert. Denn der Misstrauische wird sich bestätigt fühlen und seine Spur nach immer neuen Lügengebilden aufnehmen. So findet der Misstrauische immer mehr Gründe, noch misstrauischer zu werden als der vertrauensvolle Partner. Wer in Partnerschaften den Riegel vorschiebt, die Leine kurz hält und wenig Freiraum schenkt, verrät sich schon als Opfer: Er wird zum Kerkermeister, der die Gefängniszelle versperrt, weil er sich nicht vorstellen kann, dass es

Gründe gibt, die seinen Häftling dazu bewegen, freiwillig zu bleiben!

Die irrationale Faszination der Liebe vermag einerseits sämtliche Eide und Liebesschwüre zu annullieren, und andererseits sind es genau dieselben irrationalen Liebesimpulse, die wir brauchen, um uns auf das Treueideal des Zeugens, Gebärens und der ewigen Liebe einzulassen. Leidenschaft und den Verstand verlieren bedingen einander nun mal. Das ist es doch, worauf wir alle aus sind: das Hirn lahmlegen und nur noch Gefühl und Sinnlichkeit sein. Zum Tier werden.

Da absolviert man das volle Programm als verantwortungsbewusstes und seriöses Mitglied der Gesellschaft und gründet eine akzeptable Familie, friert so manches ein, was man für unangemessen hält, und dann schwelt und brodelt das alles im Unterbewusstsein schön vor sich hin. Wie Chemikalien, die nur auf die nötige Reibung warten, die alles zur Explosion bringt. Ja, und dann kreuzt da etwas den Weg, was zum Zünder taugt, und eines Tages beläuft sich das Geständnis, das man dem besten Kumpel gegenüber nach dem dritten Glas Wein ablegt, knapp auf die Formel: »He/She fucked my brains out!« Und der Kumpel wird anerkennend-neidisch grinsen!

Klar, dass der Zurückgelassene vor sich hin schmollt und das Gefühl hat: »Keiner spielt mit mir!« Dann ist es nur noch eine Frage der Zeit, bis man sich denkt: »Na warte, wenn ich dem Kerl auf die Schliche komme!« Aber bevor Sie toben, müssen Sie erst mal dahinterkommen und wissen, wann, wie und wo Männer fremdgehen ... das ahnen Sie ja alles überhaupt noch gar nicht!

8.

Für Frauen, die es wissen wollen

Wenn Sie zu den Frauen gehören, die austicken, wenn ihr Partner mit anderen Frauen spricht, telefoniert oder Kaffee trinkt, dann sind *Sie* das Problem. Wahrscheinlich ist Ihre Beziehung längst marode, ohne dass Sie es wahrhaben wollen. Es gibt keinen sichereren Weg, Ihren Partner in die Flucht zu schlagen, als ihn an der kurzen Leine zu halten und ihm mit krankhaftem Misstrauen zu begegnen. Das Problem ist dann nicht die vermutete andere Frau, sondern die Qualität Ihrer Beziehung.

Wenn er sich allerdings mit anderen Frauen besser unterhalten kann als mit Ihnen und wenn Sie seine Liebe als selbstverständlich hinnehmen und Sie Ihre Besitzansprüche als Exklusivvertrag auf Lebenszeit ansehen, wenn Alltagsnörgelei und Dauerunzufriedenheit, Langeweile und Routineverpflichtungen die Impulse verdrängt haben, die Sie einst zusammenbrachten, dann wird er Sie im passenden Moment garantiert verlassen.

Wenn Sie Ihren Mann nach jeder Reise verhören, wen er getroffen hat, wenn Sie durch Kontrollanrufe herumstöbern, ob er pünktlich und allein zu Bett geht, dann sind Sie selber die Quelle des Misstrauens. Wer zweifelt, auskundschaftet, nachspioniert, ob der Partner die Wahrheit sagt, wird immer weitere Anlässe finden, auf raffinierte Täuschungsmanöver zu stoßen, als jemand, der sich tolerant und souverän verhält.

Ein Mann, der fremdgehen will, wird eh einen Weg finden, ob Sie ihn einsperren oder nicht. Und je hysterischer Sie sich geben, desto raffinierter wird er Sie hintergehen. Er passt seine Storys Ihren dummen Fragen und Unsicherheiten an. Er wird alles daransetzen, Sie hinters Licht zu führen. Denn er hat begriffen, dass Sie eine Frau sind, mit der man nicht reden kann – zumindest nicht über alles. Sie werden als Frau dastehen, die die Lüge fordert. Etwa weil Sie die Wahrheit nicht verkraften würden?

Die misstrauische Frau wird also immer Gründe finden, noch misstrauischer zu werden. Denn wenn die Misstrauende Gründe findet, die ihren Verdacht bestätigen, wird sie ihre Indiziensuche vertiefen und das Vertrauen aufgeben, selbst wenn sie gar nicht betrogen wird. Wenn Sie als Frau Ihrem Partner nachstellen, dann haben Sie Ihre emotionale Einstellung zu ihm bereits verändert. Sicher schon vor einer ganzen Weile und nicht erst gestern.

Verschwenden Sie also nicht Ihre Energien, um Ihrem Partner auf die Schliche zu kommen – entscheiden Sie vor der Spurensuche, ob Sie Ihre Beziehung der Belastung Ihres Misstrauens aussetzen wollen. So plump sind Männer ja nun auch nicht, dass man die Frage nach dem Wann, Wie und Wo des Fremdgehens generell mit »immer, überall und mit jeder« beantworten könnte. Trennung bedeutet für Männer in jedem Fall Stress, Debatte, Ärger, Kinder-, Geld- und Besitzverlust. Vielleicht sogar selber abwaschen und einkaufen müssen. Glauben Sie etwa, ein Mann hat grundsätzlich Bock auf so was? Also wird er alles tun, Affären und Seitensprünge so zu organisieren, dass er zweigleisig fahren kann und Ärger vermeidet.

Es gibt natürlich den chronischen Fremdgänger, der keine Gelegenheit auslässt, seine Partnerin zu hintergehen, und wahllos mit anderen Frauen rummacht. Wenn Sie das wissen und trotzdem in der Partnerschaft verweilen, dann dürfen Sie nicht auf meinen Beistand hoffen. Sollten Sie einem Mann diesen Lebensstil zugestehen, wird er nämlich die Achtung vor Ihnen verlieren. Diese multiplen Schürzenjäger wissen genau, dass sie sich danebenbenehmen und der Angetrauten Würde und Seelenfrieden rauben. Aber es ist ihnen egal. Letztendlich werden Sie zum Opfer gemacht, wenn Sie einen Typen an Ihrer Seite haben, der es mit seiner Sekretärin, dem Azubi, der Praktikantin, der Nachbarin, Ihrer besten Freundin und der Frau seines Kompagnons treibt. Solche Männer sind pathologische »Fälle«, die professionelle Hilfe brauchen. Wenn Sie ein solches Exemplar zu Hause haben, das Leben Sie schon betrogen hat, dann sollten Sie sich nicht noch selbst betrügen! Immerhin haben Sie es mit einer Persönlichkeitsstörung Ihres Partners zu tun, die Sie in zerstörerischer Weise in Abhängigkeiten dieser Sucht verstrickt und Ihre Substanz zerstört. Es ist Ihre Entscheidung, dieses würdelose Dasein fortzusetzen oder zu beenden.

Am anderen Ende der Skala steht diesem »Fremdgänger in der Endphase« der seitenspringende Anfänger gegenüber. Im Mittelbereich all dieser Nuancen hat sich der durchtriebene Schlawiner etabliert, der mal hier, mal da mitnimmt, was er abgreifen kann, entweder in Form unverbindlicher Kurzaffären oder in Form jahrelanger Affären mit der Dauergeliebten. Zumindest können Sie bei gelegentlichen »Ausrutschern« nach dem Motto »einmal ist keinmal« schon mal ausklammern, dass Ihr Partner ein Doppelleben führt. Solchen Begegnungen sind Grenzen gesetzt, wie bei einem Kinofilm das Ende vorhersehbar ist. Außer es kommt natürlich mal die eine, bei der alles anders verläuft als geplant, aber dann haben wir es (siehe oben) eh schon mit dem kontaminierten Zerrüttungsstatus Ihrer kränkelnden Beziehung zu tun.

Essenziell wichtig wäre also für Sie als Frau zu orten, ob Ihr Partner der allgemeinen gesellschaftlichen Ermutigung zum Ehebruch anheimfällt. Mit anderen Worten: Werden Sie nun beschissen oder nicht? Das will doch jede Frau früher oder später ganz genau wissen. Genau darüber können Sie sich, werte Freundin, an dieser Stelle Klarheit verschaffen.

103

Die Frage danach, wann Männer fremdgehen, ist unter zwei Aspekten zu beantworten: a) an welchem Punkt oder in welcher Phase ihres Lebens und b) an welchem Tag, zu welchem Termin oder Zeitpunkt.

Sie können dieser Frage nicht auf den Grund gehen, ohne den Arbeitsrhythmus Ihres Partners zu analysieren. Die meisten Männer grapschen absolut nicht nach jedem Rock, der ihnen begegnet, sondern wählen eine Partnerin, die ihnen verlässlich und akzeptabel erscheint, um eine von Vernunft geleitete Nebenverbindung einzugehen. Sie wollen mit dieser Frau ja auch mal ausgehen, reden und ihre Freizeit genießen können, ohne dass es zum Stadtgespräch wird, mit welcher Schlampe dieser Kerl mal wieder exzessiv um die Häuser gezogen ist.

Die Mehrzahl aller Männer, die in Affären verwickelt sind, hatten sogar überhaupt keine (bewusste) Absicht, in ihrem Leben Abenteuer und Liebesspiel zu reanimieren. Sie finden sich quasi schicksalhaft zu einer Person hingezogen, deren Attraktivität sie nicht wiederstehen können. Bis sich die Leidenschaft all der guten Vorsätze oder vernunftmäßiger Widerstände bemächtigt.

»Hier stehe ich und kann nicht anders«, sagt sich so ein Mann. Oder so eine Frau. Mit dieser Rechtfertigung schiebt man die Verantwortung erst mal einer höheren Macht zu. Und damit von sich weg. »Ich war wie vom Blitz getroffen, da ist es halt passiert.« In diesem Klima gedeiht zumeist die heimliche Liebe. »Ich wollte es gar nicht, aber es hat sich so entwickelt«, wird so ein Mann eines Tages zu Protokoll geben.

Hier stellt sich immer wieder die Streitfrage nach der platonischen Liebe zwischen Mann und Frau. Beteuerungen, es handele sich um eine platonische Liebe, sollte man als Frau eher misstrauen. Einer will immer mehr vom andern, es sei denn, das Gegenüber ist extrem unsympathisch, unattraktiv und alles andere als »mein Typ«.

Im Gegensatz zu Frauen trennen Männer nicht zwischen

Freundschaft und Sex. Und die platonische Freundin wird Fähigkeiten haben, die Ihrem Mann in der Beziehung zu Ihnen fehlen, und diese zielgenau einsetzen. Wenn Ihr Mann eine Freundin hat, die einigermaßen attraktiv ist und mit der er sich über alles unterhalten kann und bei der er sich wohlfühlt, dann ist er eigentlich schon fällig. Ja, ich würde sagen, dann haben Sie berechtigten Grund zur Eifersucht. Es gibt nur eine Ausnahme: Wenn diese Frau selbst in einen anderen verliebt ist und quasi ihr Herz besetzt ist.

Vielleicht aber ist Ihr Partner gar nicht der Typ dieser Freundin? Was dann? Nun, die physische Anziehung, genannt Chemie, ein paar Drinks zum Dinner, das wird eines Tages, in einem schwachen Moment, mehr sein, als beide kontrollieren können, und dann haben wir hier als Bilanz den altbekannten Satz: »Komisch, dass ich mich verliebt hab, der ist eigentlich gar nicht mein Typ!«

Sicher, es mag zwischen Mann und Frau »Bruder-Schwester-Beziehungen« geben, aber genau die Tatsache, dass man miteinander nichts hat, macht Frauen enorm unbefangen. Dann schütten wir gerne mal das Herz aus und vertrauen Geheimnisse an. Zeigen unsere Warzen und den Furunkel an der Innenseite der Oberschenkel. Lassen uns auf dem Segelboot die Pickel auf dem Rücken ausdrücken. Flennen ins Telefon, wenn wir mal wieder in die Scheiße gegriffen haben. Der platonische Freund räumt Frauen Freiheiten und Spielraum ein, den Sie in Ihrer festen Beziehung schon lange vermisst haben. Dann ist es nur noch ein Katzensprung zu Kuscheln und Massage. Und Männer sind nun mal nicht für die platonische Liebe geeignet. Wenn ein Mann also eine Busenfreundin hat, dann sollte er die am besten verstecken. Oder Ihnen gleich vorstellen und in die allgemeinen Unternehmungen integrieren. Leider müssen Sie diese »fremde Frau« dann auch zu Ihrer Freundin machen, eine andere Wahl haben Sie gar nicht.

Die Autorin selbst hatte sich mal mit der Ehefrau eines

Verehrers so sehr angefreundet, dass sie die Avancen dieses Mannes nur milde belächeln konnte, weil sie ihrer lieben Busenfreundin »niemals zu nahe treten würde«. Und man kann gar keine Worte dafür finden, wie vehement dies mit innigster weiblicher Komplizenschaft gedankt wurde. Einen größeren Kameradschaftsdienst, als auf den attraktiven Mann einer guten Freundin zu verzichten, können Girlfriends einander doch gar nicht erbringen!

Was aber nun, wenn der Partner so eine prinzipiell verdächtige »Freundin« täglich oder regelmäßig bei der Arbeit sieht? Oder gar in der Sauna des Fitnessclubs? Klarer Fall: Das ist schlichtweg Scheiße!

Doch Obacht, nicht ausrasten und erst mal tief durchatmen! Ihr Mann wird sich vor und nach der Arbeit Zeit abknapsen um sich Freiräume für die gute Freundin zu schaffen, und hier und da zunehmend Geschäftsreisen organisieren. Notieren Sie: Bei Überstunden ist die Arbeit meist blond und jung. Jedoch hätten all diese günstigen Gelegenheiten keine Chance, wenn sie nicht auf fruchtbaren Boden fallen würden. Und das bringt uns zur Frage »Wann« unter dem Aspekt des Lebensabschnittes. Eigentlich ist das sehr überschaubar: a) wenn Männer in der Falle sitzen und die Beziehung in die Sackgasse geraten ist; b) wenn Männer ihr Leben mit Partnerin A nicht mehr aushalten und denken, sie verpassen ein zweites Leben. Habe ich die richtige Frau an meiner Seite? Wird sie es immer bleiben? Was wäre, wenn c) gemeinsame Ziele und Sehnsüchte sich erschöpft haben und der Alltagsroutine gewichen sind? Dies geht natürlich auch mit einer gewissen Sprachlosigkeit einher, die der Vorbote der Entfremdung ist.

In der Falle sitzen Paare prinzipiell, deren gemeinsame Ziele sich erschöpft haben, wenn der Lebensplan Hund, Heirat, Haus, Kinder generalstabsmäßig abgearbeitet wurde und die Partnerschaft keine neuen Impulse erhält, sich weiterzuentwickeln. Derjenige, den man vor 10 oder 15 oder 20 Jahren geheiratet hat, muss eine Dekade später eben nicht mehr der passende Partner sein. Vielleicht trugen Torschlusspanik, Schwangerschaft und die Erwägung praktischer Gründe einst zur Eheschließung bei? Auch nach herben Enttäuschungen und Niederlagen sind Männer wie Frauen geneigt, sich in eine Ehe zu »retten«, damit es erst mal weitergeht und sie vor Anker gehen, Ruhe finden. Bei Frauen nennt sich so etwas »Versorgungsehe«, bei Männern »vor den Altar gezerrt«.

Die Frau »hat zugegriffen«, wegen Position, Titel oder Status des Mannes, er »hat sich breitschlagen lassen« und »klein beigegeben«. Sie ist »halt schwanger geworden«. Und für ihn »war es doch auch an der Zeit«. Na wunderbar! Mein Gott, und dann wundern sich solche Paare, dass eines Tages die Liebe aus dem Ruder läuft?

Von Liebe wird in derlei Fällen meist eh nur gesprochen, weil es die gemeinsame Geschichte ist, die ein solches Paar verbindet. Die Schwiegereltern, die Kinder, das Erbe, das soziale Umfeld, die gemeinsamen Erinnerungen, das schöne Haus – soll man denn alldem den Rücken kehren? Man wäre ja aus Stein, wenn man daran nicht hängen würde. Logisch. Alles bestens. Aber unter der polierten Oberfläche schwelt und brodelt die unterbewusste Leidenschaft, und in der Midlife-Crisis bricht alles auf, was an Zweifeln damals begraben wurde: Habe ich die richtige Frau geheiratet? Soll das alles gewesen sein? Wie wird es weitergehen? Was habe ich verpasst? Muss ich mir das alles gefallen lassen? Gibt es nicht noch was anderes im Leben?

Hier melden sich alle unlauteren Motive zurück, die damals die Verbindung begünstigt haben. Der Mann will das Leben nachholen, das er verpasst hat. Er nimmt den Faden dort wieder auf, wo er ihn verloren hat. Er knüpft an Zeiten an, wo er noch frei war. Verständlich!

Die Frau hingegen fragt sich, ob sie es »woanders nicht besser gehabt hätte«. Hat sie das Gefühl: »Mich will ja keiner« (und bleibt deshalb?), oder denkt sie: »Ich krieg auch noch einen anderen«?

Dies mündet unterm Strich in die Frage: »Will man gemeinsam alt werden?« Eine Frage, die umso kritischer ist, je größer der Altersunterschied des Paares. Denn wenn eine 30-Jährige ihr Dasein zwischen Chauffeurdienst, Secondhandladen und Schulaufgaben fristet, merkt sie absolut nichts davon, das der 50-jährige Ehemann sich ernsthaft solche Fragen stellt.

Meine Studien und Befragungen (in Zusammenarbeit mit wissenschaftlichen Instituten) unter 3334 Partnern, die Affären haben, ergaben, dass die Mehrzahl der Betroffenen von obengenannter Situation zur Rettung ihrer Lage noch ein drittes / viertes Kind nachgelegt haben, in der Hoffnung die Partnerschaft dadurch zu stabilisieren. Das Gegenteil ist der Fall. Durch ein Kind, das eine marode Beziehung festigen soll, wird die Lage noch brisanter. Alle bereits schon vorhandenen Probleme verschärfen sich nur. Männer fühlen sich gefangen, geraten in die emotionale Krise, suchen nach einem Ausweg und laden ihren Überschuss an Potenz bei einer anderen ab. Weil die Frau ja wieder brüten und ihn damit noch mehr festnageln wollte. Ihnen fehlt ganz einfach die Luft zum Atmen, obwohl sie an Frau und Kindern hängen.

Ihr Mann wird ganz bestimmt nicht fremdgehen, während er zu Hause sitzt, und Sie werden sicher nicht von einem Partner träumen, der nie zur Arbeit gehen will. Also wird der durch Sie als Frau legitimierte Zeitrahmen der Abwesenheit Ihres Partners mit Sicherheit sein Job und die Nahrungsbeschaffung sein. Dies bringt uns zur Frage, wie Männer fremdgehen.

Ich bin dieser lästigen Frage gründlicher nachgegangen, als so manchem Mann lieb sein mag! Doch sehen Sie selbst:

Der Arbeitsplatz ist für Männer tatsächlich der ideale Ort, um Affären zu kaschieren. Während sich nun aber die angenommene eventuelle Affäre »im Büro« entwickelt, werden sich zwangsläufig die Arbeitsgewohnheiten ihres

Partners verändern. Er versteckt sich hinter »all der Arbeit«, und die Mauern, die er errichtet, werden immer höher.

- Ein Mann, der behauptet, noch Projekte vorbereiten zu müssen, länger im Büro bleibt und dort unerreichbar vor abgeschalteten Telefonen gedankenschwer vor sich hin brütet, ist eine Utopie.
- Ein Mann, der Klienten zum Abendessen treffen muss und nicht den Ort oder das Restaurant benennen kann, lügt.
- Ein Mann, der sehr spät angetrunken nach Hause kommt und stinkt wie eine Eckkneipe, hat nicht gearbeitet.
- Sehr schick ist auch, wenn Sie Kollegen gegenüber die vielen Überstunden beklagen, die Ihr Partner extra arbeiten muss, und dies auf allgemeine Verwunderung stößt – so als wüsste keiner im Büro etwas davon.
- Es gibt auch Männer, die behaupten, in den Ferien (!) arbeiten zu müssen, oder Urlaube abbrechen, »weil im Büro die Luft brennt«.
- Sie besuchen sein Büro, und alle dort werden wahnsinnig nervös und angespannt.
- Immer wenn er noch spät arbeiten muss, funktioniert sein Handy nicht: Akku leer, runtergefallen, Funkloch, im Auto liegen lassen – die üblichen Ausreden.
- Er hat die Mittagspause aufgegeben und hat keine Zeit mehr, mit Ihnen zu lunchen.
- Er verschafft sich Alibis, um spät zu arbeiten, indem er neue Mitarbeiter akquirieren muss.
- Zu ungewöhnlichen Zeiten fällt ihm etwas ein, das er im Büro vergessen hat oder dort abholen muss: Unterlagen, Telefon, Faxe. Dann fehlt wirklich nur noch die Autopanne auf der Heimfahrt.
- Er erzählt Ihnen, er wäre im Büro, Sie rufen dort zurück und erfahren, er sei außer Haus.

- Seine Sekretärin, sein Chef, seine Kollegen, seine Mitarbeiter liefern unterschiedliche Storys, wenn er im Büro nicht zu erreichen ist. Das geht von Widersprüchlichkeiten wie »Er hat einen Termin«, »Er ist im Gespräch« bis zu »Er kommt heute nicht mehr rein« und »Er ist auf der Tagung«. Sehr schön so etwas.
- Er lügt über sein Gehalt. Die Überstunden und die viele Extraarbeit wird laut Gehaltsabrechnung nie entlohnt.
- Er versteckt seine Einkünfte vor Ihnen, um sich Ihren Kontrollen zu entziehen.
- Es fällt auf, wie seine eigene Sekretärin den Kontakt verhindert, wenn Sie anrufen. Sie werden einfach nicht mehr durchgestellt. Wenn Sie Ihren Mann darauf ansprechen, weiß er nicht einmal, dass Sie versucht hatten, ihn im Büro zu erreichen.
- Sie erscheinen im Büro, und keiner weiß, wo er ist.
- Sie erfahren von Feierlichkeiten in der Firma in Gesellschaft der Ehepartner, zu denen er Sie gar nicht mitgenommen hat.
- Er wünscht nicht mehr, dass Sie unangemeldet im Büro aufkreuzen.
- Über Firmenveranstaltungen, Büropartys, Tagungen, Wochenendseminar erfahren Sie in allerletzter Minute, sodass Sie ihn nicht mehr begleiten können, weil Sie beispielsweise gar keinen Flug mehr kriegen. Oder sich die Schwiegermutter am Wochenende eingeladen hat. Oder zu Hause die große Kindergeburtstagsparty stattfindet. Das ist echt gemein von ihm.
- Er entdeckt plötzlich Hobbys, die er vorher nie hatte.
- Er hat neue Freunde, die Sie nie kennenlernen dürfen.
- Statt morgens müde und schlechtgelaunt nicht aus den Federn zu kommen, springt er voller Elan unter die Dusche und kann es nicht abwarten, ins Büro zu starten.
- Das Büro eröffnet eine Zweigstelle in Stadt/Land/Kontinent, bevor der Vorstandschef davon erfahren hat.

- Das Foto von Ihnen und Ihrer Familie befindet sich in der Schreibtischschublade.
- Er hat den Ehering verloren.

Nun, das alles zusammengenommen reicht, um Ihnen amtlich zu bescheinigen, dass Sie ganz schön in der Patsche sitzen. Das ein oder andere Indiz mag durchaus der Wahrheit entsprechen und genügt bei weitem nicht, Ihrem Liebsten irgendetwas zu unterstellen. Aber der berechtigte Verdacht, um Ihre Spurensuche fortzusetzen, ergibt sich, wenn sich die Indizien verdichten.

Affären kosten Geld – viel Geld. Deshalb ist es für die Reichen viel einfacher, Affären zu vertuschen, als für Leute, die rechnen müssen. Wer das Geld mit vollen Händen ausgeben kann, dem fallen die Extraausgaben überhaupt nicht auf, da knallen die Champagnerkorken eh jede Nacht. Aber Blumen, Tickets, Hotels, Reisen, Geschenke, neue Garderobe für sie und ihn, kulturelle Events, das geht mit außergewöhnlichen finanziellen Belastungen einher. Und der Profi zahlt bar, Kreditkarten sind was für Anfänger!

Also kommt der kleine Mann an diesem Punkt ins Schleudern. Er wird sich einen zweiten Job suchen, Kredite aufnehmen, etwas verkaufen, irgendwo Kohle lockermachen müssen. Schwarzarbeiten, für Kumpels malern, wieder Taxi fahren, am Wochenende im Call-Center arbeiten oder in der Kneipe aushelfen. Das sind so die gängigen Nebeneinkünfte.

Seien Sie getrost, die Zeit arbeitet für Sie, denn der Mensch ist ein Gewohnheitstier. Haben wir nicht alle ein Gerüst aus täglicher Routine, das unserem Alltag Struktur verleiht? Ein Mann, der betrügt, wird Änderungen in diesem Muster vornehmen und nicht nur sein Erscheinungsbild, sondern auch seine Freizeit neu gestalten. Bedauerlicherweise immer in eher positiv zu bewertender Weise. Früher war das Auto vermüllt, plötzlich wird es einmal die Woche picobello gewaschen. Endlich hat der Faulpelz den inneren Schweinehund überwunden und sich im Fitness-center angemeldet. Und die Klamotten werden auch aus-gemistet. Früher hat er den Arsch nicht hochgekriegt, jetzt zieht es ihn wieder hinaus in die Welt. Und was er für tolle Ideen hat! Vor allem aber hat er viel bessere Laune in der letzten Zeit. Nach langen Strecken der Ödnis hat er im Bett wieder Hunger auf Sex und führt Spielarten ein, die er ganz bestimmt nicht bei Ihnen gelernt hat. Na dann prost Mahlzeit, sag ich nur … ziehen Sie sich warm an!

9.
Noch mehr traurige Indizien

Von dem Moment an, da Sie als Frau mit Misstrauen das Verhalten Ihres Partners beobachten und kontrollieren, richten Sie innerlich ein Beziehungs-Vorstrafenregister ein. Der Mann sitzt dann sozusagen geistig bei Ihnen schon mal in U-Haft. Und wenn Ihre Bereitschaft, das Beziehungskonto einer Analyse zu unterziehen, wirklich da ist, dann möchten Sie der Wurzel allen Übels natürlich auf den Grund gehen. Es würde Ihnen auch guttun, wenn Sie möglichst früh aufdecken, dass Ihr Partner zweigleisig fährt, und nicht erst nach ein paar Jahren. Denn der Schmerz, rückblickend erkennen zu müssen, dass quasi jeder einzelne Tag, jede Aktion und jede Abwesenheitserklärung der letzten zwei Jahre schamlos erstunken und erlogen war, wird ungleich quälender sein, als wenn Sie als Frau, die nicht auf den Kopf gefallen ist, schon nach einigen Wochen Ihren Partner zurückpfeifen. Dann weiß er zumindest, dass Sie sich nicht auf Dauer verarschen lassen. Alles andere würde zum Verlust von Respekt führen.
Dank werden Sie gewiss nicht ernten, wenn Sie alles mit sich machen lassen. Im Gegenteil, Ihr Partner wird immer mutiger werden und in seinen Aktionen immer rücksichtsloser vorgehen. Also signalisieren Sie beizeiten, dass Sie sich nicht für dumm verkaufen lassen, sondern eine Frau mit Prinzipien sind. Dies wäre auf jeden Fall der richtige Weg für Sie, denn was lange im Verborgenen schwelt, wird wachsen und gedeihen, bis Sie eines Tages brutal die Quittung für Ihre Blauäugigkeit kriegen, weil Ihr Partner

sich »plötzlich« trennen will! Dieses »plötzlich« kann aber schon eine ganz alte Kiste sein.

Provokante Lieblosigkeit, Dauergereiztheit, unerklärliche Überstunden, geistige Abwesenheit, generelles Desinteresse, Langeweile im häuslichen Bereich haben ihre Ursachen. Vielleicht spricht er auch nicht mehr mit Ihnen und fängt an zu trinken. Kapselt sich ab. Sucht sich Freiräume. Es hilft nichts, dies alles passiv auszusitzen, die böse Krebsgeschwulst, die sich da in Ihre Lebensgemeinschaft eingenistet hat, kann Ihre ganze Partnerschaft vergiften, wenn Sie sie nicht im Auge behalten.

Daher sollten Sie zumindest erst mal in Stellung gehen und beobachten. Bloß keine Vorwürfe oder penetranten Inquisitionen, einfach nur genauer hinschauen und sich ein nüchternes Urteil bilden:

- Zieht er gern mit Freunden um die Häuser, die Single, geschieden, getrennt sind und den Ruf des Aufreißers haben? Wie halten es die Kumpels? Ist er der Einzige, der noch treu ist? Dann wird er sich schön blöd vorkommen!
- Zieht er sich neuerdings nur im Dunkeln aus? Dann fürchtet er, dass er Spuren fremden Liebesspiels am Körper preisgibt, oder aber die Konkurrentin hat ihn intimrasiert.
- Interessiert er sich nicht mehr für das, was er früher gern mochte – Sport, Hobbys, Freizeitbeschäftigungen?
- Vermissen Sie Hemden, Unterwäsche, Socken oder andere Kleidungsstücke? Die hat er im Überschwang bei seinen erotischen Seitensprüngen unter Umständen vergessen oder als Souvenir zurückgelassen.
- Dass Ihr Partner neue Interessen entdeckt, die Sie beim besten Willen nicht teilen wollen, kann durchaus eine persönliche Weiterentwicklung sein, aber genauso gut der Einfluss einer anderen Frau! Sie sollten ganz einfach hellhörig werden, wenn Ihr Mallorca-Sonnenanbeter,

der Strandurlaube und Surfen liebt, plötzlich zum Finnlandfan mutiert, Norwegerpullis trägt und sich den Lappen zuwendet. So was kommt nicht von ungefähr!

- Die Freizeit, die Sie gemeinsam verbringen, füllt er nun mit Tätigkeiten, die er auch alleine machen könnte: Er sitzt lieber am PC, sieht TV, liest Zeitung oder Bücher – Hauptsache, nicht reden müssen.
- Überhaupt reagiert er aggressiv und übertrieben rechtfertigend, wenn Untreue in Filmen, TV-Serien oder Büchern thematisiert wird. Er tut diese Beiträge als Schmarrn ab. Er schaltet um, wenn das im Fernsehen läuft, was er selbst abzieht.
- Die häuslichen Pflichten wie Rasenmähen, Parkett wachsen, Jalousien säubern werden plötzlich auch eher lästig!
- Wenn er Sie dann mal in ein neues Restaurant ausführt, sagt »wie immer« und das Personal wissend lächelt, ist die Chance groß, dass er sich dort gerne auch mit anderen Begleiterinnen zeigt.
- Oder aber er geht überhaupt nicht mehr mit Ihnen aus – aus Angst, dass er Leute trifft, die ihn mit der anderen gesehen haben.
- Dann fehlt nur noch, dass er vehement seinen Musikgeschmack ändert – von Jazz steigt er auf Country um, von Reggae auf Chopins Klavierkonzerte.
- Dinge, die er früher gehasst hat, gefallen ihm plötzlich – seien es Bücher, Schauspieler, Sportarten, Filme, Länder oder Drinks.
- Im Allgemeinen interessiert er sich auch weniger für Sie und Ihre Kinder.
- Obendrein startet er eine persönliche Kampagne zur Selbstentfaltung: Seminare, Fortbildungskurse, Abendlehrgänge ... alles, damit er nicht zu Hause bleiben muss.
- Macht er abends noch eine Runde um den Block – mit dem Hund oder zum Nachtbriefkasten? Wenn Sie weise

sind, können Sie davon ausgehen, dass er in Ruhe telefonieren will oder ungestört noch ein paar kuschelige SMS zur Nacht versendet.

- Vielleicht schließt er sich sogar lange im Bad ein?
- Sucht weniger körperliche Nähe – oder mehr?
- Seine Schlafzeiten könnten sich ändern – er steht früher auf als sonst, um Körperpflege zu betreiben, oder er geht früher oder später als sonst zu Bett. Oder erst dann, wenn Sie schon längst schlafen.
- Er flirtet auch in Ihrer Gegenwart mit Frauen? Respektlos!

Aber Sie beobachten auch einige erfreuliche Verbesserungen:

- Er ruft Sie öfter an als sonst – um zu prüfen, wo Sie stecken, damit er Ihnen mit seiner Begleitung nicht per Zufall begegnet.
- Er interessiert sich neuerdings für Shopping und Styling, für Herrengarderobe und Accessoires von Qualität.
- Frauenzeitschriften und Wäscheläden, die ihn nie interessiert haben, finden Beachtung.
- Er holt sich bei Ihnen Tipps, was Frauen gefällt, was bei Frauen ankommt – um diese Dinge der anderen zu schenken!
- Sein persönlicher Look wird plötzlich zu einer Obsession.
- Er kauft plötzlich Deo, Hairstyling- und andere Pflegeprodukte.
- Gewicht und persönlicher Muskelstatus werden zum Thema.
- Er engagiert einen Personal Trainer.
- Er duscht oder badet, sobald er zu Hause ist.
- Er kommt geduscht oder gebadet nach Hause.
- Er wechselt sein Parfum oder Aftershave gegen ein besseres Produkt.

- Er geht regelmäßig ins Solarium oder benutzt Bräunungscreme.
- Seine Kleidung unterzieht er einer Generalüberholung. Von Blau und Beige wechselt er zu Pink und Mauve, kurze Ärmel werden lang, uni T-Shirts weichen den gemusterten.
- Er investiert in neue Unterhosen – Feinripp wird gegen seidene Boxershorts eingetauscht.
- Er investiert endlich mal in Pediküre.
- Er geht erstmals zur Kosmetik.
- Er entdeckt Mentholpastillen, die den Atem frisch halten.
- Er entdeckt Labellostifte, die die Lippen pflegen.
- Er bewahrt seine Mundhygieneartikel überall auf – in den Jackentaschen, im Auto, in Schubladen, im Aktenkoffer.
- Er entdeckt Zahnseide für sich.
- Er kommt mit anderer Kleidung nach Hause, als er morgens angezogen hat.
- Er putzt neuerdings seine Schuhe oder achtet darauf, dass sie perfekt aussehen.
- Er trägt an ganz normalen Tagen seine Festtagsgarderobe.
- Er lässt sich einen Bart stehen – oder rasiert sich den alten plötzlich ab.
- Er wechselt seine Brille gegen Kontaktlinsen – oder lässt sich die Augen lasern.
- Er steht neuerdings auf Bioprodukte, ändert seinen Alkoholkonsum und gibt sich als Weinkenner.
- Es fehlt nur noch, dass er plötzlich seine Wäsche selbst macht – das wird grobgefleckte Gründe haben!

Generell finden diverse Ereignisse statt, die für Sie keinen Sinn ergeben oder Ihnen komisch vorkommen:

- Schaut er sich heimlich Pornos an?

- Finden Sie diese X-rated Videos zufällig bei ihm im Büro?
- Lässt er sich persönliche Post nur noch ins Büro schicken?
- Verschlüsselt er seine Kalendereinträge?
- Telefoniert er manchmal codiert?
- Tut er bewusst Dinge, die Ihr Verhältnis sabotieren?
- Schützt er sein Handy wie eine erogene Zone?

Dann führt er praktisch ein eigenes Leben neben Ihnen und nutzt daheim nur noch die Vorzüge des betreuten Wohnens.

Wenn Sie, liebe Freundin, diese Puzzleteile aneinandergereiht haben, wird sich ein Bild ergeben, von dem sich zumindest mit großer Wahrscheinlichkeit ableiten lässt, dass Ihr wunderbarer Mann Ihnen etwas verschweigt. Vorsichtig ausgedrückt.

Flippen Sie jetzt noch nicht aus. Er wird eh lügen und alles bestreiten. Wahrscheinlich wird er Ihnen sogar vorwerfen, dass Sie verrückt sind und Gespenster sehen. Sie sind doch, hoffe ich, viel zu klug, um eine viel zu frühe Konfrontation herbeizuführen – das sollten Sie erst tun, wenn Ihre Beweisführung lückenlos ist!

Und Ihr mühsam angehäuftes, sorgfältig recherchiertes wertvolles Wissen werden Sie bitte nur in kleinen Dosen preisgeben, um Schritt für Schritt die Ausflüchte, Ausreden und Rechtfertigungen mit den Indizien, die Ihnen vorliegen, abzugleichen. Nie mit der Tür ins Haus fallen! Also bitte an diesem Punkt auf gar keinen Fall im Büro anrufen und in den Hörer schreien: »Komm du mir heute bloß nach Hause, du Schwein!« Das sollten Sie nur dann tun, wenn Sie selbst den Absprung suchen und die Beziehung sowieso schnell und unrühmlich beenden wollen.

Vielleicht ist der Seitensprung verzeihlich, vielleicht verschweigt er Ihnen etwas ganz anderes: dass er in der Firma out ist, dass der Sex mit Ihnen früher geiler war, dass er

nur noch sechs Monate zu leben hat, dass er Zukunfts-
angst hat, dass er sich verspekuliert hat, dass er sich um
einen Topjob bewirbt, dass er wieder Freude an anderen,
schönen Frauen hat, dass seine Firma ein Rudel kanniba-
lischer Haie ist, von denen er langsam, aber sicher auf-
gefressen wird, dass er sich im Betrieb degradiert fühlt,
dass er in der Schuldenfalle steckt.
Wenn Sie sich also berechtigterweise fragen: »Was zum
Teufel treibt der Typ?«, dann müssen Sie Ihre Suche jetzt
vertiefen. Das kann zur Drecksarbeit werden!
Sie sollten aus Selbstschutzgründen vorbauen und sich
Rescue-Tropfen besorgen, Bachblüten oder Johanniskraut!
Immer was im Hause haben, was man zur Not einneh-
men kann. Oder trinken. Was wissen Männer schon über
Schmerz? Weder kennen sie Geburtswehen noch das prämenstruelle Syndrom, erst recht nicht die Qualen des Heiß-
wachsens der Bikinizone.
Während Sie früher kurz vor Ihrer Periode unleidlich, lau-
nisch, immer den Tränen nah und hypernervös waren,
werden Sie jetzt von sich sagen, dies ist die einzige Zeit des
Monats, in der Sie wirklich Sie selbst sein dürfen.
Bevor Sie nun also einen steifen Gin Tonic kippen, Ihre
beste Freundin um Unterstützung bitten, Voodoo-Puppen
nadeln und mit der Nagelschere Ihren Mann aus den Ur-
laubsfotos rausschneiden, nehmen Sie lieber nüchtern die
Fährte wieder auf und setzen Sie Ihre Spurensuche wie ein
Trüffelschwein fort.
Vorher sollten Sie sich aber bei einer schönen Tasse Tee
eine Auszeit gönnen, um folgende Frage zu beantworten:
Wie kann es sein, dass Frauen das blonde Haar am Revers ihres Mannes aus 30 Metern Entfernung entdecken
können, aber den Laternenpfahl übersehen, den sie beim
rückwärts Einparken mitnehmen?

10.
Für alle, die es immer noch nicht begreifen wollen – ganz fiese Indizien

Eigentlich müssen Sie an diesem Punkt anfangen a) die Qualität Ihrer Beziehung zu hinterfragen und b) Ihre Fährtensuche auszudehnen.

Vielleicht ist Ihr Mann ja nur noch aus Gewohnheit mit Ihnen zusammen?

Vielleicht endet jedes klärende Gespräch im Streit?

Vielleicht findet er, dass seine Freiheit Sie nichts angeht?

Vielleicht wissen Sie eh alles besser, und er findet, dass reden mit Ihnen nichts bringt?

Vielleicht lebt er schon längst in einer anderen Welt und weiß gar nicht, was Sie von ihm wollen?

Vielleicht ist er dahintergekommen, dass Sie eh nur dummes Zeug sabbeln?

Wenn Sie diese Fragen auch nur zum Teil mit Ja beantworten, stehen Sie am Scheideweg. Denn Ihr Partner hat sich sicherlich innerlich schon längst von Ihnen getrennt. Es würde sich quasi nur der äußeren Form nach noch um eine Verpartnerung handeln.

Doch der arme Kerl ahnt ja noch gar nichts von dem drohenden Unheil, das sich anbahnt – dadurch, dass Sie als aufmerksame Leserin mittels dieser Lektüre nämlich die rosarote Brille abgesetzt haben, um nun Ihre eigene Haut zu retten.

Drastische Probleme erfordern nun mal drastische Maßnahmen!

Ich klopfe Ihnen an dieser Stelle freundschaftlich auf die Schulter und kann Ihnen versichern, dass Ihr Partner, unabhängig vom Bildungsniveau, in einem Punkt definitiv gescheitert ist: Ein Mann sollte seiner Frau nämlich alles im Voraus erzählen, von dem er mit Sicherheit annehmen kann, dass sie es eines Tages selbst herausfindet! Aber die Mehrzahl aller Männer hält sich ja schon für Athleten, nur weil sie beim Sex immer der Erste sind.

Thematisieren Sie doch mal ganz lakonisch Ihrem Partner gegenüber die offene Ehe! Das ist ein schlauer Einstieg, wenn's ans Eingemachte gehen soll. Erörtern Sie deren Vorzüge und Möglichkeiten. Fragen Sie ihn: »Liebling, was hältst du davon, wenn wir es mit der Treue mal für eine Weile nicht so genau nehmen?«

Auf diese kluge Weise nehmen Sie ihn in die Mangel, ohne ihm auch nur das Geringste zu unterstellen.

Sagen Sie: »Ich finde, wir sollten in beiderseitigem Einvernehmen unsere Ehe nach außen öffnen!« Schlagen Sie ihm dieses Lebensmodell einfach mal zwischen Marmeladenbrötchen und dem Verabschiedungskuss mit einem beherzten »Liebling, ich komm heut später!« Ihrerseits vor. Er wird Angst bekommen und davon ausgehen, das Sie auf Abwegen sind – ganz einfach, weil er von sich selbst ausgeht! Sollte er jedoch Begeisterung für diese Option zeigen, dann ist das im Grunde schon alles, was Sie wissen müssen. Eine offene Ehe ist nur eine andere Art, um auszudrücken, dass man eine Scheidung braucht.

Bevor Sie sich aber zu diesem Schritt durchringen, bringen Sie sich schon mal in Form, indem Sie sich fit machen fürs Grobe. Wir kommen nun nämlich zu den Hardcore-Indizien und müssen leider vorübergehend Gottvertrauen und gute Sitten hintanstellen.

Wir wissen, dass das Automobil unseres Partners eine wertvolle Quelle untrüglicher Indizien sein kann. Und alles, was Klarheit verschafft, muss leider an diesem brisanten Punkt herhalten, um unauffällig gefilzt zu werden. Organisieren Sie den Wagenschlüssel und inspizieren Sie das Auto des Übeltäters – insofern er sich nicht im Rahmen der Affäre(n) sogar eine schnittige, neue Angeberkiste zwecks Potenzerweiterung zugelegt hat!

Der Autorin sind Frauen bekannt, denen der Partner zu Beginn einer Affäre den Schlüssel vom Schlüsselring entfernt hat. Natürlich verbunden mit einer deftigen Lüge: Er habe seinen eigenen Autoschlüssel verloren und es sei zu teuer, diesen zu ersetzen. Ja, es gibt auch heute in Deutschland noch Ehefrauen, die lassen sich einfach so das Auto abnehmen ... da ist es wahrlich nur noch ein sehr schmaler Grat bis zur Entmündigung durch den eigenen Mann.

Und auch das ist nicht das Ende der Fahnenstange, sind der Autorin doch diverse Fälle bekannt, wo der seitenspringende Ehegatte stets ein rotes, sexy Cabriolet zu leihen pflegte, wenn er auf Freiersfüßen war. Der Betrogenen gereichte dies allerdings dann doch zum Vorteil, da sie bei der Spurensicherung stets fündig wurde.

Ob Handschuhfach, Autositze, Bodenmatten, Schonbezüge, Schminkspiegel, Kofferraum, Seitentaschen, alles ist geeignet, um uns unliebsame, aber eindeutige Informationen zu liefern. Drehen Sie jeden Stein um, halten Sie Ihre Augen offen und seien Sie auf der Hut!

- Ist der Beifahrersitz des Autos immer wieder verstellt?
- Bewahrt er im Kofferraum des Autos Wechselgarderobe oder eine Reisetasche mit einem Zweitsatz von Pflegeutensilien auf?
- Ist die Aircondition im Auto immer wieder verstellt?
- Befinden sich auf der Kopfstütze des Beifahrersitzes fremde Haare?
- Verschieben Sie den Sitz und schauen Sie drunter: Dort kullern gerne Lippenstifthülsen, Lipglossdeckel oder andere weibliche Kosmetikutensilien hin.
- Vielleicht stoßen Sie sogar auf Schnipsel der Verpackungen von Kondomen?
- Wird der Spiegel des Beifahrersitzes fremdbenutzt?
- Wurde das CD-Department neu aufgestockt?

- Befinden sich Zigarettenstummel mit Lippenstift im Aschenbecher, obwohl bei Ihnen keiner raucht?
- Wird das Auto plötzlich gepflegt wie nie zuvor?
- Ist der Zählerstand des Tachos nicht schlüssig – zu wenig oder zu viel Kilometer verbraucht im Vergleich zu den angeblichen Fahrten?
- Weichen die Strafzettel von den Angaben über seine Aufenthaltsorte ab?
- Finden Sie ein Mobiltelefon im Auto, von dem Sie nicht mal wussten, dass er es hat?
- Finden Sie Taschentücher oder andere Gegenstände im Auto, die Ihnen nicht bekannt vorkommen?
- Finden Sie Schmuck im Auto – Strasssteine, Ringe, abgebrochene Ohrstecker etc.?
- Liegt Asche am Boden, obwohl keiner von Ihnen raucht?
- Das Geschenk an alle stöbernden Ehefrauen, das Navi – was hat es uns zu berichten?
- Werden die Kleenex, die er im Auto aufbewahrt, auffällig schnell verbraucht?
- Entdecken Sie unschöne weißliche Flecken auf den Sitzen?

Bedenken Sie: Fremdgänger lügen eines Tages über alles – nur um im Training zu bleiben. Der Statistik zufolge liegen 85 Prozent aller Frauen richtig, wenn sie vermuten, betrogen zu werden. Die Kunst ist, Intuition nicht mit Unsicherheit zu verwechseln. Sie beschreiten immerhin ein Feld voller Tretminen, wenn Sie Ihre Nase in die schmutzigen Details des heimlichen Sexuallebens Ihres Partners stecken. Der größte Fehler wäre, ihn zu früh zu beschuldigen, und zwar zu Unrecht. Das wäre ein absolutes Eigentor. Egal also, wie stark Ihr Verdacht auch ist, verschaffen Sie sich vor der ersten Konfrontation solides Beweismaterial.
Eine Begleiterscheinung dieser Phase der Überführung ist immer auch, dass Sie sich selbst hinterfragen müssen:

- Vielleicht sind Sie von Natur aus eher der misstrauische Typ?
- Sind Sie emotional generell unsicher?
- Haben Sie ein geringes Selbstbewusstsein?
- Fehlt es Ihnen prinzipiell an Souveränität?
- Haben Sie eine blühende Phantasie, die Sie anderweitig nicht kanalisieren können?
- Sind Sie paranoid?
- Sehen Sie gerne Gespenster?

Es wäre fatal, Ihren Partner zu früh zu beschuldigen, denn damit zerschlagen Sie die letzten Reste Ihrer Beziehung, die noch übrig geblieben sind. Wenn Sie aber tatsächlich betrogen werden und die bisherige Bestandsaufname Ihre schlimmsten Befürchtungen untermauert, dann dringen wir nun in einen Bereich vor, der nur Ihnen persönlich zugänglich ist: Ihr Intimleben.

Oftmals wiegt schon ein desolates Sexleben alle anderen Indizien auf, und Sie brauchen gar nicht mehr weiter der Sache auf den Grund zu gehen. Es hat noch kein Mann eine Frau verlassen, weil sie zu viel Sex wollte. Aber die Mehrzahl der Frauen kriegt zu wenig Sex, komisch, nicht?

Selbst wenn Sie eine ausgezeichnete, prämierte Liebhaberin sind, wird Ihr Mann nach einer Weile Sex mit Ihnen nicht mehr so spannend finden. Ganz einfach weil er Sie schon kennt und Sie ihm ins Netz gegangen sind. Sie als Partnerin können seinen Jagdtrieb und damit sein Selbstbewusstsein nun mal nicht mehr befriedigen – diese Beute ist bereits erlegt und auch ausgeweidet. Der Kick der Eroberung ist nun mal flöten gegangen. Männer mit geringem Selbstwertgefühl brauchen ganz einfach die Bestätigung, dass sie noch was vor die Flinte kriegen.

Zudem haben auch Frauen zeitweilig das Bedürfnis nach Sexpausen oder körperlicher Distanz. Von welcher Seite Sie es auch angehen, die Kurven der sexuellen Intensität verlaufen bei längerfristigen Partnerschaften nun mal asymmetrisch. Dass Sie weniger Sex mit Ihrem Partner haben als zu den besten Zeiten, ist absolut *kein* Indiz dafür, dass Ihr Mann woanders was laufen hat. Aber was Sie genauer unter die Lupe nehmen sollten, sind Veränderungen in Ihrem Liebesleben aus den verschiedensten Gründen. Es wird Ihnen nicht erspart bleiben, mit brutaler Ehrlichkeit Ihre sexuellen Gewohnheiten dem TÜV zu unterziehen.

Vielleicht wird Ihr Sexleben vom erotischen Vakuum beherrscht?
Vielleicht hat Ihr Partner einfach keinen Bock mehr auf Sie?
Vielleicht läuft bei Ihnen sexuell weniger, weil Ihr Partner bei seiner Affäre Dampf ablässt?
Je nachdem, wie cool Sie sind, könnten Sie doch einfach mal Sex initiieren, um ihm dann ein Kondom zu offerieren.
Vielleicht nehmen Sie sogar eins von denen, die Sie in seinem Handschuhfach entdeckt haben? Nun, kommt drauf an, wie stark Ihre Nerven sind, Sie sollten auf jeden Fall nicht länger um den heißen Brei herumreden. Die plötzliche Benutzung von Kondomen in einer festen Beziehung zwingt den Schürzenjäger unweigerlich zur Stellungnahme. Klar, dass beim Fremdgänger automatisch »die andere« assoziiert wird und er aus Selbstschutz dies als »Frechheit« ablehnen wird. Bitte, ein wunderbarer Einstieg, um beim Thema zu bleiben, denn nun können Sie wenigstens höflich zum Ausdruck bringen, dass Sie in letzter Zeit das Gefühl haben, sich gesundheitlich schützen zu müssen. Sie fühlen sich neuerdings ganz einfach sicherer mit Kondom. Den Rest kann er sich ja dann wohl denken.
Klar, dass Sie den Akt als solchen bei solch einem Einstieg knicken können, aber uns geht's ja um Spurensuche, nicht um romantische Verliebtheit. Die gehört ja nun der Vergangenheit an.

Seien Sie also nicht zimperlich und arbeiten Sie ganz nüchtern einfach die folgende Liste nach bestem Wissen und Gewissen ab:

- Ist der Sex in der letzten Zeit irgendwie anders, ohne dass Sie sagen könnten, warum?
- Geht Sex neuerdings eher von Ihnen als von ihm aus?
- Legt er sich des Öfteren erst dann ins Bett, wenn Sie schon lange schlafen?
- Vermeidet er beim Sex Augenkontakt? Vielleicht sogar Küssen?
- Bewahrt er irgendwo Kondome auf? Nicht thematisieren – führen Sie lieber eine akkurate Strichliste darüber, in welcher Frequenz sie verschwinden!
- Ihr Sexleben nibbelt komplett ab – oder es wird ganz eingestellt.
- Wahrscheinlich ist Ihr Mann sogar einer derjenigen, die das Gefühl haben, ihre Geliebte mit *Ihnen* zu betrügen; so etwas nennt man dann falsche Loyalität.
- Seine sexuellen Praktiken ändern sich gemäß seiner Parallelerfahrungen mit der Affäre.
- Ihr Sexleben erfährt eine völlig neue Intensität. Ihr Partner legt ein neu entdecktes Interesse an den Tag, weil sich die sexuelle Erregung, die ihm seine Affäre verschafft, auf Ihr Eheleben überträgt. Bilden Sie sich auf die gestiegenen Frequenzen bloß nichts ein.
- Obwohl schon lange in der Partnerschaft mit Ihnen, konsumiert Ihr Partner neuerdings Handbücher über sexuelle Techniken und Spielzeuge wie ein verliebter Primaner. Klar, denn er fängt ja gerade mit einer anderen von vorne an.
- Die neue Energie Ihres Sexlebens manifestiert sich in neuen Praktiken, Positionen und Variationen – wo er das wohl herhat?
- Entweder lernt er gerade bei dem neuen Pferdchen, oder er trainiert mit Ihnen als Zuchtstute, um eine andere

einzureiten. Gar nicht schön, aber leider oft die bittere Wahrheit.

- Er hält diverse Entschuldigungen bereit, um mit Ihnen keinen Sex haben zu müssen, da fällt Ihre vorgetäuschte Migräne weit ab! Das geht von Rückenschmerzen über Druck im Büro, die schlechte Matratze, Muskelkater bis Burn-out-Syndrom. Entweder ist er ausgepowert von der Geliebten, oder er hat so starke Schuldgefühle Ihnen gegenüber, dass seine Scham über die Potenz siegt.
- Vorspiel und Nachspiel werden komplett gekappt. Das bedeutet, er verrichtet die eheliche Pflicht nach dem Motto »Dienst nach Vorschrift«.
- Sie entdecken beim Filzen ein buntes Sortiment von Gleitmitteln, Vibratoren, Dildos, Pornographie und dergleichen. Suchen Sie an diesem Punkt nicht weiter, man muss auch wissen, wann Schluss ist. Konfiszieren Sie das Beweismaterial und alarmieren Sie den örtlichen Frauenkreis.
- Er streitet mit Ihnen immer kurz vorm Schlafengehen – das wäre Ihrerseits strategisch geschickt, wenn Sie einen Liebhaber hätten, und es ist raffiniert von ihm, wenn er fremdgeht. Bei Krach vorm Schlafengehen läuft alles darauf hinaus, das einer von beiden auf der Couch schläft.
- Wenn er gerne intensiv sexuelle Phantasien mit Ihnen geteilt hat und dieses plötzlich einstellt, können Sie sicher sein, dass er diese Vorlieben mit einer anderen teilt.
- Er nimmt plötzlich Viagra. Darauf muss ihn erst mal jemand gebracht haben!
- Sie finden Lippenstiftspuren in seiner Intimzone.
- Impotenz macht sich breit.
- Er verlangt Ihnen ungewöhnliche »Dienste« im Schlafzimmer ab. Was sich ganz natürlich zwischen ihm und der Geliebten ergeben mag, wirkt bei Ihrer Adresse nur als billige Dienstleistung.
- Auch olfaktorisch und geschmacklich sollten Sie Ihre

Sinne schärfen: Seine Klamotten riechen nach fremdem Parfum. Das wäre zwar typisch, aber einfallslos.

- Er kommt nach Hause und riecht nach Ihrem persönlichen Lieblingsparfum – das benutzen Sie aber schon längst nicht mehr. Sie haben nämlich parallel zu Ihrer Spurensuche die Benutzung von Parfum eingestellt, um ihn überführen zu können. Hat der Schlawiner doch tatsächlich der Geliebten dasselbe Parfum geschenkt! Und nun fliegt er auf, weil alles nach *Ihnen* riecht! Gratulation, so macht das eine kluge Frau!
- Sein Körper trägt Spuren menschlicher körpereigener Sekrete, die keinesfalls von Ihnen stammen.
- In seinen Bartstoppeln wabert der Duft eines weiblichen Saftes, der nicht der Ihre ist, ihn aber dennoch des aushäusigen Oralsexes überführt.
- Seine Küsse schmecken nach Zigaretten, obwohl er gar nicht raucht. (Der Arme, wenn der ahnen würde, warum Sie ihn mit einem fetten Schmatz begrüßen, obwohl doch eigentlich der Haussegen schiefhängt ...)
- Er kommt nach einem Männerabend mit seinen Kumpels frisch geduscht nach Hause. Auf seine Erklärung dürfen Sie gespannt sein, wie auf das Happy End eines Science-Fiction-Films!
- Er sprüht seine Kleidung mit Febreze oder anderen Neutralisierern ein ... er wird wissen, was er zu verbergen hat. Und er hat die Sprayflasche auch im Auto oder im Büro dabei.
- Das Auto stinkt nach heißem, schmutzigem Sex!
- Sein Genitalbereich duftet nach Erdbeeren, Schokolade oder anderen Schweinereien.
- Er riecht nach Alkohol, obwohl er gar nicht trinkt.
- Es sind Spermaspuren auf Ihrer Bettwäsche, obwohl Sie gar keinen Sex hatten.
- Er hat erstmals die Betten abgezogen, oder Sie finden befleckte Kissen und dergleichen im Wäschekorb.
- Die Handtücher hat er vorsichtshalber schon mal ge-

waschen, wenn Sie nach Hause kommen ... da kommt jemand mit der Spurenbeseitigung kaum hinterher.

- Sie entdecken Hygieneartikel unbekannter Herkunft in Ihrem Bad.
- CDs, Kassetten, Videos, DVDs, Wäsche, Küchenutensilien, Geschirr, Weingläser – alles ist umarrangiert. Da hat er wohl bei Ihnen im Hause ein romantisches Rendezvous gehabt, vielleicht als Sie mit den Kindern verreist waren? Wird sich eher um eine feste Affäre handeln, denn sein Wunsch ist groß, der Nebenbuhlerin das Nest zu zeigen, welches er gebaut hat. *Die* ist auf jeden Fall schon weiter, als Ihnen lieb sein kann.
- Unterwäsche von Ihnen fehlt. Ja, richtig, es gibt Frauen, die bedienen sich aus dem Wäscheschrank der Angetrauten.
- Die andere hat Ihre Schminke benutzt.
- Sie fangen sich eine fette Pilzinfektion ein. (Sie sollten auf jeden Fall zum Check-up beim Gynäkologen gehen, das erspart oft mühsame und langwierige Spurensuche.)

Falls der Groschen bei Ihnen immer noch nicht gefallen ist, kommen wir zum Showdown:

- Er nennt beim Sex den Namen der Geliebten.
- Er murmelt im Schlaf den Namen der Geliebten.
- Sie erfahren, dass er eine andere geschwängert hat.
- Die Geliebte ruft Sie an und redet mit Ihnen Klartext.
- Sie erhalten anonym Nachricht darüber, wie es um Ihre Ehe steht.
- Die dumme Praktikantin ruft an und fragt, wer »den Kleinen« heute vom Kindergarten abholt.

Nun, ein guter Schluss, ein versöhnliches Ende wäre natürlich optimal. Aber geht das überhaupt noch? Vielleicht will Ihr Partner ja sogar bleiben? Vielleicht will er überhaupt nicht zwangsgetrennt werden? Wenn Sie schon lange getrennt werden wollen, sollten Sie jetzt listig sein – sorgen Sie dafür, das *er* sich trennt. Wenn er sich nämlich trennen will, wird es friedlicher verlaufen – wegen seiner Schuldgefühle und weil er ein schlechtes Gewissen hat.

Optimal wäre es, wenn Sie den Schweinehund raushaben wollen, sich abzuseilen und ihn sanftmütig und milde an die Hand zu nehmen und zur Trennung zu führen. So als würden Sie ein Lämmchen streichelnd zur Schlachtbank geleiten ... es wäre äußerst hilfreich, was die Modalitäten angeht.

Vielleicht waren Sie ja mit Ihrem Alten nur zum Schein zusammen und haben längst einen neuen, der Ihnen ein Appartement gekauft hat – das wäre für Sie die Poleposition. Sollte es sich bei seiner aufgeflogenen Affäre in dieser für Sie günstigen Situation nur um eine flüchtige Bekanntschaft handeln oder blöderweise um eine Art Flittchen fürs Bett, was bereits wieder auf der Abschussliste steht, dann spielen Sie Ihre überlegene Position aus – seien Sie hinterlistig und sorgen Sie dafür, dass Ihr Partner in dieser geschwächten Phase schnell eine Neue kennenlernt. Drehen Sie dran und besorgen Sie ihm was Interessantes. Verkuppeln Sie ihn, wenn Sie ihn wirklich loswerden wollen. Das wäre der ideale Absprung für Sie.

Verraten Sie ihm Ihre Lebenspläne so lange nicht, bis bei Ihnen alles unter Dach und Fach ist. Spielen Sie die Opferrolle der verletzten Frau aus – schließlich stehen Sie nach diesem – seinem (von Ihnen erhofften!) – Fehltritt mutterseelenallein in der großen feindlichen Welt! Appellieren Sie »nach dieser großen Enttäuschung« moralisch an seinen Beschützerinstinkt. Verzichten Sie auf alles Obszöne, Ordinäre oder Vulgäre. Lassen Sie fett die Madonna raushängen. Wenn er nämlich dahinterkommt, dass Sie bereits in den Armen eines anderen Trost finden, dann ist es vorbei mit seiner Fürsorglichkeit! Da können Sie sich aber auf was gefasst machen. Also bleiben Sie bedürftig, bis Ihr neues Leben in trockenen Tüchern ist.

Erst wenn Sie *Ihre* Schäflein im Trockenen haben, packen Sie seine Koffer und stellen sie vor die Tür. Bis dahin geben Sie sich friedlich. Das ist zwar fies und gemein, aber schlau. Es wäre sozusagen das Modell »Trennung Knall auf Fall«, an dem Sie aber schon lange gearbeitet haben.

Die Zügel halten bei dieser Variante alleine Sie in den Händen, wobei er als Betrüger noch meint, für Sie aufkommen zu müssen – pochen Sie schmollend auf moralischen und finanziellen Beistand. Auf seine Bemühungen antworten Sie beleidigt mit mildem Lächeln. »Nichts kann mich trösten« heißt die Parole! Dabei halten Sie die Hand auf. Das ist die hohe Schule der Trennung. Jetzt ist es egal, wie alt der Kerl aussieht, er muss nur fit genug sein, um mit der Hand bis an sein Portemonnaie zu kommen.

Was aber, wenn der Übeltäter um Vergebung buhlt und eine zweite Chance will? Vielleicht gelobt er sogar Besserung und erfleht auf Knien einen Neuanfang? Will die andere sofort in den Wind schießen? Dann haben Sie ein neues Problem, wo Sie doch geplant hatten, sich so gut abzuseilen.

Was tun, wenn der Trottel gar nicht begreifen will, dass Sie längst darauf gewartet haben, den Schlussstrich zu ziehen, und nur eine günstige Gelegenheit abgepasst haben, um Ihrem Mann den Schwarzen Peter zuzuschieben? Dann lassen Sie, durchtrieben wie Sie in dieser Konstellation sind, erneut Heuchelei walten und machen erst mal auf friedlich. Räumen Sie Ihrem Alten großherzig eine Zeitspanne ein, um ihn langsam abzuwickeln. Das tut man dann mit zermürbendem Streit um Kleinigkeiten, beleidigtem Sexentzug, unermüdlichem Aufwärmen alter Geschichten, Nörgelei an der Gesamtsituation, perfiden Andeutungen, Attacken auf seine Männlichkeit, mieser Alltagsstimmung, bis die Luft brennt, und Herumhacken auf der »verfahrenen Situation«. Als Grundstimmung geben Sie sich natürlich immer verzeihlich – schließlich sind Sie die Betrogene. Ein paar Krokodilstränen hier und da können auch nicht schaden.

Wer eine friedliche Trennung will, sollte den Mann vor anderen runtermachen, ihn öffentlich der Lächerlichkeit preisgeben, alles verweigern, was er gerne hat, sich an Orten, die heilig sind, mit anderen zeigen, das, was ihnen einst lieb und teuer war, zum Allgemeingut machen und kompromittierende Details an die Presse weiterleiten. Das ist die Variante für die robuste Frau.

11.
20 Dinge, die Sie lieber lassen sollten

Das Geheimnis einer glücklichen Ehe bleibt immer ein Geheimnis! Sie können als gelehrige Absolventin des obigen Spionageseminars natürlich auch den kurzen Weg gehen und einfach sagen: »Pass mal auf, mein Lieber, ich hab keine Lust mehr auf diese Spielchen!« Aber wenn eine Frau entdeckt hat, dass sie nach allen Regeln der Kunst nach Strich und Faden belogen wurde, ist der emotionale Status doch eher fragil – sprich dergestalt, dass klare Gedanken schwer zu fassen sind und spontane Reaktionen neue Gefahren nach sich ziehen.

Ihr Aktionsplan mag beinhalten, dass eine direkte Konfrontation an diesem Punkt das Naheliegendste wäre, aber auch hier muss ich auf einen beliebten Fallstrick hinweisen: kenne ich doch gar zu viele Frauen, die geneigt sind, sich sogar noch bei eindeutigster In-flagranti-Sachlage von den Verdrehungen des Profi-Lügen-Partners beruhigen oder erneut verarschen zu lassen. Rechnen Sie auf jeden Fall bei direkter Konfrontation mit den üblichen Ausflüchten jener Männer, die sich besonders in Krisensituationen der Wahrheit nicht unbedingt verpflichtet fühlen. Denken Sie an meine These: »Fremdgehprofis lügen eines Tages nur noch – schon um im Training zu bleiben«.

Gängige Beruhigungsfloskeln sind:

- »Ich wollte dich eben nicht damit belasten.«
- »Wenn du nicht so eifersüchtig wärest, hätte ich es ja zugegeben.«

- »Ich wollte doch nur verhindern, dass du dich unnötig aufregst.«
- »Du hättest mich ja doch nicht verstanden.«
- »Ich wollte es dir ja sagen, aber du hast mich nie ausreden lassen.«
- »Ich wollte es dir sagen, aber du hast gleich abgewehrt.«
- »Wenn du doch nur mal richtig zuhören würdest.«
- »Das sollte eine Überraschung werden.«
- »Immer musst du so übertreiben.«
- »Jetzt lass mich das doch mal erklären.«
- »Man muss ja nicht gleich alles auf den Tisch packen.«
- »Warum bist du immer so gereizt?«
- »Wie siehst du überhaupt aus?«

Frage: Welche Gemeinsamkeit haben all diese Beschwörungsformeln? Antwort: Sie schieben *Ihnen* als der Hintergangenen noch den Schwarzen Peter zu. Sie sind zu blöd, zu hysterisch, im Grunde genommen ist sowieso alles Ihre Schuld. Kann ja sein, im Vorfeld vielleicht – aber das ist noch lange kein Grund, dass man als Betrogene noch zum Sündenbock gemacht wird.

Diese typischen Verteidigungsfloskeln erfüllen natürlich eine Funktion. Ihr Partner begibt sich damit in eine Rechtfertigungshaltung, er geht in die Defensive. Was nicht sein soll, darf nicht sein, also erst mal nein sagen, bestreiten, abwehren.

Allzu oft hat die voreilige, direkte Konfrontation gar damit geendet, dass sich die Betrogene unter Tränen bei ihrem *armen Mann* entschuldigt hat, ihm derart niederträchtige Machenschaften unterstellt zu haben. Er selbst würde das schließlich umgekehrt *niemals* tun! Wie kann man bloß? Wo er doch so *gutherzig* ist? *Furchtbar*, wie *sie* immer alles kaputtmachen muss! Wozu dieser ganze *Stress*? *Frauen*! Die Weiber sind doch alle gleich!

Der knallharte Profi-Lügner nimmt seine Frau auf den

Schoß, schaut ihr direkt in die Augen und erklärt, dass sie verrückt sei und professionelle Hilfe brauche, weil sie immer den Teufel an die Wand male: »Mach dir keine Sorgen, Schätzchen!« Aber wenn sie sich ordentlich entschuldige, dann würde er bereit sein, die Sache nochmal zu vergessen ... Blah!

Meine Herren, seien Sie vorsichtig, wir kennen inzwischen das ganze Repertoire. Hüten Sie sich, verehrte Leserin, an diesem Punkt auf jeden Fall davor, erneut dem Charme Ihres Partners auf den Leim zu gehen! In dieser knallharten Notlage hat Ihr betrügender Partner nämlich noch ein letztes Ass im Ärmel: Wir Frauen *wollen*, dass wir uns irren, *wollen* es nicht wahrhaben, dass die große Liebe sich als Fiktion entpuppt, dass Träume zerplatzen und die letzten Jahre nichts als Illusion waren. Also *hoffen* wir unterbewusst, dass unser großer, strahlender Held, der Mann unseres Lebens, besänftigend erklären wird, dass alles nur ein einziges großes Missverständnis ist und wir dummen, kleinen Mädchen mal wieder alles in den falschen Hals gekriegt haben. Es wäre unser Traum, dass die Liebe nicht zum Albtraum wird, und genau auf diese Schwachstelle hat es der Tröster jetzt abgesehen. Wir wünschen uns nämlich insgeheim, dass wir aufwachen und uns tatsächlich geirrt haben! Lieber sind wir verrückt und hysterisch, als dass wir am Abgrund stehen wollen!

Wenn Gaby, Dagmar, Andrea, Anja, Frederike, Friederike, Stefanie und Stephanie, Sabine, Christiane, Maria, Monika, Nadine, Ute, Tanja, Beate, Sandra, Janine, Maike, Martina oder Sylvia darauf reinfallen wollen, bitte schön ... dann sind sie garantiert in einigen Jahren wieder an demselben Punkt wie heute und treten nur ein bisschen länger auf der Stelle als jene, die lieber Verantwortung für ihr Handeln übernehmen.

Es gibt positive, konstruktive Alternativen – aber rationale Schritte können erst gegangen werden, wenn die immensen Emotionen der Enttäuschung, der Wut und der Panik unter

Kontrolle sind. Wenn Ihr Partner sogar dabei ist, wenn Sie ihn in flagranti überführen, suchen Sie um Himmels willen Abstand: Sagen Sie ihm, dass Sie allein sein wollen, ziehen Sie sich zurück, suchen Sie Rat bei Vertrauten, der Familie, und erlangen Sie wieder einen einigermaßen klaren Kopf. Die Frage, ob Sie die Trennung wollen, die Beziehung erhalten möchten, ein Arrangement suchen oder direkt die Scheidung einreichen – es ist das Beste, die Entscheidung einen Moment aufzuschieben, denn Kinder, Familienangehörige, Kollegen, Chefs, Freunde sind in so einer Lage automatisch codependent: abhängig von den Entscheidungen, die Sie treffen. Halten Sie ein letztes Mal inne. Alles was Sie als Aktionsplan in Angriff nehmen, kann auch noch fünf Minuten später beginnen. Denn was Sie in Rage tun möchten, kann negative Folgen für Sie haben. Es ist wichtiger zu wissen, was man *nicht* tun sollte, als zu wissen, was man tun sollte. Besser, erst mal nichts tun, als falsch zu handeln. Das Falsche zu tun würde Ihre Probleme nur noch komplizieren und Ihnen womöglich später leidtun. Dann haben Sie nicht nur die Enttäuschung zu verkraften, sondern Sie müssten auch noch Ihr eigenes Handeln bereuen!

Machen Sie sich eine Tasse Mate-Tee und eine Wärmflasche und verinnerlichen Sie die 20 Dinge, die Sie *niemals* tun dürfen:

1. Vermeiden Sie Gewalt und Drohungen.

Wenn Sie zu körperlicher Gewalt tendieren, wird Ihr Partner sich in Ihrer Nähe nicht sicher fühlen und Ihnen den totalen Krieg erklären. Das geht dann so weit, dass Männer zu Hause nichts mehr essen aus Angst, vergiftet zu werden, mit der Waffe unter dem Kopfkissen schlafen und Sie einsperren. Und vor allem: Schmeißen Sie ihn nicht raus! Wenn tatsächlich eine andere auf Ihren Mann wartet, wird er diese Situation nutzen und direkt bei dieser Frau einziehen!

2. Bedrohen Sie die andere Frau nicht.
Wenn Sie bei der anderen mit dem Messer vor der Tür
stehen oder Steine ins Schlafzimmerfenster werfen, wird
sie die Polizei rufen und die Vorkommnisse als Beweismaterial nutzen, dass Sie verrückt sind. Alle werden sagen:
»Kein Wunder, dass der arme Mann es bei so einer Hexe
nicht ausgehalten hat!« Niemand, und das ist die grau-
same Realität, wird zu Ihnen halten, wenn Sie juristisches
Material liefern, dass Sie am Austicken sind. Umgekehrt
wäre es allerdings super: Taucht nämlich die andere mit
dem Messer vor Ihrer Tür auf, können Sie ihr getrost mit
der schweren Eisenlampe eins überbraten, denn dann ist
es Notwehr.
Merke: Selbst blind vor Wut niemals in Aktionen körperlicher Gewalt übergehen, das wendet sich am Ende alles
gegen Sie. Stellen Sie sich nur mal vor, was Sie riskieren,
wenn Sie erleben müssen, dass Ihr eigener Mann aus dem
Kleiderschrank hervorspringt, der anderen zu Hilfe eilt
und Sie unter großem Hallo in die Nervenheilanstalt ab-
transportiert werden! Wollen Sie erleben, wie Ihr eigener
Mann sich schützend vor die andere stellt und den Helden
gibt? Sie als die verzweifelt um sich Schlagende gelten am
Ende in jedem Fall als Bedrohung und Gefahr für andere
Menschen und können direkt mit Blaulicht in U-Haft lan-
den. Dann ist es vorbei mit der Freiheit, sich von so vielen
Anwälten beraten zu lassen, wie Sie wollen, und sich bei
Ihren Freundinnen auszuheulen. Lassen Sie das also!

3. Keine Racheaktionen gegenüber Kindern oder Tieren.
Oft neigen Erwachsene dazu, ihre Frustrationen an Kin-
dern als Zielscheibe auszulassen. Es ist unverzeihlich.
Dies wird permanent das Verhältnis zwischen Eltern und
Kindern schädigen. Es kann dazu führen, dass die eigenen
Kinder sich gegen Sie stellen, dass der Vater das alleinige
Sorgerecht erhält, dass die Kinder beim Vater einziehen
oder Sie ewig hassen.

Gewalt gegenüber der Lieblingskatze oder seinen wertvollen Kois wird denselben Effekt haben wie Gewalt gegen den eigentlichen Übeltäter. Egal wie berechtigt Sie auch wären, Ihre Wut an anderen auszulassen, Sie schädigen sich durch solche Racheaktionen letztlich nur selbst! Und wenn Sie Ihre Wut gegen Werte richten, die Ihrem Partner lieb und teuer sind, dann wird er diese in Konsequenz aus dem gemeinsamen Heim entfernen. Sie riskieren, dass der Partner Ihnen das Haus ausräumt, um den Schaden zu begrenzen. Und darüber hinaus ist es prinzipiell immer ein Fehler, seinen Hass gegen unschuldige Menschen oder Tiere zu richten, besonders jene, die sich nicht schützen können oder gar nicht in der Lage sind, Ihre Situation zu verstehen.

4. Zerstören Sie nicht sein Eigentum.
Als Anja herausfand, dass Antonio sie seit Jahren betrog, nahm sie die Heckenschere und schnitt alle Maßhemden und teuren Anzüge zu Streifen. Die lagen dann in der Garage, als er den Mercedes einparken wollte. Nun, Anja hatte recht – jedoch nicht vor dem Gesetz. Da war sie eine Irre, die materiell für den Schaden aufkommen musste.
Vicky T. hatte in die 14 Flaschen Eau de Cologne ihres Mannes ätzende Flüssigkeiten eingefüllt, sodass der Übeltäter, als er sich fürs nächste Date präparieren wollte, in der Notaufnahme landete.
Auch die Sache mit den Reifenschlitzerinnen ist eine überholte Nummer! Nicht nur dass diese Aktionen die Frau eindeutig als Geistesgestörte brandmarken, sie vertiefen die Kluft und schaffen Unsicherheiten an allen Fronten. Es weiß doch eh jeder, dass Sie es waren! Zudem riskieren Sie nicht nur eine Anzeige wegen Sachbeschädigung oder Körperverletzung, Sie riskieren auch den Gegenschlag! Und das brauchen wir doch in etwa so wie ein Loch im Kopf!

5. Rufen Sie nicht beim Chef an.
Da viele Affären tatsächlich im Büro beginnen, glauben betrogene Frauen immer wieder, die Sache würde ein Ende finden, wenn der Chef es weiß. Klar, es gibt in großen Firmen ungeschriebene Gesetze und einen Verhaltenskodex, der Einlassungen auf dieser Ebene nicht wünscht. Zum einen weil es die Angestellten als instabil klassifiziert, zum anderen, weil man fürchtet, dass die Affären das Hirn in rosarote Welten tauchen, die den Blick für klare Entscheidungen verschleiern. Genauso gibt es aber auch Branchen, wo Affären sogar Achtung verschaffen, weil der angriffslustige Jäger sich als Platzhirsch profiliert und mal wieder allen zeigt, wo der Hammer hängt. Wir hatten das Thema schon. Seien Sie also vorsichtig, mit großer Wahrscheinlichkeit ist der Chef auch nicht besser, und am Ende stehen Sie als die Hysterikerin da, bei der es kein Mann aushalten kann.
Natürlich besteht auch die Option, dass Ihr Mann den Job verliert. Das müssen Sie selber wissen, ob es Ihnen nützt. Schließlich begeben Sie sich in eine miese Lage, was den Unterhalt anbetrifft, wenn Ihr Mann keine Arbeit mehr hat. Bei Scheidungsprozessen und Ansprüchen auf Alimente müssten Sie nämlich ganz im Gegenteil eher dazu tendieren, das hohe Einkommen und die berufliche Sicherheit Ihres Partners belegen zu können.

6. Machen Sie die Sache nicht zum Thema Nr. 1 am Arbeitsplatz.
Was immer Ihnen Chef und Kollegen auch an Mitleid entgegenbringen: Man wird Sie genauer beobachten als je zuvor, auf Fehler warten und diese auf Ihre emotionale Krise zurückführen. »Kein Wunder, dass das nicht klappt, wer solche Probleme am Hals hat, kann sich ja gar nicht auf die Arbeit konzentrieren«, wird man hinter Ihrem Rücken tuscheln. Klar, es gibt auch Chefs, die nicht zuerst an Ihre Effizienz am Arbeitsplatz denken und echtes Interesse an

Ihrer Lage zeigen. Wer weiß, was die im Schilde führen, oder selbst gerade jonglieren müssen ... jedoch kann so viel Nachsicht nicht von Dauer sein. Bei wirklich gutem Arbeitsklima sollten Sie einen Kompromiss im Auge haben: Wenn es sich gar nicht vermeiden lässt, schenken Sie reinen Wein ein, aber stürzen Sie sich danach umso mehr auf Ihre Arbeit – denn wenn Sie schon persönliche Verluste zu beklagen haben, dann wollen Sie doch nicht auch noch Ihren Job riskieren?

7. Machen Sie keinen Telefonterror – rufen Sie die andere nicht an.
Lassen Sie die Finger von solchen Aktionen. Egal ob Sie die Geliebte sind oder es um die Schwiegereltern geht, Sie tun sich damit selbst keinen Gefallen. Die Familie denkt in solchen Situationen ans Geld, ans Erbe und an die Kinder. Als Geliebte brechen Sie das Vertrauen und stehen überall als Verräterin da. Die Vorbehalte werden sich gegen Sie wenden. Überlassen Sie es lieber dem Äther, ob die Sache die Runde macht. Unterlassen Sie Telefonterror, auch in der Firma Ihres Mannes.
Thomas E., 45, wurde von seiner Frau Anja täglich bis zu zehn Mal im Büro angerufen. Sie fand immer irgendeinen Vorwand, mal erinnerte sie ihn an Termine, dann ging es um die Kinder oder um unbedeutende Neuigkeiten – in Wirklichkeit wollte sie nur kontrollieren, ob Thomas bei der Arbeit war. Nicht nur dass Thomas der Lächerlichkeit preisgegeben wurde, auch Anja erntete Spott. So verschlechterte sich das Klima für beide Parteien noch mehr. Und die Folge: Der Chef verbot schließlich, Anjas Anrufe durchzustellen.

8. Drohen Sie nicht damit, sich umzubringen.
Komischerweise gewinnt man mit der Drohung, sich das Leben zu nehmen, niemals Respekt, sondern man erreicht das Gegenteil. Wenn Ihnen tatsächlich danach ist, dann

suchen Sie professionelle Hilfe. Sollten Sie einen Revolver oder Gewehre besitzen, sorgen Sie dafür, dass diese in sichere Hände gelangen – jedenfalls nicht in Ihre. Wenn Sie Tabletten nehmen, um einen Hilfeschrei zu signalisieren, aber eigentlich doch noch ein bisschen am Leben bleiben wollen, dann können Sie sicher sein, in der Psychiatrie zu landen – und zwar in der geschlossenen Abteilung bei den autoaggressiv Suizidgefährdeten. Und Ihr Partner wird zu der Erkenntnis gelangen, das »die andere« unkomplizierter und stabiler ist als Sie.

Am Ende wird es heißen, Sie seien psychisch krank und ein Fall für den Irrenarzt. Selbst wenn Ihr Appell an die Schuldgefühle Ihres Mannes Erfolg haben sollte und er sich in dieser Weise manipulieren lässt, wie wollen Sie verhindern, dass er danach nicht heimlich die Affäre fortsetzt, egal ob mit derselben oder gar mit einer ganz anderen Frau?

Sehen Sie es doch mal so: Wenn man einen Menschen für sich haben will, wenn man mit jemandem zusammen sein möchte, dann doch wohl wegen seiner Qualitäten und Vorzüge – gewiss nicht wegen seiner Drohungen! Und ein Mann, der nur bei Ihnen bleibt, weil er Angst hat, Sie könnten sich was antun, wird es immer bedauern, dass er sich hat bezwingen lassen, und das Gefühl haben, von Ihnen reingelegt worden zu sein.

9. Schütten Sie Ihr Herz nicht bei seinen Freunden aus.

Da es *seine* Freunde sind, werden die ihm a) alles weitererzählen und b) zu ihm halten. Man wird beim Bier in der Kneipe zu der Erkenntnis gelangen, dass sowieso alles Ihre Schuld ist. Vielleicht sind sogar Freunde dabei, die sich übergangen oder beiseitegeschoben fühlten, als Sie ein Paar wurden. Für die wird es ein Reichsparteitag sein, wenn die Sache in die Binsen geht. Das Interesse der besten Freunde Ihres Mannes besteht darin, ihn glücklich zu sehen. Egal was die Bedingungen dafür sind. Zudem verschaffen sich die Sportsfreunde gegenseitig Alibis und geben sich Rückendeckung, wenn es eng wird. Oftmals verkuppeln die sich sogar untereinander oder »besorgen« sich die Weiber gegenseitig.

Tja, und die lieben Freundinnen Ihres Mannes? Oder die Ehefrauen seiner besten Freunde? Jetzt sollten Sie stark sein, denn wenn es echt dicke Freunde sind, haben die Ihre Gegenspielerin längst kennengelernt!

10 a. Machen Sie keinen Termin für ihn beim Therapeuten.

Gegen den Willen des Betroffenen kann der Eheberater sowieso nichts ausrichten, das schürt nur den Widerwillen gegen Sie. Therapierbar sind nur Leute, die sich selbst aktiv um diese Hilfe bemühen. Sie sollten Aktionen vermeiden, die die Kluft zwischen Ihnen und dem Partner noch mehr vertiefen, und eine gemeinsame Therapie kann ebenso einen endgültigen Keil zwischen Sie treiben. Mit Sicherheit streiten Sie schon *vor* der Eheberatung, sonst würden Sie diese ja nicht für nötig halten. Gehen Sie davon aus, dass Sie auch *in* der Eheberatung streiten werden und erst recht *danach*. »Du siehst doch selbst, dass es keinen Zweck mehr mit uns hat«, wird es dann heißen.

Der Impuls zur Therapie müsste unbedingt von Ihrem Partner selbst kommen, dann wäre es eine Initiative, die Situation zu retten.

10 b. Machen Sie sich nicht abhängig von Hokuspokus.

Klar, dass Astrologen und Wahrsager willkommene Helfer sein können, wenn man eine Situation nicht mehr allein bewältigen kann. Und eine verzweifelte, hoffnungslos gewordene Klientel ist genau das, was die Hokuspokuskünstler suchen.

Als Rosa E. dahinterkam, dass ihr Freund ein Verhältnis hat, flog sie in die Dominikanische Republik und ging zu einem Fortuneteller aus Santo Domingo. Für 20 Dollar und assistiert von Runen, Steinen, Räucherstäbchen und

Tarotkarten, tat die Zigeunerin aus Mittelamerika nichts, was Rosa weitergebracht hätte. Als nämlich der Freund bei seinem Auszug eine abgeschnittene Haarlocke von sich selbst, einen getrockneten Hühnerfuß und Bilder aus glücklichen Tagen unter der Matratze entdeckte, war er restlos überzeugt, dass Rosa geistesgestört sei. Dieser Spuk, den romantische Frauen so hilfreich finden, stößt viele Männer ab.

Ja, es gibt ganze Geschäftszweige, die sich Kummer, Herzensnöte und Verzweiflung anderer zur Geschäftsgrundlage machen. Sicher ist bei allen Voraussagen und Horoskopen nur eines: Betrug und Affären werden nicht beendet durch Zauberei, Verwünschungen, Flüche oder dadurch, dass Sie den Namen des Schürzenjägers mit Ruß an die Hauswand malen. Und am Ende wird für die Anteilnahme der Hexenmeister immer ein Honorar fällig.

11. Flüchten Sie nicht in Krankheit.
Immer wieder gibt es Frauen, die eine lang aufgeschobene Operation oder eine überfällige Behandlung benutzen, um ihren Partner zu halten. Ohnmachtsanfälle, Atemnot, Schwindelgefühle und dergleichen mögen sie tatsächlich haben, aber diese Symptome seelischer Natur werden im schlimmsten Fall als »Hysterie« ausgelegt. Es mag ihnen zeitweise wirklich schlecht gehen, aber wie alle manipulativen Methoden werden daraus Widerstände erwachsen. Gefährlich sind chronische Krankheiten, welche die Aufmerksamkeit eines Partner und natürlich seine Zuwendung erzwingen. Aber sind uns nicht allen diese merkwürdigen Fälle bekannt, wo bereits sechs Wochen nach dem Tod der Ehefrau auf wundersame Weise eine neue Verbindung offiziell wurde? Oder die Mär verbreitet wird, auf der Beerdigung habe es gefunkt? Frauen, die plötzlich aus dem Ärmel gezaubert werden wie ein Kaninchen, waren meist schon immer da, und es gehört definitiv zu der traurigsten Form der Verbundenheit, wenn das Band eines Paares nur

noch aus Krankheit besteht. Und dann dreht der Mann die Situation auch noch zu seinen Gunsten: »Ich würde meine Frau nie im Stich lassen!« Ja, aber wer hat die Frau aufs Sterbebett gebracht?

12. Starten Sie keine Affäre als Racheakt.

Der Gedanke »Was der kann, kann ich schon lange« mag ein natürlicher sein, aber es ist auch ein primitiver. Eine Racheaffäre wird dem Partner genau die Rechtfertigungen zuspielen, auf die er gewartet hat. »Bei uns lief doch schon lange nichts mehr.« »Kein Wunder, du hast ja nur drauf gewartet, dass ich als Erster einen Fehler mache.« »Das war doch bei dir bestimmt auch nicht das erste Mal.« Alles Argumente, die Sie nicht wirklich gebrauchen können. Außerdem dokumentieren Sie mit einer Affäre als Racheakt, dass es um die Beziehung wirklich schlecht steht, dass gar kein Interesse mehr von irgendeiner Seite aus besteht, sie zu retten. Wenn es Ihr Ziel ist, einen treuen Partner zu haben, sollten Sie selbst treu sein und es auch dann bleiben, wenn er es nicht sein kann. Oder gehen Sie. Setzen Sie den Schlussstrich. Denn wer verraten wird, hat dadurch noch längst keine Legitimation, zum Denunzianten zu werden! Und abgesehen davon: Welche Basis wäre das für Ihren neuen Partner, wenn er nur aus einem Grund bei Ihnen landen konnte: »Na, aus Rache!«

13. Werden Sie nicht schwanger aus Protest.

Als Ute S. erfuhr, dass ihr Mann fremdgeht, hat sie die Pille abgesetzt. Und wurde schwanger. Die Probleme, die sie vorher hatte, blieben und wurden durch das dritte Kind noch größer. Der Mann verließ Ute innerlich noch während der Schwangerschaft. Die Scheidung folgte, bevor der Kleine drei Jahre alt wurde.

Selbst wenn Ihnen diese Taktik vielleicht noch ein kurzes Aufflammen alter Sentiments beschert, was geht ab, wenn das Baby da ist? Glauben Sie etwa, wenn es Ihnen körperlich schlecht geht und Sie an die Grenzen Ihrer Kräfte gehen, wird Ihr Mann Sie nicht mehr betrügen, weil er Mitleid mit Ihnen hat? Er sucht doch eine Geliebte und keine Mutti! Wollen Sie dann das übernächste Mal auch wieder schwanger werden? Viele Männer hassen auch dieses Spiel mit der Schwangerschaft und rebellieren dagegen, dass man sie reinlegt.

Ein Kind, das geboren wird, um eine marode Beziehung zu kitten, wird immer als wandelndes Mahnmal die Erinnerung an eine Affäre wachhalten. Solche Kinder sind schon instrumentalisiert, bevor sie das Licht der Welt erblicken. Das Leben ist sowieso unfair, da sollte wenigstens die eigene Mutter fair bleiben – auch bei der gewissenhaften Verwaltung ihrer eigenen Chromosomen. Kinder haben etwas Besseres verdient, denn als Notnagel geboren zu werden.

14. Konfrontieren Sie die andere Frau nicht.

Das sollten Sie besonders dann beherzigen, wenn Sie Rachegefühle hegen. Vielleicht wäre es heilsam, mit der Widersacherin an einen Tisch zu kommen, aber ganz bestimmt nicht in dem Moment, in dem Sie als die Betrogene am verletzlichsten und schwächsten sind. Heben Sie sich das für später auf. Es geht Ihnen doch sowieso nicht gut, also werden Sie ein Bild des Jammers hinterlassen. Dieser Eindruck wird von Ihrer Konkurrentin unter Garantie übertrieben und ausgeschmückt und als Tatsachenbericht oder Doku-Soap beim gemeinsamen Traummann landen. Und das Material wird nicht zu Ihren Gunsten ausfallen. Eine Konfrontation weckt den Anschein, dass Sie Ihrem Mann die Entscheidung für sein Handeln abnehmen wollen – und das käme einer Entmannung gleich. Wer kastriert, wird mit Sicherheit gehasst. Klar gibt es Fälle, in denen die Frau sagt: »Die oder ich!« Aber das ist noch nicht das Ende der Geschichte, sondern nur ein weiteres Kapitel.

15. Verfolgen Sie Ihren Mann nicht.

Er ist doch sowieso schon ertappt, wenn Sie ihm jetzt noch nachstellen, macht er Sie zur Psychofurie! Sie wollen doch nicht als emotional instabiler Freak dastehen? Was bringt es, einen Molotowcocktail in das Liebesnest der Turteltauben zu schmeißen? Damit spielten Sie der anderen noch Pluspunkte zu. Merken Sie sich eins: All Ihre Sorgen und Ängste, dass Ihr Partner Sie betrügt, sind kein Grund für ihn, aufzuhören! Er weiß doch, was Sie davon halten, und hat trotzdem damit angefangen. Weil es ihm das wert ist, weil Sie beide als Paar nicht mehr dasselbe wollen. Er will eine andere. Und nicht nur das, er hat sie schon. Egal was Sie auch starten, Sie werden ihn nicht davon abbringen können, wenn er reif für eine neue Verbindung ist. Die Gründe liegen in der Vergangenheit und der Entwicklung Ihrer Beziehung, da können Sie das Rad nicht zurückdrehen, indem Sie jetzt zur Stalkerin werden. Oder ihn kontrollieren und verfolgen. Auflauern mag einem manchmal unter den Nägeln brennen, aber es ist würdelos. Bewahren Sie wenigstens das, was Ihnen keiner nehmen kann!

16. Machen Sie sich nicht zur Baustelle.

Verleugnen Sie sich nicht, indem Sie praktisch in die Haut einer anderen schlüpfen. Was auch immer die andere haben mag, vergleichen Sie sich nicht. Die andere kann auch 20 Jahre älter und zehn Kilo dicker sein und trotzdem die Siegerin bleiben. Wenn die Krise Sie animiert, den langgehegten Vorsatz umzusetzen, endlich ins Fitnesscenter zu gehen – super! Vielleicht nehmen Sie wirklich ab und joggen abends sogar. Auch gut. Es besteht aber auch die Gefahr, dass diese Trostspender so viel Zuflucht und Schutz bieten, dass sich ein gewisses Suchtverhalten zeigt. Sagen wir mal, Sie lassen sich schnell noch das Gebiss erneuern, gefolgt von einer Fettabsaugung, dem Augen-Lifting, der Brustvergrößerung, den aufgespritzten Lippen und schließlich dem großen Gesichts-Lifting, bei dem die Ohren am Hinterkopf zusammengenäht werden. Tun Sie es bitte nicht für Ihren Partner, den kriegen Sie damit nicht zurück, denn Sie sind ja alles andere als die Frau, die er einst kennenlernte. So wie damals sehen Sie eh nicht mehr aus, also musste er sich an das zweite Gesicht gewöhnen. Wenn Sie sich umoperieren lassen, wäre das jetzt schon die dritte Variante der Frau, in die er sich mal verliebt hat. Es reicht doch, dass er Ihnen fremd geworden ist. Machen Sie sich nicht noch zusätzlich äußerlich zu einer Fremden. Das treibt die Entfremdung nur noch mehr voran. Klug wäre es hingegen, unmerklich in kleinen Dosen vorbeugende Maßnahmen ergriffen zu haben, sodass er die schleichende Instandsetzung gar nicht bemerkt hätte. Aber eine plötzlich totalsanierte Ehefrau hat noch keinen Mann bewogen, sein Verhältnis aufzugeben.

17. Treffen Sie keine radikalen Karriereentscheidungen.

Dinge wie Kündigung, Umzug in eine andere Stadt, Berufswechsel und dergleichen sollten Sie sich aufheben, bis Ihre Emotionen wieder unter Kontrolle sind. Manche besserverdienende Karrierefrau hat aus Angst vor den Nachteilen des Unterhaltsrechtes zugunsten ihres Mannes den Job hingeschmissen oder sich zurückstufen lassen. Einkommen und Karriere zu ruinieren bedeutet Chancen und Sicherheiten zu verspielen, während im Gegenzug absolut nichts gewonnen wird.

18. Verfallen Sie nicht dem Shoppingwahn.

Als Linda J. dahinterkam, dass ihr Mann sie seit Jahren mit einer alten Ex betrügt, steckte das Paar gerade mitten im Bau des neuen Eigenheimes. Sie änderte Pläne und Materialen, orderte Sauna und Einbauküche für Hunderttausende, und keiner wusste, woher das Geld kommen sollte. Linda glaubte, wenn sie nur erst ein wunderschönes Heim hätten, würde sich die Sache mit der Affäre ihres Mannes in Luft auflösen. Niemand hat Linda beiseitegenommen und ihr gesagt, dass eine Affäre noch nie dadurch beendet wurde, dass die Ehefrau gnadenlos Kohle raushaut. Dadurch, dass der gehörnte Gatte der Geliebten sein Leid klagte, vertiefte sich die Affäre sogar. Es trifft Männer, die sich reingelegt fühlen, besonders hart, wenn sie eh schon extremen Belastungen ausgesetzt sind.

Der Bau eines Hauses stellt eine extreme Belastung dar. Unter solchen Umständen sind Männer leicht verführbar, wenn es darum geht, sich neue Freiräume zu genehmigen. Genau wie die Frau sich betrogen fühlt, wenn sie den Fremdgänger überführt, fühlt sich der Mann hintergangen, wenn die Ehefrau in Zeiten extremer Belastung gegen ihn arbeitet. Wenn die Beziehung nicht nur durch eine Affäre, sondern zusätzlich noch durch finanziellen Druck belastet wird, ist es wirklich nur noch eine Frage der Zeit, wann sie endgültig in sich zusammenfällt.

19. Brechen Sie nicht alle Brücken hinter sich ab.

Schenken Sie sich erst mal selber Zeit zu überdenken, ob Sie eine Versöhnung überhaupt wollen. Mag sein, dass Sie nichts als den brennenden Wunsch verspüren, Ihren Schürzenjäger geteert und gefedert zu ertränken – aber genauso ist es möglich, dass Sie in ein paar Tagen ganz etwas anderes empfinden. Solange Sie also nicht zu 100 Prozent überzeugt sind, sollten Sie Aktionen vermeiden, die für immer die Türen verschließen.

Ebenso überlegt sollte die Taktik sein, Ihr Herz bei seiner Familie auszuschütten und ihn generell im Umfeld schlechtzumachen. Natürlich wird man Sie trösten und Verständnis zeigen, vielleicht sogar Fürsprecherin sein und hoffen, dass alles wieder ins rechte Lot kommt. Doch so, wie Männer reagieren, kann dabei unterm Strich herauskommen, dass Ihr Partner bei all der Misere denkt, es wäre leichter, mit einer anderen Person nochmal ganz von vorne anzufangen, anstatt das zerschlagene Porzellan zu kitten. Auch das ist recht verbreitet: Männer, die nach der Konfrontation und dem Wühlen in all der dreckigen Wäsche die Trennung von Ehefrau/Partnerin *und* Geliebter vollziehen. Diese Kandidaten sind so in ihrem Dilemma aus Verpflichtungen, Lügen und falschen Identitäten gefangen, dass sie nur noch frei atmen können, wenn sie einen kompletten Schlussstrich unter die gesamte Vergangenheit ziehen. Das sind Männer, die mehr als alles andere die eigene Freiheit lieben. Kaum vorstellbar, dass sie nach einer Scheidung überhaupt jemals wieder heiraten werden. Meistens sind es die chronischen Fremdgänger, deren Psychogramm so tickt. Gleichzeitig sind es auch die Männer, bei denen man als Frau niemals glücklich werden wird, weil Vertrauen lediglich aufgebaut wird, um wieder missbraucht zu werden.

20. Wenden Sie sich nicht an den Partner der anderen.
Bei all den Möglichkeiten, die unsere Gesellschaft toleriert, kann es genauso sein, dass die andere ebenso einen offiziellen Partner/Mann/Freund an ihrer Seite hat. Mit dem sitzen Sie als die Betrogene quasi in einem Boot. Da liegt es doch nahe, gemeinsame Sache mit dem betrogenen Partner der Gegenseite zu machen. Und Sie malen sich natürlich aus, wie Ihr Pendant die andere zurückpfeift oder die Widersacherin aus Angst vor dem eigenen Partner die Affäre aufgibt. Gott, wie naiv! So wird es ganz bestimmt nicht laufen. Wahrscheinlich geht es so wie bei Gloria, 38. Die hat sich einfach mit dem Mann der anderen auf einen Kaffee getroffen und kommentarlos die gesammelten Unterlagen des Detektivbüros, durch das sie ihren Mann beschatten ließ, samt eindeutigster Schnappschüsse vorgelegt. Nach dem Motto: Wir beide sind die Gehörnten! Ja und dann? Ohne langes Fackeln hat der Betrogene seine Frau verlassen: Nun war die erst recht frei für Glorias Mann. Sie stand nämlich ab sofort rund um die Uhr zur Verfügung, und diese neue Situation machte es Gloria gänzlich unmöglich, ihre Ehe zu retten.

12.
Wissen, wann Schluss ist

Ich wünsche Ihnen, liebe Leserin, von ganzem Herzen, dass Sie einfach nur ein bisschen hysterisch sind, weil das prämenstruelle Syndrom Ihnen mal wieder ein Schnippchen schlägt. Ich wünsche Ihnen, dass alles nur ein Hormonkoller war und sich am Ende Ihrer Investigation herausstellen möge, dass Ihr Partner ein Heiliger ist, den Sie als dumme Frau zu Unrecht verdächtigt haben! Ich hoffe ganz einfach darauf, dass alle Verdachtsmomente sich als dummes Missverständnis entpuppen. Wenn sich also herausstellt, dass all die Sorge und die ganze Recherche umsonst war: Gratulation!

Doch seien Sie sicher: Die nackte Tatsache, dass Sie es für nötig halten, den Partner zu examinieren und zu kontrollieren, weist auf ein Problem in Ihrer Partnerschaft hin – egal auf welcher Seite es auch liegen mag. Und wenn sich gezeigt hat, dass Sie unberechtigterweise dem Kontrollzwang erliegen und schnödes Misstrauen Ihr ständiger Begleiter geworden ist, dann sind wahrscheinlich *Sie* das Problem, und Sie sollten sich um professionelle Hilfe bemühen. Klingt hart, ist aber fair!

Ja, mögen Sie fragen, liebe Frau Nick, wo liegt denn nun aber die Grenze? Da hab ich eine klare Antwort für Sie: Wenn Sie als Miss Marple getarnt dem Doppelleben Ihres Partners auf die Spur kommen wollen, dann sollten Sie wissen, wann Schluss ist. Es gibt einen Punkt, an dem genug genug ist. In dem Moment, wo deutlich zutage tritt, dass die unerfreulichen Tatsachen, denen Sie sich gegenübergestellt sehen, keine Einbildung waren, haben Sie das Ende Ihrer kurzen Karriere als Spionin erreicht.

Es ist der Punkt, an dem Sie durch Informationen Dritter, durch Unterlagen wie Rechnungen, Kontenüberprüfungen, Fotos, Telefonrecherchen, eigene Beobachtungen, schriftliche Beweise, undichte Stellen in den Märchenerzählungen Ihres Partners, Widersprüchlichkeiten, allgemeine Zusammenhänge sowie die altbekannten »blöden Zufälle« die Verarschung nachweisen können.

Vielleicht haben Sie sich auch die Hände gar nicht schmutzig gemacht, und alles ging ganz schnell: keinen Sex mehr, aber Kondome im Handschuhfach gefunden. Nur noch mühsamer Vollzug der ehelichen Pflichten, aber eine Viagra unterm Beifahrersitz gefunden. Durch Dritte erfahren, dass der Partner, der angeblich auf Geschäftsreise ist, das Wochenende in weiblicher Begleitung im Sheraton-Hotel Frankfurt verbracht hat.

Oder Sie haben als finanziell unabhängige Frau einen Tag im Wellness-Hotel verbracht, fröhlich mit den Füßen gewippt und eine Detektei beauftragt. Es ist alles in allem die vielleicht sauberste Methode! Da flattern dann täglich zum Frühstückskaffee die Observationsberichte auf den Tisch, die Sie mit den persönlichen Erzählungen Ihres Liebsten vergleichen können, um danach ein für alle Mal Bescheid zu wissen. Es ist der zeitsparende Weg für die Wohlhabenden, die nicht lange fackeln und sauber, aber unsentimental Bilanz ziehen wollen. Manchmal ist es wirklich das Beste. Übrigens eine weitverbreitete Methode, auf die Männer zurückgreifen, die im umgekehrten Fall ihre Frau des Fremdgehens verdächtigen. Da wird bei betrogenen Männern nicht lange gestöbert und geschnüffelt, das ist eine Sache von fünf Minuten, einen Beschattungsservice einzuschalten. Und man geht danach zur Tagesordnung über. Eine Detektei stiehlt Ihnen keine Zeit, aber kostet Geld. Der Observationszeitpunkt sollte strategisch gut gesetzt sein, da z. B., wenn das Techtelmechtel nur einmal im Monat läuft, enorme Kosten auflaufen können.

Wenn alles Misstrauen aber umsonst war, dann kaufen Sie sich ein neues Negligé und verwöhnen und hegen und pflegen Sie Ihren Partner wie ein selten gewordenes Exemplar einer nahezu aussterbenden Spezies! Betütern Sie ihn wie Ihren ganz persönlichen kleinen Eisbären! Betrachten Sie Ihren Anfall als innere Reinigung und Katharsis und begegnen Sie Ihrem Mann neu und unbelastet ... er wird damit zu tun haben, die Gründe bei sich selbst zu suchen, warum Sie plötzlich neu entflammt sind!

Ein anderes Indiz dafür, dass Ihre Spurensuche ein Ende finden sollte, wäre der Moment, an dem Sie so besessen davon sind, dass Sie an gar nichts anderes mehr denken können. Sie können nicht mehr schlafen noch essen oder Ihre alltäglichen Abläufe erledigen, bis Sie am Ende keinen einzigen klaren Gedanken mehr fassen. Wenn Sie im Nachthemd durch die Stadt rasen, um einem Auto zu folgen, das dem der Geliebten Ihres Partners ähnelt, wenn Sie nur noch verdächtige Telefonnummern wählen, um dann einzuhängen, wenn Sie stundenlang vor irgendwelchen Hauseingängen Bespitzelungen betreiben und vor allem wenn Sie immer weiter nach dem suchen, was Sie längst wissen oder gefunden haben, dann ist Einhalt geboten! Eine solche Investigation kann selbstzerstörerische Folgen haben. Und schlimmer, manche Frauen kommen vom Kontrollzwang nicht mehr los, weil die Spurensuche ihnen Inhalt gibt und einen Adrenalinschub verleiht. Das ist dann so wie beim Shoppen: Jedes Kauferlebnis gibt Ihnen einen Kick! Alles was als Information Ihre Vermutungen untermauert hat, können Sie nun abhaken und beiseite legen.

Wenn sein Auto vor der Tür der Geliebten steht, obwohl er behauptet, im Büro eine späte Sitzung zu haben, dann wissen Sie, dass die Arbeit Ihres Mannes blond und jung ist. Mutieren Sie jetzt bloß nicht zur Stalkerin. Wenn Sie Briefe oder Fotos finden, dann müssen Sie nicht mehr die

Autositze nach Haarspuren absuchen. Dann ist es ganz einfach Zeit, loszulassen. Sie sollten Ihre Energien nicht verschwenden, sondern sich auf Ihren weiteren Aktionsplan konzentrieren. Seien Sie sich auch klar darüber, dass es Teile im Puzzle geben wird, die nirgendwo hinpassen, und Fragen, die nie eine Antwort finden werden. Aber sobald das Gesamtbild erkennbar wird, dann brauchen Sie diese Puzzleteile oder Antworten nicht mehr – denn das Bild haben Sie sich inzwischen gemacht, und das ist es, worauf es ankommt.

Für die meisten Menschen ist die Phase des Zweifelns am Partner die allerschlimmste. Viele Frauen bestätigen, dass der Moment der Erkenntnis, die Wahrheit herausgefunden zu haben, einer Erlösung gleichkommt. Diese Erleichterung hängt damit zusammen, dass Verwirrung, Täuschung und Lüge ein Ende gefunden haben. Sie sind nicht mehr Schachfigur im Spiel eines anderen, sondern Herrin Ihrer eigenen Sinne, ja, Sie können wieder frei atmen und die Weichen für die Zukunft stellen – wenn dies auch eher als ein bittersüßer Erfolg gewertet werden muss. Die Entscheidung, wann, wie und wo Sie den Partner konfrontieren, wird von einem üblen Nachgeschmack begleitet sein, aber Sie riskieren Ihre psychische Gesundheit, wenn Sie jetzt nicht handeln.

Es geht an diesem Punkt um mentale Stabilität, denn Sie sollten innehalten und sich Sinn und Zweck dieser neuen Situation vergegenwärtigen. Was oder wer hat Sie dazu gebracht, diesen Weg überhaupt zu gehen? Warum waren Sie dort, wo Sie gewesen sind, als Sie fanden, was Sie suchten? Was hat Sie dahin getrieben? Bestimmt nicht die Ehrlichkeit Ihres Partners oder Ihre intakte Beziehung!

Ob Sie die Informationen nutzen werden, um sich von Ihrem Partner zu verabschieden oder ihm eine neue Chance zu geben, und wie Sie vor allem seine Reaktionen bewerten, wird im Zuge der Konfrontation Ihrer gemeinsamen Situation Transparenz verschaffen. Auf die Lügen, die Sie offengelegt haben, werden noch viele weitere folgen!

Ich habe mich immer gefragt, warum so viele Menschen in ungesunden und zerrütteten Partnerbeziehungen verharren. Schon die Situation, dass man sich in der Lage wiederfindet, spionieren, schnüffeln, tricksen und durchsuchen zu müssen, belegt doch, dass die Verbindung gegen die Wand gefahren ist. Denn vorgesehen war, zu vertrauen, zu glauben und zu ehren und zu lieben.

»Wen?«, werden Sie fragen, »Meinen Partner, meine Ehe, meine Freunde?« Nein, sage ich: Vertrauen, Glauben, Ehre und Liebe sollte man zuerst sich selbst schenken. Denn wer nichts besitzt, kann auch nichts teilen. Und viele Menschen haben genau das in der Beziehung sich selbst gegenüber verloren. Der Betrug geschieht vor allem, wenn ein Partner uns das Vertrauen in die eigene Intuition raubt, den Glauben an uns selbst, den Selbstrespekt, und die Liebe dem Hass weicht. Sie schulden es sich selbst zu erkennen, wann Ihre Beziehung ein Problem hat und das Vertrauen gefährdet ist. Nur dann werden Sie die nötigen Schritte in die Wege leiten können, angemessen zu agieren, die Ehe zu retten oder auszusteigen. Sich dem nicht zu stellen wäre Verrat an sich selbst. Dann irren Sie nunmehr als Blinder durch den Dschungel des eigenen Lebens.

Sich selbst zu lieben ist wertvoller als die vorgegaukelte »Sicherheit« Ihrer Beziehung. Wir haben so viel Angst vor dem Alleinsein, dass wir aus Sorge, die Wahrheit zu entdecken, unseren Standard an Liebe immer weiter senken. Es scheint der bequemere Weg, den Lügen des Partners Glauben zu schenken, als der eigenen Intuition zu vertrauen. Wenn Herz, Geist und Seele lebendig bleiben sollen, dann reagieren Sie auf deren Botschaften. Zu ignorieren, was diese Sensoren vermelden, käme innerer Erstarrung gleich.

Wollen Sie lebendig begraben sein? Dann sind Sie untreu zu sich selbst! Und dies wäre der viel größere, ultimative Betrug. Wir reden hier von Treue. Schauen Sie in den Spiegel – kann die Wahrheit vielleicht sein, dass Sie sich selbst betrogen haben?

II. TEIL

FRAGEN, FRAGEN, FRAGEN

13.
Ja, er betrügt – was nun?

Das ist ja wohl recht und billig, der werten Leserschaft nach diesen Schreckenslisten und Tabellen des Grauens auch einen Leitfaden an die Hand zu geben, der Sie wieder aus dem Elend herauskatapultiert. Sicher lechzen Sie nach der Liste, die Sie aus der Hölle zurückgeleitet, aber das wäre mir an dieser Stelle jetzt wirklich zu flach. Denn bevor Sie aktiv werden und Ihre Optionen sortieren, müssen Sie erst einmal ganz persönlich den Betrug akzeptieren lernen.

Wenige Ereignisse im Leben sind so schmerzhaft wie die Tatsache, vom geliebten Partner belogen und betrogen worden zu sein. Die meisten Frauen sind überhaupt nicht in der Lage, mit der Untreue ihres Mannes umzugehen. Dieses Konzept war einfach nicht Teil des Lebensplanes. Schließlich ist dies keine Erfahrung, auf die das Leben und ihre Lieben sie vorbereitet hätten. Der vorgesehene Weg lautete »bis dass der Tod euch scheidet« und »auf immer und ewig«.

Es kommt einem Erdbeben, einer Umweltkatastrophe gleich, wenn wir erleben müssen, dass diese felsenfest geschmiedeten Lebenskonzepte gescheitert sind. Wenngleich wir überall erleben, dass Trennungen vorkommen und man von persönlichen Veränderungen umgeben ist, rechnet doch keine damit, morgen selbst betroffen zu sein. Immer wieder wird der Seitensprung oder eine Affäre als Sache gesehen, die nur den anderen Leuten passiert.

Natürlich hoffen wir alle auf das Beste, aber das Beste ist

in diesem Fall, auf das Schlimmste vorbereitet zu sein! Sie sollten vorgebaut haben und vor Ihrer Investigation immer den Fall durchgespielt haben, wie Sie damit umgehen würden, wenn Sie tatsächlich finden würden, was Sie suchen.

Klären Sie vorher folgende Punkte für sich ab:

- An wen könnten Sie sich wenden?
- Wer kann Beistand bieten?
- Haben Sie Freundinnen / Bekannte, die Ähnliches erlebt haben?
- Haben Sie ein familiäres Sicherheitsnetz aufgebaut?
- Haben Sie Kontakte zu Therapeuten, Familienanwälten, Vertrauten, Eheberatern?
- Können Sie Einkommensverhältnisse und Hab und Gut dokumentieren?
- Wollen Sie die Trennung?
- Wollen Sie den Partner rausschmeißen?
- Sich eine eigene Wohnung nehmen?
- Wollen Sie die Ehe retten?
- Ist Rettung überhaupt noch möglich?
- Ist die Beziehung überhaupt noch wert, darum zu kämpfen?
- Wollen Sie sich arrangieren und zu den Bedingungen des anderen bleiben?
- Brauchen Sie eine Auszeit?
- Was sollte zugunsten der Kinder geschehen?
- Wie gehen Sie mit Emotionen um?
- Wohin mit Wut, Trauer, Schuld, Erniedrigung, Demütigung, Hass, Bitterkeit, Schmerz, Schock, Ärger, Eifersucht und Rachegefühlen?
- Wäre eine einvernehmliche Trennung, die in eine neue Form des respektvollen Miteinanders mündet, denkbar?
- Wäre die Patchworkfamilie eine Möglichkeit?
- Bleiben Sie nur, weil Sie festgefahren sind?

- Lieben Sie Ihren Partner noch, oder brauchen Sie ihn nur?
- Braucht Ihr Partner Sie nur, oder liebt er Sie noch?
- Behandelt Ihr Partner die Kinder gut oder schlecht?
- Können Sie sich in Ihrer Beziehung weiterentwickeln?
- Verspüren Sie Erleichterung, wenn Sie an Trennung denken?
- Ist zwischen Ihnen einfach zu viel passiert?
- Haben Sie weniger Stress, wenn Sie und Ihr Partner gar nicht zusammen sind?
- Würden Sie gehen, wenn Sie wüssten, dass Sie sofort einen anderen finden?
- Ist die Beziehung nur noch eine Last?
- Haben Sie eine Affäre mit jemandem, den Sie unter gar keinen Umständen aufgeben würden?
- Herrscht in Ihrer Beziehung nur noch wenig Vertrauen?
- Haben Sie die Achtung vor Ihrem Partner verloren?
- Steht zwischen Ihnen und Ihrem Partner eine trennende Mauer?

Wie gesagt: Fragen über Fragen! Und hier kommen die Antworten:

Es gibt in der Tat Millionen von Männern, die nach so einer Enttäuschung oder gar im Scheidungsverfahren ihre eigenen Frauen nicht mehr wiedererkennen. Ein Trauma verändert Menschen – nicht immer zum Besten –, und enttäuschte Liebe macht Frauen nicht selten zu Furien.

Am schlimmsten flippen natürlich diejenigen aus, die ein ganzes Leben lang nur auf einen Mann fixiert waren. Berufstätige, langjährige Singlefrauen, die das Auf und Ab menschlicher Bewegungen und die harte Realität des Datens kennen, die beobachten, wie verheiratete Kollegen immer nebenher etwas laufen haben, sind da abgeklärter. Aber die andere Art Frau identifiziert sich über den Partner – er symbolisiert Selbstwert, sozialen Rang, Aufstieg und Anerkennung in der Gesellschaft. Eine solche Frau in Abhängigkeit verliert vor sich selbst alles, wenn die Bombe platzt. Ein Leben in Würde ohne einen Mann mit Rang und Namen ist für sie undenkbar.

Auch heute noch gibt es jede Menge von Frauen, denen das Leben ohne ihren Partner wertlos scheint. Klar, dass dies mit Ängsten einhergeht, aus denen Wut und Hass erwachsen. Wenn die Beziehung wegbricht, gehen bei solchen Frauen auch alle anderen Wertmaßstäbe flöten: Die Kinder werden ausgespielt und gegen den Vater aufgehetzt, das Umgangsrecht wird verweigert, und der letzte Pfennig wird für sinnlose Prozesse verspielt. Der Hass auf den Partner wird quasi zum Job. Alles andere ist dann egal. Ziel ist es, das Gegenüber zu vernichten, fertigzumachen und bis ans Ende seiner Tage zu ruinieren.

Fest steht, dass Sie sich für diesen Weg *nicht* entscheiden sollten. Wenn die geneigte Leserin dennoch dazu tendiert, dann ist sie leider beratungsresistent.

Zu gerne würde ich jeder Frau, die blind und unvorbereitet in eine Trennung stolpert, klarmachen, dass eine Affäre nicht automatisch bedeutet, dass die Ehe vorbei ist. Viele Verbindungen haben in der Vergangenheit Affären durchgestanden. Aber auch so manche Dauer-Geliebte hat mehrere Ehen überdauert.

Eine Affäre ist immer ein Meilenstein und ein Wendepunkt für eine Beziehung. Sie bietet die Chance zu korrigieren, was in der Verbindung fehlgeschaltet ist und sich als zersetzend eingeschlichen hat. Es gibt sogar Verbindungen, die an Affären gewachsen und erstarkt sind. Genauso gibt es natürlich Partnerschaften, die so ausgehöhlt waren und nur noch äußerlich funktionierend bestanden, dass die Affäre der letzte, willkommene Todesstoß war, um eine lange überfällige endgültige Entscheidung zu treffen.

Nicht alle Ehen können gerettet werden. Wenn Ihre Verbindung in diese Kategorie fällt, geht es wohl eher darum, die nötigen Schritte einzuleiten und sich auf das Ende statt auf die Reparaturen einzustellen. Und auch wenn eine Beziehung endet, wird Ihr Leben weitergehen. Es wird Zeit brauchen, aber Sie können für sich selbst ein neues Leben aufbauen und vielleicht wie so manch glücklich Geschiedene im Rückblick sagen: »Die Trennung war das Beste, was mir passieren konnte. Erst danach bin ich wirklich ich selbst geworden, mir war gar nicht klar, wie sehr wir uns verbogen haben!«

Es geht bei all den Varianten, die Ihre ganz persönliche Entscheidung ausmachen, um Grenzziehungen, um Abwägungen und um die Möglichkeit, sich selbst und Ihren Partner wirklich kennenzulernen.

Zu Zeiten, in denen Sie im siebenten Himmel waren und alles eitel Sonnenschein war, ist es ein Leichtes, das Bild vom Traummann oder der Traumfrau aufrechtzuerhalten. Aus welchem Holz Menschen aber wirklich geschnitzt sind, das zeigt sich erst in Krisensituationen, am Arbeitsplatz wie auch im Privatleben. Sie werden auf jeden Fall nicht nur den Partner, sondern auch sich selbst besser kennenlernen, wenn Sie mit einer solchen Situation umgehen müssen. Vielleicht stoßen Sie beim Partner auf eine Engstirnigkeit und Kälte, die Sie so noch nie in ihm vermutet haben.

Die Art, wie Sie die Situation an allen Fronten bewältigen, dürfte im Nachhinein an seinem und Ihrem Charakter keinen Zweifel mehr lassen. Und auch der Dritte im Bunde steht vor Entscheidungen. Der Moment des Outings positioniert die Nebenbuhlerin neu. Es gibt Frauen, die aus Überzeugung nur Geliebte sein wollen und die Sache von sich aus beenden, weil der Partner plötzlich mit gepackten Koffern auf der Matte steht.

Seien Sie sich klar darüber, dass Ihnen nach der Entdeckung des Treuebruchs noch die gewaltige Aufgabe der Konfrontation bevorsteht. Wie konfrontieren Sie überhaupt Ihren Partner? Bevor Sie die Gegenüberstellung herbeiführen, sollten Sie unbedingt entschieden haben, was Sie wollen.

Egal welche Konsequenzen Sie auch ziehen, es wird nicht leicht werden! Erwarten Sie keine Ergebnisse über Nacht.

Immerhin haben Sie als die Betrogene den strategischen Vorteil, in der Offensive zu sein, sich nicht verteidigen zu müssen und Informationen zu besitzen. Diese sollten Sie im Übrigen nur wohldosiert durchscheinen lassen. Ganz einfach um zu beurteilen, inwieweit Ihr Partner für sein Handeln Verantwortung übernimmt, oder um sich zu vergewissern, wie abgebrüht er weiterhin um den Finger wickelt. Das sind dann so bekannte Ausflüchte wie »sag mir, wie du das beweisen willst, bevor ich irgendetwas zugebe!«

Nicht selten verläuft eine wohldosierte Konfrontation so, dass die Betrogene erleben muss, wie sehr der Übeltäter mit allen Wassern gewaschen ist und selbst noch in der Stunde der Entlarvung abgebrüht seine weiße Weste verteidigt. Ziel des Entlarvten ist es, die Kraft und Geschlossenheit Ihres Wissens und Ihrer Beweise zu bewerten, um danach zu entscheiden, was ihm als Ausfluchtmöglichkeit noch bleibt.

Rechnen Sie aber auch damit, dass Ihr Partner nicht nur diese Affäre gesteht, sondern in der Flucht nach vorn gleich auch alle anderen, von denen Sie gar nichts wussten, und obendrein noch jene, die er niemals gehabt hat. Vielleicht will dieser Mann schon lange weg und hat die Trennung innerlich schon vor vielen Jahren vollzogen, dann dürften Ihre Bemühungen, die Verbindung zu retten, bloße Zeit- und Energieverschwendung sein.

Welches Stündlein auch immer geschlagen hat, was nach der Aufdeckung folgt, ist erst mal die Enttäuschung – Ihre ganz persönliche Katastrophe. Im nächsten Schritt erfolgt die Konfrontation. Nach der Konfrontation erst ziehen Sie Ihre Konsequenzen. Und nach Katastrophe, Konfrontation und Konsequenz beginnt die Heilung.

Doch bevor Sie dieses Aufarbeitungspensum absolvieren, sollten Sie herausfinden, warum es passiert ist, wie es so weit kommen konnte und welche Form des Fremdgängers Sie da überhaupt an Ihrer Seite haben. Die Art der Affäre, die Ihr Partner hinter Ihrem Rücken unterhält, ist das Fundament, auf dem Sie Ihre weiteren Entscheidungen aufbauen. Sie kämpfen einen Kampf gegen Windmühlen, wenn Sie meinen, einen zwanghaften Fremdgänger bekehren zu können – insbesondere wenn Sie dieses Verhalten jahrelang geduldet haben.

Egal wie lange Ihre Verbindung auch bestand, lernen Sie Ihren Partner endlich richtig kennen! Betrachten wir also, was der Herrgott unter den seitenspringenden Kindern Gottes so alles an Verzerrungen hervorgebracht hat.

14.
Fremdgehtypen unter der Lupe

Die notorischen Fremdgänger
Es ist ein verdammt hartes Päckchen für Frauen, die ewig
Betrogene zu bleiben, verlacht und verspottet, weil der
Mann es als sein persönliches Recht erachtet, alles anzu-
graben, was er abgreifen kann. Und jeder schaut dabei zu
und weiß Bescheid! Der Schürzenjäger hält sich für Gottes
Geschenk an die Frauen und meint, seine persönliche Freiheit auch in einer festen Verbindung stünde ihm zu. Und
als wäre dieses Dilemma noch nicht groß genug, so sind
die notorischen Fremdgeher sogar erfolgreich und begehrt
bei Frauen – und natürlich hat so ein Prachtexemplar von
Mann gar kein Interesse daran, sich diese Erfolge zu ver-
kneifen. Erobern, Flirten und Seitensprünge gehören für
derlei Platzhirsche einfach zu einem lustvollen, intensiven
Leben dazu.
Schürzenjäger sind wunderbare Liebhaber und Verführer,
aber ein Albtraum als Ehemann. Sie sagen im Brustton
der Überzeugung, als wäre es das Normalste der Welt:
»Ich kann mich einfach nicht daran gewöhnen, dass jeden Morgen das gleiche Paar Füße unter der Bettdecke
herausschaut.« Aufrichtigkeit Frauen gegenüber kennen
solche Männer nicht. Und genauso unerwartet, wie sie
aufgetaucht sind, so abrupt verschwinden sie wieder. Die
Frauen können gar nicht begreifen, was geschieht, da der
notorische Fremdgänger immer im Begriff ist weiterzuzie-
hen. Er ist ein Profi im Fremdgehen und hat jahrzehntelan-
ge Übung darin, Frauen zu belügen und zu hintergehen.

Gemein und grausam, wie das Konzept des lieben Gottes nun mal ist, der Theologe würde es eher als Herausforderung bezeichnen, sind diese heillosen Fremdgänger meist auch noch attraktiv, unwiderstehlich, charmant, großzügig und humorvoll. So wie richtige Arschlöcher nun mal sind: abgebrüht nach Strich und Faden. Und Frauen fallen nur zu gerne darauf rein. Und bis eine feststellt, dass ein Mann ein Arschloch ist, ist sie ihm schon verfallen. Diese ausgemachten Flachleger wissen genau um ihre Wirkung. Und sie können obendrein auch noch gut tanzen! Und sie haben Humor! Da ist man doch machtlos als Frau!

Zu Hause haben sie ihre sichere Burg, Frau, Kinder, die nach außen hin heile Welt. Aber es ist ein Lügenkonstrukt. Denn wenn diese Welt heil wäre, würden sie nicht fremdgehen. Überall suchen solche rastlosen Playboys das Abenteuer. Das Leben ist schließlich voller Möglichkeiten, packen wir zu. Wer einen notorischen Fremdgeher zu Hause hat, der muss wohl oder übel das Wegschauen lernen – oder sich gleich trennen. Ändern wird man diesen Typ Mann nie. Man kann froh sein, wenn keine Kuckuckskinder dabei abfallen.

Allerdings bleiben solche Kerle auch ihrer Geliebten nicht lange treu. Eher sind die Notorischen große Freunde des One-Night-Stands oder der Kurzaffären. Die ganz Abgebrühten knöpfen sich gern verheiratete Frauen vor. Weil die ihnen nicht so auf die Pelle rücken wie eine Single, die auf der Suche nach was Festem ist. Da sind sich zwei Seitenspringer von Hause aus einig, dass die Wochenenden der Familie gehören. Zur Not wird der Quickie auch gern mal in der Mittagspause, auf dem Konferenztisch oder spontan zwischen zwei Sitzungen absolviert. Jedoch geht mit der Zeit der Kick der Eroberung verloren, und die willige Beischläferin gehört bald zum alten Eisen, weil Frischfleisch hermuss.

Diese typischen Latino-Aufreißer nehmen einfach alles mit,

was ihren Weg kreuzt. Hauptsache willig und weiblich. Sie hängen nie ihr Herz an diese Affären – ist doch »nur« Sex – und verstehen deshalb auch nicht, was daran so schlimm sein soll. Nimmt doch der Ehefrau nichts von ihrer Vormachtstellung. Wer als Geliebte oder Gelegenheitsaffäre sein Herz an einen Notorischen verschenkt, der wird nur Liebeskummer ernten. Binden oder auch nur verlieben will sich der Notorische nicht, jedenfalls nicht an *noch* eine Frau. Und die Stelle der Ehefrau ist ja bereits besetzt. Und wissen Sie, was diese Typen als Philosophie vor sich hertragen? »Wenn ich mal geschieden bin, dann heirate ich nie wieder – das war der größte Fehler meines Lebens, meine Freiheit aufzugeben! So dumm kann man nur einmal sein!« Shame on you!

Die Zwanghaften
Es gibt Männer, die baggern alles an, was nicht bei drei auf den Bäumen ist. Nicht weil ihnen das so viel Spaß macht oder weil sie dabei so verdammt viel Erfolg haben – sie können einfach nicht anders. Bei denen gehört es zum Programm. Die sagen sich eiskalt: »Wenn ich zehn Weiber angrabe, wird eine dabei sein, die's macht!« Sie sind so komplexbeladen, so voller Minderwertigkeitsgefühle, dass sie sich nach außen permanent ihrer Männlichkeit versichern müssen. Egal wie die Beute aussieht. Das sind solche, die in Internetforen schreiben: »Alter und Aussehen egal.« Guckt mal, was für ein testosteron-gesteuerter Hecht ich bin! Solche Typen sind Grabscher, Schleimer, Perverslinge und ekelhaft. Und alle fragen sich: Wie hält das seine Frau nur mit ihm aus – wo der doch jedem Rock hinterhersabbert?
Über die Zwanghaften lässt sich nur etwas Gutes sagen: Meistens sind sie treuer, als ihnen lieb ist. Weil fast nie eine Frau auf sie hereinfällt. Und sie so unattraktiv sind, dass jede Frau es sich dreimal überlegt, ob sie da mitmachen soll. Daher ist leider Gottes diese Abteilung sehr in der

anonymen Welt der Chatrooms unterwegs. Natürlich mit gefälschter Identität. Bah!

Die Verführten

Die Passivsten von allen sind die Verführten. Diese Männer sind so sanft, so schüchtern, so still, dass sie niemals von sich aus auf eine Frau zugehen würden. Sie müssen förmlich ins Bett gezerrt werden. Natürlich agieren sie nach außen hin als »treu«. Wer aber als Frau deshalb denkt, man könnte sich dieses sanften Lammes bis in alle Ewigkeit sicher sein, der irrt gewaltig. Denn die Verführten lassen sich durchs Leben treiben. Sie docken da an, wo bereitwillig eine willige Stute die Beine breit macht. Sie gehen einfach mit. Weil halt eine da war, die nicht lockergelassen hat. Auf manche Frauen wirkt das sexy. Und deshalb muss nur eine wild Entschlossene kommen, die genug Ausdauer hat, den Verführten erneut zu verführen.

Und das Schlimmste: Er wird hinterher immer sagen: »Ich konnte nichts dafür. Ich wollte ja gar nicht, es war Schicksal. Ich bin da so reingerutscht. Ich wollte nicht unhöflich sein und konnte sie nicht abwimmeln. Die ist mir halt auf die Pelle gerückt. Sie hat sich mir an den Hals geschmissen.« Schuld sind immer die Frauen!

Das sind auch gerne die Männer aus der Abteilung, die dann der Affäre gegenüber nach monatelangem Techtelmechtel behaupten, »da war doch gar nichts«. Oder Frauen schwängern und dann so tun, als wüssten sie nicht, wie das Kind überhaupt entstehen konnte. Eigentlich sind diese Passiv-Seitenspringer an den Affären gar nicht beteiligt. Sie sind nicht vorhanden. Sie sind Looser, die jede Menge tolle Ideen im Kopf haben, aber keine Kohle, keinen Job, und die garantiert eines Tages an einer Überdosis Hustensaft sterben werden. Es sind Softies, Kuschelbärchen und ganz liebe Kerle, die eigentlich nur spielen wollen. Ihnen fehlt der Pep und das Charisma des Latino-Fremdgängers, und wahllos wie die Zwanghaften sind sie auch nicht.

Aber wenn sich eine Gelegenheit ergibt, sind sie prinzipiell willig. Könnte ja das letzte Mal sein, dass eine fragt. Da lassen wir uns doch so ein Schnäppchen nicht entgehen.

Die Swinger

Offene Beziehung? Spaß zu dritt? Die Swinger reden ganz offen darüber, dass ihnen zu Hause mit der Ehefrau langweilig ist. Sie thematisieren öffentlich, dass die Reizfrequenz dringend erhöht werden muss. Und um das Fremdgehen zu legitimieren, nehmen sie einfach die Partnerin mit, beziehen sie ein, und dann ist erwartungsgemäß Polen offen. Aber eins muss man ihnen lassen: Sie lügen nicht!

Im Organisieren ihrer Triebhaftigkeit sind sie ganz groß. Da wird der Seitensprung zum Projekt gemacht. Swinger verfügen nicht nur über Informationen und Pornofilme, sondern sie haben Netzwerke. Da gibt es Events und Mitgliedschaften, Regeln, Clubs und Teilnahmebedingungen – dadurch wird der Seitensprung sozusagen amtlich geregelt. Der Einstieg erfolgt meist über launige Vorschläge: »Lass uns doch mal deine beste Freundin fragen, ob die nicht Lust auf einen Dreier hat.« Wer sich dafür nicht so richtig erwärmen kann, gilt als Spießer. Und ist dann im Weltbild des Mannes sozusagen selber schuld, wenn er seine Bedürfnisse irgendwann ohne die Ehefrau auslebt. Dann heißt es: »Ich hab dich ja gefragt, aber du wolltest ja nicht!«

Viele Frauen beißen deshalb in den sauren Apfel und lassen sich zu Besuchen in Swinger-Clubs breitschlagen. Da stehen sie dann in schlechtsitzender schwarz-lila Versandhaus-Unterwäsche und säuerlichen Mienen in irgendwelchen umgerüsteten Vorstadtreihenhäusern oder Sexclubs, essen Kartoffelsalat vom Pappteller und versuchen, die liberale Sexbombe zu geben, während der Kerl unentwegt nach den anderen Frauen schielt. Und wenn sich tatsächlich mal eine Gelegenheit ergibt, dann muss beim Partnertausch ja auch die mitgeschleifte Frau auf den Mann der anderen Lust haben. Gut, sie wird wahrscheinlich ein Auge zudrücken und sich sagen: »Na ja, zwar nicht ganz mein Fall, aber wir wollen mal kein Spielverderber sein«, und wohl oder übel stillhalten. Aber auch im Swinger-Club gibt's ein »danach«. Manch eine Frau hat dadurch, dass sie zu einem anderen Mann Kontakt hatte, erst richtig Lust gekriegt auszusteigen. Wie soll das werden, wenn besagter Deckhengst sie beim nächsten Mal dann keines Blickes würdigt? Und was, wenn das ganze Spektakel in einer mühseligen Angelegenheit endet, die sich hinzieht, ohne den heißersehnten Kick zu bringen?

Wenn alle am Baggern und Schielen sind und die Orgie zum Normalfall wird, kann der Weg zum Höhepunkt eine verdammt steinige Angelegenheit werden. Und nicht vergessen: Es laufen in diesen Clubs keine Hollywoodstars oder Pornoqueens herum, sondern dieselben Leute, die sich ansonsten im Anorak durch die Fußgängerzonen schieben. Da muss man mit sehr vielen Eindrücken vorliebnehmen, die man eigentlich als völlig überflüssige Stimulationsreize bezeichnen könnte.

Die Chatter

Sie machen es meistens ohne Anfassen – aber dafür um so hemmungsloser! Früher gab's nur heimlichen und teuren Telefonsex, mit dem diese Sorte Männer auf Abwege geraten konnte, und spätestens bei der nächsten Telefonrechnung war der Ärger vorprogrammiert. Aber seit es das Internet gibt, drehen die Männer komplett am Rad. Sie wissen einfach nicht, wo Schluss ist – sie sind süchtig.

Für sie ist das Netz sozusagen der unversiegbare Nachschub, die dauernde Gelegenheit, wie ein Besuch an einem FKK-Strand, an dem sich nur hübsche Frauen tummeln. Wie soll man da treu sein, mit dem, was millionenfach an Stimulation direkt frei Haus auf einen einprasselt? Es warten doch Legionen von Frauen nur darauf, dass man sie anklickt.

Der internetsüchtige Chatter kennt alle Schlupfwinkel des Netzes: die kostenpflichtigen Portale, wo sich Mädels zu Hause auf der Couch räkeln und auf Anweisungen reagieren, die Nackten-WGs, die Nackt-Putzer, die Hardcore-Seiten, die Online-Erziehung, die Online-Affären und dazu die entsprechenden Sex-Chatrooms. Und immer gibt es wieder was Neues zu entdecken. Deshalb sitzt dieser Typ Mann auch dauernd vorm Rechner – und checkt die Lage. Und wenn man ihm auf die Schlichte kommt, wird er sagen: »Da war doch nichts, ich hab doch am PC gesessen und gearbeitet!«

Ich finde, es ist nicht das, was Lust, Liebe und das Leben sein soll!

Die Fassadenmänner

Die Fassadentypen sind die, die in der Falle sitzen, wegen Haus / Geschäften / Geld / Verpflichtungen nicht mehr ausbrechen können aus ihrem Leben und ihrer Ehe. Da liefert die Frau die Grundausstattung fürs Überleben. Praktische Motive halten das Paar zusammen. Sehr verbreitet in konservativen Kreisen und unter Leuten, die sich der Tradition verpflichtet fühlen.

Es sind Paare, die den Eckdaten nach zusammenpassen, nach außen dekorativ dastehen und oft zusammen auftreten müssen, z. B. in der Politik, in der Wirtschaft und in der Gesellschaft. Aber in Wahrheit spielen sie längst nicht mehr im selben Team. Finanzielle Sicherheit ist die Ressource, die sie nicht mehr ersetzen können. Da bleibt man dann eben am Ende zusammen, damit man nicht die Mitgliedschaft im Golf Club Starnberger See verliert. Es würde einfach zu viel Wirbel machen, sich zu trennen.

Komischerweise werden in diesen Konstellationen aber Trennungen ratzfatz abgewickelt, wenn man sich verbessern kann! Und unfairerweise wird dem Sitzengelassenen genau dieses Fassadenglück zum Vorwurf gemacht: »Du musst doch zugeben, dass die letzten sieben Jahre ein einziger Krampf waren. Wir haben uns doch beide verbogen, jetzt mach bloß keinen Stress!« Wahrscheinlich können sich solche Paare nur aushalten, wenn sie mit Psychodrogen eingestellt sind oder an der Champagnerflasche hängen. Dieses Gefühl von innerer Leere deutet auf die Sehnsucht nach etwas hin, das sie innerhalb der Beziehung nicht finden. Aber Hauptsache, die äußere Form wird gewahrt. Was unter diesem Deckmantel der Bourgeoisie läuft, ist völlig egal: südamerikanische Models, Bordellbesuche mit Geschäftsfreunden oder auch mal kleine Jungs aufs Zimmer bestellen, die Drogen gleich auch noch dazu, das schafft Abhilfe, wenn man mal ausbricht. Mal eben vier Tage Paris dazwischenschieben für die erotische Reanimation. Aber wehe, wenn sich einer doch mal in eine russische Prostituierte verliebt oder den polnischen Babysitter, das hat's alles schon gegeben, dass solche Männer mit 60 plötzlich eines schönen Tages sagen: »Jetzt werden Nägel mit Köpfen gemacht, und ich fang nochmal von vorne an.« Da schaut dann die Sitzengelassene dumm aus der Wäsche, weil der Ast, auf dem sie sitzt, einfach wegbricht.

Die Midlife-Crisis-Typen

Irgendwann bemerken Männer mit Schrecken, dass die Knie anfangen einzurosten, der Bauch von Jahr zu Jahr dicker, das Erinnerungsvermögen schwächer und die Stirne immer höher wird. Und auch um die sexuelle Standfestigkeit war es früher deutlich besser bestellt. Wenn sie ehrlich wären, müssten diese Männer zugeben: »Mensch, ich werd langsam alt. Was war ich doch für ein doller Hecht, und jetzt muss ich den Weibern fast schon mit der Krücke nachwinken, statt ihnen in den Po zu kneifen.«
Was sie stattdessen tun, weiß jedes Kind: Sie kaufen sich schnelle Autos, dazu alberne Outfits, die sie vermeintlich jugendlicher wirken lassen, sie lassen sich den Hintern liften – und baggern an jungen Dingern rum, die man mit

Geld und PS noch beeindrucken kann. Man schwingt sich auf die Harley-Davidson und will es nochmal wissen. Gott sei Dank gibt's Viagra. Das gibt Männern die Möglichkeit, mit Mitte 40 die Pubertät nachzuholen.

Wenn die Frau im Hintergrund zu der Sorte gehört, die zu einem Seitensprung sagt: »Das würde ich dir nie verzeihen«, dann ist die Midlife-Crisis genau das, was das Fass zum Überlaufen bringt. Frauen sollten Männer in dieser kindischen Phase mit Humor betrachten. Aber wahrscheinlich ist die Affäre dann nur noch das i-Tüpfelchen vieler ungelöster Konflikte, die unter den Teppich gekehrt wurden. Oder Männer bleiben an diesem Punkt stehen und gründen eine Zweitfamilie – es ist wirklich beunruhigend, womit man als Frau jederzeit rechnen muss. Die vorbildlichsten Familienväter haben schon einen Rappel gekriegt und ein völlig alternatives Leben aufgebaut, nur um der schwindenden Potenz ein Schnippchen zu schlagen. Es ist die Phase, in der sich Männer fragen: »Kann ich mit meiner Partnerin/Frau wirklich alt werden? Gäbe es nicht noch Alternativen?«

Die Romantiker

Es ist schwer zu sagen, wer hier in dieser Liste des Schreckens schlimm und wer am schlimmsten ist. Auf jeden Fall gehört die Sorte »Romantiker« zu einer der perfidesten. Denn diese Männer lieben nicht ihre Frau, sie lieben das Gefühl, verliebt zu sein! Wahrscheinlich haben sie damals, als sie um ihre Ehefrau warben, die verrücktesten Dinge gemacht: 100 000 Luftballons mit dem Hubschrauber abgeworfen, spontane Reisen nach Paris organisiert, mit Millionen Rosenblättern ihre Wohnung dekoriert usw. Man darf das als Frau auf keinen Fall falsch verstehen oder sogar auf sich persönlich beziehen. Die Romantiker lieben einfach diesen irren Kick der Verliebtheit. Das Problem: Der Kick ist dann auch schnell wieder weg, wenn die Beziehung erst mal angefangen hat. Also suchen sie den nächsten Kick. Manche tun das nicht mal bewusst. Kaum gehen sie zum Bäcker oder durch den Park spazieren, schlägt auch schon wieder der »Blitz« bei ihnen ein: Da braucht nur 100 Meter weiter eine neue Frau vorbeizulaufen, auf die der Romantiker wieder alle seine Wünsche und seine Liebe projizieren kann. Bloß weil die Dame einen Hund an der Leine hatte und man über ein »Wie alt isser denn?« ins Gespräch kam.

Besondere Verbreitung findet diese Gattung in Berufen, bei denen der Kick zum Alltag gehört: Börsenmakler, Finanzexperten, Rennfahrer, Filmschauspieler, Piloten, Rockmusiker ... Skilehrer wahrscheinlich auch!

Skeptisch werden sollte man als Frau schon dadurch, dass die Verliebtheit dieser Romantiker immer inszeniert ist, wie ein Theaterstück also, und wen wundert's dann eigentlich, dass dieses Drama in 3 Akten, wenn der Vorhang fällt, nicht das wahre Leben gewesen war?

Die Verstohlenen

Die Verstohlenen machen die größte Gruppe aus! Sie sind weder muntere Casanovas noch verklemmte Grabscher. Sie sind nette Kerle – nett zu ihren Frauen, nett zu ihren Kindern. Und weil sie so nett sind, lehnen sie auch das Fremdgehen eigentlich moralisch ab. Sie finden es unmöglich, was dieser Kollege da mal wieder mit seiner Frau und der blonden Praktikantin laufen hat. Sie lästern sogar gerne über andere Männer ab, die Affären haben. Und sind selbst keinen Deut besser! Aber die Fremdgeherei der anderen unmöglich zu finden und Verachtung darüber zu äußern ist zu Hause natürlich das beste Alibi! Was sie in den Augen anderer Frauen obendrein sogar noch sympathischer macht. Ganz schön durchtrieben eigentlich!

Trotzdem sind die Verstohlenen natürlich keine Heiligen, und wenn die Beziehung zu Hause erlahmt ist und die neue Kollegin einfach nur süß und witzig, dann werden die Verstohlenen eben doch gerne mal schwach. »Zufällig stand die am Flughafen und wollte auch nach München aufs Oktoberfest«, heißt es dann. Und: »Keine Ahnung, dass die zur selben Zeit am selben Ort im gleichen Hotel Skiurlaub gemacht hat!« »Die ist in Trennung, da hat sie sich bei mir ausgeheult, und ich hab sie halt getröstet!«

Bei den verstohlenen Softies wird aus einem Augenzwinkern schnell eine ganze Nacht. Und aus der Nacht eine Daueraffäre. Und aus der Affäre dann ruck, zuck ein ganzes Parallelleben. Weil die Verstohlenen nicht Arschloch genug sind, die Geliebte ganz schnell wieder eiskalt abzuservieren. Und erst recht nicht das Rückgrat haben, Konsequenzen zu ziehen. Weil sie »an die Familie und die Kinder denken«. Weil sie doch die Angetraute »niemals verlassen würden!«, eben weil sie im Grunde Gutmenschen sind. Fremdgehende Gutmenschen. Es ist die Abteilung Mann, die, ohne mit der Wimper zu zucken, die Zweitfamilie unterhält, die Geschwängerte nicht im Stich lässt, es allen recht machen will und schwuppdiwupp ein Doppelleben am Hals hat.

Diese Kandidaten überlassen Entscheidungen im Privatleben gerne dem Zufall! Das sind genau jene, die durch Freud'sche Fehlleistungen und »blöde Zufälle« selbst dafür sorgen, dass die Bombe platzt. Aber sie machen nicht Schluss – sie spielen ihr Spielchen so lange, bis sie verlassen werden, und schaffen es, obwohl sie fremdgehen, noch, das Opfer raushängen zu lassen. Es sind solche, die nach der ersten Nacht mit der neuen Freundin sagen: »Jetzt hast du einen Betrüger aus mir gemacht!«

Wenn man als Frau einen Verstohlenen zu Hause hat, dann ist Vorsicht geboten: Vorsicht vor zu viel Stunk. Vorsicht vor zu viel Routine, Vorsicht vor zu viel langer Leine. Man darf den Verstohlenen einfach so wenig Gelegenheiten wie möglich geben. Das macht einen schnell zur Beobachterin, schürt Misstrauen und löst Kontrollzwang aus.

Andererseits sind Verstohlene mögliche Aspiranten für die Option einer Patchworkfamilie, weil sie insgeheim davon

174

träumen, dass die Frauen sie verstehen wie einst Mutti und es allen Beteiligten gut gehen soll. Da sitzt man dann als Frau mit der Nebenbuhlerin im Urlaub im Strandkorb und blinzelt zufrieden in die Sonne, während die Bastarde um einen herumkrabbeln und alle die Idee haben, das schönste wäre doch Liebe zu dritt! Jeder soll jeden lieb haben! Eine Utopie, das!

Die Seitenwechsler
Das Gegenteil der sprunghaften Romantiker sind die Seitenwechsler. Diese Sorte Mann ist selten, kommt aber dennoch in den besten Familien vor. Es sind die, denen man wirklich den wenigsten Vorwurf machen kann. Sie haben 15 Jahre lang für Frau und Kinder gesorgt, nie rechts und links nach anderen geschaut, waren immer nett und lieb und treu, wenn auch nie besonders an Sex interessiert. Die Liebe war eher eine beständige Glut als ein loderndes Feuer. Und dann wachen sie eines Morgens auf und sagen ihrer Frau: »Du, ich bin schwul.« Oder: »Du, ich lebe im falschen Körper, ich bin eigentlich eine Frau.« Oder: »Du, das war mit uns doch alles ein Irrtum!«
Dann zählen die Kinder und alle gemeinsamen Erinnerungen plötzlich gar nichts mehr.
Meistens leidet der Seitenwechsler dabei am meisten von allen – darum hat er ja so lange versucht, diese Gefühle zu unterdrücken, um seine Familie nicht zu zerstören. Heimlich hat er aber vorgebaut, da war die letzten Jahre/Monate eine, die irgendwie schon immer da war. Denn gerne greifen solche Männer auf Frauen zurück, die sie ewig kennen, auf Freunde der Familie oder Jugendfreundinnen. Da werden Affären, die »damals« abgerissen waren, und Romanzen, die nie zu Ende gelebt wurden, plötzlich zur Vollendung gebracht. Und als Verlassene guckt man dumm aus der Wäsche.
Typisch ist bei solchen Konstellationen aber, dass die Entfremdung und Distanzierung der Partner sich schleichend

175

angebahnt hat und sich dann wie Kalkfraß plötzlich Bahn bricht. Man hat eben nie über das gesprochen, was nicht sein sollte. Darum lügen jene Frauen, die sagen: »Er hat mich von heut auf morgen verlassen.« Nein, das stellt sich nur so dar – er ist ganz einfach viel zu lange geblieben, obwohl er innerlich längst weg war.

Die Milliardäre

Sämtliche Eigenschaften der bereits genannten Abteilungen vereinen sich bei den Milliardären in einer einzigen Person. Milliardäre dürfen alles. Wenn sie dazu noch relativ erträglich aussehen oder zufälligerweise sogar attraktiv sind, dann reden wir praktisch von Charaktermutanten. Sie als Frau sollten damit auch professionell umgehen – nach dem Motto »take the money and run«. Treue auch nur zu erwarten wäre wirklich dumm und naiv. Wie sollen solche Männer auch standhalten können, wenn perfekt getrimmte Schönheiten sich permanent aufdrängen?
Nehmen wir ein Paradebeispiel: Howard Hughes, der amerikanische Zeitungsmogul, war nicht zufrieden, solange er nicht am selben Abend Parallel-Dates mit zwei (neuen!) Frauen laufen hatte. Und diese zu beschaffen war ein hoch vertraulicher Job seines persönlichen Assistenten! Die Damen wurden in separate Suiten auf unterschiedlichen Etagen desselben Hotels oder Anwesens gebracht. Unter dem Vorwand, bedeutende Geschäftstermine abwickeln zu müssen und Telefonate zu führen, pendelte Mr. Hughes der Erste zwischen den Etagen und den Gespielinnen. Von denen jede annahm, zumindest für eine Nacht die absolute Herzensdame zu sein! Er benutze Golf Caddies als Shuttle Service und versorgte und bediente die beiden Frauen abwechselnd. Wenn das einen Mann nicht fit hält!
Extrem erfolgreiche Männer haben eben auch extreme Beziehungen oder Vorlieben – da herrscht eben ein intensiverer Erregungspegel an sämtlichen Fronten. Solche Män-

ner verfügen über zahllose Identitäten, Variationen ihres Namens, Telefonnummern, Adressen, Flugzeuge, Residenzen und Helfer und sind prinzipiell immer unerreichbar. Sie sind nicht uncharismatisch. Ihre Umgangsformen haben sie perfektioniert, und Frauen raffiniert zu umgarnen, haben sie zur Kunst erhoben.

Frauen, die Milliardäre an der Angel haben, finden das ganze Spektakel und die Bedingungen berauschend und sind willens, mit den On- und Off-Gegebenheiten, der Verfügbarkeit auf Abruf und dem Harem, dessen Teil sie sind, klarzukommen. Sind sie aber in den Mann verliebt? Natürlich nicht! Sie lieben die Aura des Geldes, den Glamour des Lebensstils und die Macht der Magnaten. Sie sind süchtig nach den Insignien des Luxus, und letztendlich ist es nebensächlich, wie der Freier nun aussieht oder was er so von sich gibt. Wenn er fett ist, sagen sie: »Er ist so witzig« oder »Er hat ein Herz aus Gold«. Und immer spielen sie der Welt vor, dass es ihnen überhaupt nicht um den Rolls-Royce, das Chalet in St. Moritz, die Yacht vor St. Barth und die Residenz in Nizza geht.

Es sind dies die ungeschriebenen Gesetze des Jetsets. Wer da gelandet ist, soll die Klappe halten und mitspielen oder nach Hause gehen und wieder mit der S-Bahn zur Arbeit fahren. Aber er soll nicht nach echten Orgasmen, Herzenswärme, Seelenfrieden oder gar nach einer so unsäglichen Forderung wie Treue schreien. Man sollte in dieser Position überhaupt ganz aufhören, Fragen zu stellen. Das ist im Leben manchmal wirklich das Klügste.

15.
Konfrontation – die Stunde der Wahrheit

Wenn die Konfrontation also unumgänglich und nicht mehr aufschiebbar ansteht – sei es mit dem Ziel, auf einen neuen Anfang zu plädieren oder um die Koffer zu packen –, gilt es, die für Sie produktivste Strategie zu wählen. Man will sich ja nicht aufregen, und dann war alles für die Katz.

Die umsichtige Planung fängt schon mit dem Wann, Wo und Wie an. Auseinandersetzungen am Telefon torpedieren Ihre weiblichen Wahrnehmungen: Sie schwächen Ihre Position, weil Sie die Signale und Reaktionen wie Körpersprache, Erröten, Nervosität usw. gar nicht werten können. Ebenso verspielen Sie als Angreiferin die Möglichkeit des Körperkontaktes, einer spontanen Berührung oder des Trostes. Schön dumm, einfach den Übeltäter anzurufen und in den Hörer zu schreien, was er für ein Schwein ist, nach dem Motto »Ich weiß jetzt alles!«. Dies wäre nicht nur eine wirkungslose Form, sondern es ist emotional und körperlich unnatürlich, nicht physisch anwesend zu sein, wenn es um existenzielle Gefühle geht.

Ebenso sollten Sie vorerst auf Attacken verzichten. Er ist doch eh in der Defensive und praktisch der Angeklagte. Wenn Sie zur Tür hereinmarschieren und kreischend um sich schlagend die Furie geben, dann zieht er sich zurück und erzählt seinen Kumpels, dass Sie nicht mehr alle Tassen im Schrank haben. Schade. Denn nun stehen Sie da, mit lückenlosem Beweismaterial bis an die Zähne bewaffnet, und können nicht mal präsentieren, was Sie da alles als bunten Bilderbogen gesammelt haben. Damit bringen Sie sich doch um eine Menge Spaß! Kein guter Plan also, die Sache mit dem Judokurs und dem Tritt in die Weichteile.

Wenn Sie umgekehrt um Ihre Sicherheit fürchten müssen, weil Sie einem gewalttätigen Exemplar gegenüberstehen, dann verlegen Sie das Treffen lieber in ein Restaurant oder einen öffentlichen Park. Aber nur, wenn Sie um Ihr Leben fürchten. Ansonsten ist auch das Restaurant nur die zweite Wahl, da Sie ja keinen Nutzen daraus ziehen, öffentliches Ärgernis zu sein. Wir sind ja leider nicht in Italien, wo derartige Auseinandersetzungen zum allgemeinen Anliegen werden und die umstehenden Gäste die Parteien anfeuern.

Die Kunst einer effektiven Konfrontation besteht darin zu wissen, dass die Fakten das Gerüst sind, welches Ihnen Sicherheit gibt, nicht den Fokus zu verlieren. Und dass Sie Ihre Überführungsdaten logisch und chronologisch im Kopf sortiert haben. Vorbereitung ist alles. Das bedeutet, dass Sie selbst Ihre Situation so lückenlos kennen, dass Sie die Beweise nicht etwa parat halten sollten, um den Betrug Ihrem Partner erklären zu müssen – der weiß ja eh schon Bescheid. Aber Sie müssen die Umstände vor sich selbst beweisen können!

Daher ist es so unabdingbar wichtig, mehr als nur ein Indiz zu haben, um die Vorkommnisse zu untermauern. Sagen wir mal, Sie hätten seinen PC geknackt und schmutzige Fotos gefunden, die ihn in eindeutigen Situationen zeigen. Dieser Beweis sollte gekoppelt sein mit weiteren Indizien, wie z. B. den Reiseunterlagen, als er Ihnen vorgeflunkert hat, es handele sich um ein Wochenendseminar, während er tatsächlich in einem Wellness-Hotel eine Suite gebucht hat. Klar, dass ein umsichtiger Mann so etwas in bar bezahlt, aber wenn es nur ein seriöses Geschäft war, bringt Sie das zu der Frage, warum er denn bar bezahlt, wenn es geschäftlich war? Und warum war der Beifahrersitz verstellt, als er zurückkam? Und warum waren im Aschenbecher Kippen mit Lippenstift, wo er doch Nichtraucher ist?

Sie sehen, worauf ich hinauswill – die Indizien sollten zu Ihrer eigenen Sicherheit möglichst lückenlos sein, sodass Sie immer das *Gesamtbild* im Auge behalten. Und scheibchenweise immer mehr Indizien nachlegen können, wenn wie zu erwarten alles abgestritten wird. Denken Sie an ein Kaminfeuer, bei dem immer mal Scheite nachgelegt werden müssen, um es am Leben zu erhalten. Ihr Holz halten Sie in der Hinterhand säuberlich geschichtet parat, und ein neues Scheit nehmen Sie nur dann, wenn es unbedingt nötig ist. Bloß nichts verschwenden oder ein Flammenmeer entfachen, dem keiner Herr werden kann. Auf diese Weise bleiben Sie stark und unbesiegbar, nur so prallen alle Ausflüchte und Erklärungen an Ihnen ab.

Ja, Individuen können während so einer Konfrontation auf die unterschiedlichste Weise reagieren, und es ist kaum möglich, Regeln aufzustellen. Jedoch kann man ein Gefühl für die richtige Richtung vermitteln und aufzeigen, wo die Fallstricke liegen könnten. Nur Sie allein sind in der Lage, Ihren Partner zu bewerten, aber offenbar hat dies ja in der Vergangenheit nicht immer funktioniert, sonst wären Sie ja nicht an den Punkt gekommen, wo sich Ihre Beziehung jetzt befindet. Drum spielen Sie die bevorstehende Konfrontation in allen Richtungen durch und schätzen Sie ein, wie sich Ihr Partner im schlimmsten Falle verhalten wird. Alles andere, was dann besser verläuft als das »worst case scenario«, können Sie immer noch als positive Überraschung begrüßen.

Man hört immer wieder von unbesonnenen Frauen, die dem Partner irgendein Bruchstück, das sie entdeckt haben, vorhalten, sei es eine gekritzelte Telefonnummer, die sie mit zittrigen Fingern gegengecheckt haben, sei es eine Quittung oder ein Foto. Der Ertappte wird unter diesen Umständen innerlich um sein Leben rennen und die sagenhaftesten Storys erfinden, um ungeschoren davonzukommen. Es geht hier um Gesichtsverlust. Denn was das Verschleiern und Lügen angeht, ist er im Gegensatz zu Ihnen bereits im Training. Es ist ja nichts Neues für ihn, sich Situationen auszudenken, die sein Verhalten erklären und stützen. Das sind angesichts des Fotos eines verliebten Paares dann so Geschichten wie: »Da wollte mich jemand verarschen«, »Ich habe eine Wette verloren«, »Das war im Karneval«, »Das war alles nur inszeniert«. Versuchen Sie also, Ihren Impulsen zu wiederstehen. Die Zeit wird für Sie arbeiten, denn Ihr Partner wird bei erfolgreichem Verlauf seiner Affäre immer mutiger werden. Zuerst mag er sich noch mit Gewissensbissen herumschlagen, aber wenn dauerhaft alles nach seinen Vorstellungen klappt, dann wird er die Grenzen weiter ziehen. Eines Tages werden die Fakten für sich selber sprechen, wenn Sie nur am Ball bleiben.

Dass Sie nämlich Ihren Partner in flagranti erwischen, sozusagen mit heruntergelassener Hose, das passiert eigentlich nur in Filmkomödien. Denn Männer, die ihr Techtelmechtel in ehelichen Gemächern vollziehen, die wollen ja praktisch auf frischer Tat ertappt werden. Es ist ja nun ein Leichtes, einfach nochmal zurückzufahren und zu sagen: »Ich habe was vergessen«, wenn man übers Wochenende seltsamerweise Tickets für einen Shoppingtrip nach London geschenkt bekommen hat, damit die Bahn frei ist.

Ich kenne eine Frau, die genau wusste, was läuft. Als die Zeit reif war, folgte sie ihrem Mann im Auto bis zur Adresse seiner Liebhaberin. Gestaunt hat sie schon, als er sich dorthin begab. Aber sie blieb dran. Als er den Wagen am Bahnhof abstellte, bestieg sie sogar dieselbe Regionalbahn. Von Station zu Station hing sie praktisch mit langem Hals an der Tür, um flugs herauszuspringen, sobald ihr Mann den Bahnsteig betrat. Das war dann irgendwo in fränkisch Sibirien, weit hinter Frankfurt. Auch als die Geliebte ihn dort überschwänglich begrüßte, gab sie noch nicht auf. Per Taxi nahm sie die Spur zum Wohnort der Frau auf. Das gelang nicht beim ersten Mal, so stand das nächste Mal bereits eine eingeweihte Freundin mit dem Mietwagen am Bahnhof bereit. Ungeachtet aller Indizien reiste sie dann allein zurück, statt vor Ort eine Szene zu machen. Als der Mann dann das nächste Mal wieder »zur Tagung nach Wolfsburg« musste, saß sie schon in der Küche, als die beiden Turteltauben das Schlafzimmer betraten. Sie hatte nämlich das Glück, in der Nachbarin eine verständige Helferin zu finden, die zwecks Blumengießens über einen Wohnungsschlüssel verfügte. Nach kurzer Telefonfreundschaft und mit Hilfe der Infos durch besagte Helferin gelang es der Frau tatsächlich, ihren Mann zu überführen.

Man wundert sich, wie viel Hilfsbereitschaft und Barmherzigkeit die Menschheit an den Tag legt, wenn man von Frau zu Frau durchblicken lässt: »Ich glaube, ich werde betrogen!« Das wird dann so was wie eine Treibjagd. Da werden fremde Frauen plötzlich zu Bluthunden. Legionen von Freundinnen, die sich nicht einmal kennen, solidarisieren sich, um dem Übeltäter auf die Spur zu kommen. Das ist genau dasselbe wie Männer, die sich gegenseitig die Fremdgeh-Alibis verschaffen!

Wenn man einen Partner schon nicht in flagranti erwischen kann, dann ist es der zweitbeste Weg, ihn bei einer Lüge zu erwischen. *Erwischen* sage ich – nicht ihm diese Lüge unterstellen oder gar vorhalten, das ist ein großer Unterschied. Es bedeutet, den richtigen Zeitpunkt abzuwarten, mit Intuition seine Ausflüchte und Absichten vorwegzunehmen und ihn dann auf frischer Tat zu ertappen.

Wenn Ihr Seitenspringer jeden Freitag nach dem Job angeblich zur Fitness geht, dann fragen Sie völlig unverfänglich nach, wie es dort so war. Natürlich wird die Antwort lauten: »Es war okay.« Das wussten Sie ja schon vorher. Wenn Sie nun reagieren mit einem »Ich bin aber dort vorbeigefahren und hab dein Auto gar nicht gesehen«, dann wird die Antwort wahrscheinlich lauten: »Mein Kumpel, der Thorsten, hat mich mitgenommen.«

Jetzt wird's spannend! Sie: »Ich war aber dort und hab nach dir gefragt, du warst nicht da!« (Halten Sie sich vor Augen, dass Sie überhaupt nicht das Haus verlassen haben!)

Er: »Ich bin nur kurz geblieben. Mein Knie tut weh! Vom Fußball!«

Sie: »Bleibst du immer nur so kurz?«

Er: »Nein, warum?«

Sie: »Ach, ich frage nur ... weil ich jeden Freitag nach dem Einkaufen bei der Gym vorbeifahre, und dein Auto steht niemals dort, und weil Thorsten neulich angerufen hat und fragte, wo du bist, während du behauptest, dass er dich hingefahren habe. Deshalb bin ich dir letzten Freitag nach dem Büro einfach mal hinterhergefahren – und jetzt rate mal, was ich da entdeckt habe?«

Das Prinzip dürfte klar sein: Obwohl Sie nicht im Traum daran gedacht hatten, ihn zu verfolgen, haben Sie ihn einer deftigen Lüge überführt, weil Sie Bescheid wissen durch – sagen wir mal – die Kontrolle seines Handys oder weil eine Freundin Ihnen einen Tipp gegeben hat.

Generell sollten Sie sich bei einer Konfrontation durch harmlose Fragen herantasten, um abzuchecken, wie er es mit der Wahrheit hält. Gehen Sie nicht gleich aufs Ganze, fallen Sie nicht mit der Tür ins Haus und bleiben Sie subtil. Es gibt eine Menge Leute, die lügen schon aus Gewohnheit.

Wenn er also behauptet, Überstunden machen zu müssen, um ein Projekt fertigzustellen, und in Wahrheit mit seiner Sekretärin im Restaurant sitzt, dann tauchen Sie doch dort einfach selber auf. Dann weiß Ihr Liebster zumindest schon mal, dass Sie eine Frau sind, die man nicht so leicht verarschen kann. Auf Ihre besorgte Frage: »Wo warst du so lange?«, wenn er spät nach Hause kommt, hätten Sie doch eh nur die üblichen Lügen aufgetischt bekommen.

Die Regel ist: Bleiben Sie cool und sorgen Sie dafür, dass es ihm gut geht, während Sie ihn überführen. Das Beste ist, wenn es so wirkt, als seien Sie durch dumme Zufälle darauf gestoßen, dass er Unsinn erzählt hat. Und rechnen Sie mit den abgebrühtesten Antworten! Das geht so weit, dass Männer ihren Frauen über die Sekretärin, mit der sie ein Verhältnis haben, erzählen: »Das ist eine Stalkerin. Die verfolgt mich, und ich habe mich den Abend mit ihr ins Restaurant gesetzt, um ihr ins Gewissen zu reden, dass es mit uns nichts wird. Ich bin schließlich ein verheirateter Mann!« Wie armselig steht jetzt eine Frau da, die ihre Hausaufgaben nicht gemacht hat? Aber er rechnet nicht damit, dass Sie wissen, wie oft sein Auto vor der Wohnung der Sekretärin geparkt war und wie oft deren Telefonnummer von ihm aus angewählt wurde!

Frauen, die schlecht vorbereitet sind, werden von ihren Männern so schnell um den Finger gewickelt, dass sie am Ende selbst in die Verteidigungsrolle rutschen und sich sogar für ihren Verdacht entschuldigen. So werden sie erneut zum Opfer und sogar beschuldigt, bevor der eigentliche Verdacht ausgesprochen wurde. Es ist der klassische Versuch des Täters, Zeit zu schinden, indem er sein Opfer verwirrt. Diese Zeit braucht er nämlich, um sich eine Erklärung einfallen zu lassen. Das sind dann die üblichen Floskeln:

- Du musst verrückt sein!
- Warum bist du so unsicher?
- Warum tust du dir das an?
- Du bist unreif!
- Du bist genau wie meine Ex!
- Du willst wohl Stress?
- Kontrollierst du mich etwa?
- Vertraust du mir etwa nicht?

Das ist das klassische Einmaleins des Repertoires, um Nebenkriegsschauplätze zu schaffen. So verlagert der Angegriffene das Problem – durch Gegenangriff. Nicht grade fein!

Sobald Sie also mit dem schwarzen BH, den Sie unter dem Sofakissen im Büro hervorgezogen haben, vor seiner Nase wedeln, wird er die Situation und Ihre Verzweiflung ausnutzen, um einen Angriff auf Ihren Charakter und Ihre psychische Gesundheit zu starten!

Ganz schön hartgesotten. Halten Sie sich immer vor Augen, das Sie traurige Gründe haben, die Sie zu dem getrieben haben, was Sie tun mussten, um Ihre innere Stabilität wiederzuerlangen. Schließlich war Ihr Partner der Grund dafür, dass Sie dort waren, wo Sie gewesen sind, als Sie fanden, was Sie suchten! Das wird Ihnen helfen, wenn die ultimative Selbstschutzpsychofrage kommt: »Hast du etwa in meinen Taschen gewühlt?«

Das ist der Grund, weshalb Sie auf eine Vielzahl von Indizien zurückgreifen sollten, um sich nicht aus der Bahn werfen zu lassen. Das Gesamtbild ist das Gerüst, welches Sie stützen wird, während er Sie torpedieren will! Es würde für den Täter ein Leichtes sein, ein einziges Indiz zu zerstören, aber er verstrickt sich doch in Schwierigkeiten, wenn Sie ihn mit einer ganzen Serie von Widersprüchlichkeiten konfrontieren. Und auf die üblichen Psychoattacken nach dem Muster:

- Was ist los mit dir, vertraust du mir nicht?
- Dein Misstrauen geht mir auf die Nerven.
- Du hast ja gar kein Selbstbewusstsein, damit kann ich nicht leben.
- Ich hab echt andere Probleme, als mich mit diesem Unsinn auseinanderzusetzen.
- In welchem Film hast du denn das gesehen?
- Willst du mir drohen?

reagieren Sie mit einer ganz klaren Linie! Bleiben Sie bei der Sache, während er Ihr Ego angreifen will, und halten Sie die Gegenargumente parat. Die richtige Antwort zur rechten Zeit zur Verfügung zu haben wird die Psychoattacken entkräften und den Fokus von persönlichen Angriffen dorthin lenken, wo er hingehört: auf seine Person und seine erbärmlich schwachen Ausflüchte, auf seine lächerlichen Verteidigungsversuche.

Memorieren Sie Gegenargumente, auf die Sie jederzeit zurückgreifen können, machen Sie sich eine Liste und lernen Sie Ihren Text. Wenn Sie nicht mehr weiterwissen, greifen Sie auf folgende Wegweiser zurück:

- Du hast meine Frage noch nicht beantwortet.
- Für wie dumm hältst du mich eigentlich?
- Glaubst du wirklich, dass ich dir das abkaufe?
- Verdreh die Tatsachen nicht.

Das wird den Disput immer wieder zu dem Punkt zurückführen, um den es geht. Und während Sie die Unterhaltung steuern, können Sie genüsslich schon mal beobachten, wie Ihr Herzensbrecher gezwungen wird, seine Storys ständig zu ändern. Denn jedes Mal, wenn er mit einer weiteren Dosis an Fakten konfrontiert wird, die Sie säuberlich zusammengetragen haben, tun sich neue Ungereimtheiten in seinen Geschichten auf. So wird die Entschuldigung immer abstruser, bis das Lügengebäude zusammenbricht – oder er endlich die Karten auf den Tisch legt.

Ein schlechtes Zeichen für ihn und daher ein gutes Zeichen für Sie wäre auch, wenn er andere Leute ins Spiel bringt. Er habe bei Verwandten übernachtet, das von ihm getrennt lebende Kind musste ins Krankenhaus, seine Mutter hatte einen Zusammenbruch, der Sohn eines Kumpels hatte einen Fahrradunfall, ein Freund hat sich ausgesperrt – und fast schon ein Klassiker: Es wurde bei einem Kollegen oder bei einer guten Freundin im Auto eingebrochen!

Diese Form der Manipulation appelliert natürlich an unser Helfersyndrom, aber lassen Sie sich nicht vom Wege abbringen: Gehen Sie der Sache auf den Grund. Bei solchen hausgemachten Dramen sollte man sich in der Tat sofort erkundigen, wie es den Betroffenen geht. Und zwar sofort und auf der Stelle! Direkt jetzt! Er wird ausflippen, wenn Sie die Tante, die sich ein Bein gebrochen hat, anrufen. Da kriegt man dann zu hören: »Was fällt dir ein, andere Leute hineinzuziehen?« ... obwohl *er* es auf den Plan gebracht hat! Oder: »Ich kann nicht glauben, dass du das tust – du vertraust mir nicht, es ist vorbei zwischen uns!« Das ist typisch, dass den Frauen, die hintergangen worden sind, auch noch die Schuld fürs Zerbrechen der Beziehung gegeben wird. Solche Männer erzählen dann der nächsten Eroberung: »Ich habe jetzt erst mal nach der Trennung eine große persönliche Enttäuschung zu verkraften« – mehr wird man nie erfahren.

Lassen Sie sich auch nicht dazu hinreißen, Informanten oder die Quellen Ihrer Indizien preiszugeben. Ihr Partner wird darauf bestehen und behaupten, er hätte ein Recht darauf, dies zu erfahren – hat er nicht! Denken Sie sich lieber was aus, als sich in die Karten gucken zu lassen. Denn es ist für die Situation völlig unerheblich, woher Sie etwas wissen oder wer ihn gesehen und Ihnen gesagt hat, dass er letzten Dienstag ein Tête-à-Tête mit einer Kollegin hatte, obwohl er Ihnen weismachen wollte, beim Rudertraining gewesen zu sein. Es tut nichts zur Sache, er weiß, dass er schuldig ist, auch wenn er es vehement bestreitet. Verschwenden Sie nicht weiter Ihre Zeit, Sie brauchen nicht auf ein Komplettgeständnis zu warten, um die Sache zu beenden.

Mit der Konfrontation zeigen Sie auf, dass das Spiel vorbei ist! Keine Chance mehr auf Psychospielchen oder die Nummer »Willst du mich bedrohen? Du musst verrückt geworden sein!«. Egal, ob er es zugibt oder nicht, die Lage für ihn ist jetzt eine völlig andere. Er wird vor die Entscheidung gestellt und gezwungen, sich Ihnen gegenüber neu zu verhalten.

Wenn er sich strikt weigert, Verantwortung für sein Benehmen und die Situation zu übernehmen, dann besteht wenig

Aussicht darauf, dass Ihre Beziehung eine Zukunft hat. Andererseits kann es auch sein, dass Ihr Partner sehr emotional reagiert und mehr zugibt, als Sie sich hätten träumen lassen. Das wäre dann quasi so was wie eine Selbstanzeige. Mag sein, dass er um Vergebung winselt, schwört, dass dies nie wieder passieren wird, und eine zweite Chance erfleht. Da sollten Sie unterscheiden können, ob seine Reue seinem Handeln gilt oder dem Umstand, dass er erwischt wurde. Denn auch wenn es ihm schrecklich leidtut, jetzt, wo alles aufgeflogen ist, auf den Fotos, die Sie gefunden haben, sah er alles andere als leidend aus!

Bleiben Sie immer wachsam, vor welchem Hintergrund die Tränen und Versprechungen abgeliefert werden. Manche Männer ärgern sich einfach auch nur über sich selbst und darüber, dass sie Fehler gemacht haben.

Schließlich kann es Ihnen auch passieren, dass Sie mit jemandem zu tun haben, der unterbewusst alles darauf angelegt hat, dass die Sache auffliegt. Und dadurch, dass Sie nun alles herausgefunden haben, ist es automatisch vorbei mit den Verpflichtungen Ihnen gegenüber. Solche Männer sind fein raus. Er mag innerlich schon seit langem die Scheidung vollzogen haben und hat in der Eile nur vergessen, Sie darüber zu informieren, oder keine Zeit gehabt, Sie von der Trennung in Kenntnis zu setzen. Solche Männer sind dann ganz schnell weg. Das sind die, die schon alles vorbereitet haben und bereits eine Wohnung angemietet haben, von der keiner was wusste – quasi die mit dem Doppelleben.

Moralisch gesehen sind das die abgebrühtesten Kandidaten. Da dürfen Sie auf keinen Fall Ihren Schritt bedauern, die Bombe zum Platzen gebracht zu haben, nach dem Motto: »Hätte ich doch bloß nichts gesagt, dann wären wir jetzt noch zusammen!« Sich selbst die Schuld zu geben wäre das Allerschlimmste, denn niemand anders trägt Schuld als diese Person ohne Rückgrat, die nicht Manns genug war, Ihnen beizeiten reinen Wein einzuschenken. Anstatt Sie als

Partnerin mit der Würde und dem Respekt zu behandeln, die Ihnen gebührt hätten, hat sich so ein Schlawiner dafür entschieden, Sie zu belügen, hinters Licht zu führen, Ihr Vertrauen zu missbrauchen und sich von langer Hand geplant abzuseilen. Brauchen Sie so jemanden wirklich? Haben Sie nicht mehr Achtung verdient?

Bei Trennungen gibt es eben nur drei Möglichkeiten:

- ein Donnerwetter, nach dem die Luft rein ist
- sich verdünnisieren und langsam aus dem Staub machen
- achselzuckende Gleichgültigkeit, die nach außen als Freundschaft verkauft wird.

Und dann haben wir noch den Typus Mann, der Ihnen alles als »Ausrutscher« und »Missverständnis« bis zum bitteren Ende verkaufen will. Das mag der Mann sein, der Sie vielleicht wirklich liebt und nicht verletzen will, aber mehr aus Gewohnheit, als Geborgenheitsfaktor und als Mutter seiner Kinder. Weil er selber nicht einkaufen und Hausaufgaben machen will.

Da können Sie sich dann auf die abgegriffene, aber immer wieder funktionierende Variante gefasst machen, dass eine besessene Verrückte, die scharf auf ihn ist, aus dem Nichts aufgetaucht ist und einfach nicht mehr abzuwimmeln war. Es gab für ihn einfach keinen Ausweg mehr, als die Nacht mit dieser Frau zu verbringen, weil diese wahnsinnige Hexe ihn und das Leben seiner Kinder bedroht! »Sie hat mir gesagt, sie bringt sich um, wenn ich sie abweise!« Ach so, alles klar, der strahlende Held wollte mal eben schnell wie Superman nach Feierabend ein Leben retten!

Natürlich kann die Sachlage auch so gedreht werden, dass Sie selbst letztendlich am Pranger stehen: *Ihre* konstanten Nörgeleien, *Ihre* Überstunden, *Ihr* Dauerstress, *Ihre* sexuelle Verklemmtheit hat ihn, den armen Mann, praktisch gegen seinen Willen in die Arme dieser anderen Frau getrieben, denn zu einer Zeit, als es ihm schlecht ging, da hatten Sie kein offenes Ohr, nein, da brauchte er ganz einfach jemanden, der ihm zuhört, denn mit Ihnen war ja nicht mehr zu reden und … tja, da ist aus Freundschaft dann irgendwann mehr geworden!

Eigentlich eine wildromantische Geschichte! Leider nur nicht haltbar, denn statt an den Problemen, die er offenbar in der Beziehung hatte, zu arbeiten, hat er es vorgezogen, sich abzuwenden und schnurstracks bei einer anderen vor Anker zu gehen, die ihn mit offenen Armen erwartet hat.

Bleiben wir realistisch. Keine Beziehung ist perfekt. Alle Partnerschaften haben ihre Herausforderungen, und sie entwickeln sich dadurch. Aber absolut gar nichts stellt Ihren Partner davon frei, dass Sie von ihm nicht Treue erwarten könnten. Wenn Sie also vorhaben, weiter mit dem Mann zusammenzubleiben, der es vorgezogen hat, eher getrennte Wege zu gehen, als die Beziehung auf eine neue Ebene zu führen, dann sollten Sie seine Reife und die Stabilität Ihrer Partnerschaft hinterfragen. Und richtig besorgt sollten Sie sein, wenn Ihr Partner im Laufe der Konfrontation als Rechtfertigung vorträgt, dass Sie ein Dummerle sind, das absolut gar nichts begriffen hat: »Das ist nun mal so, dass Männer betrügen, Fremdgehen ist nun mal ein Charakteristikum der menschlichen Natur, insbesondere unserer animalischen Instinkte. Zumindest bei echten Männern. Basta!« Kapiert?

16.
Die andere – Geliebte oder zweite Geige?

Während es die offensichtliche Absicht meines Fremd-geh-Kompendiums ist, Ihnen praktische Tipps für die Vielfalt der Handling-Methoden seitenspringender Partner zu vermitteln und Hilfestellung für den Umgang damit aufzuzeigen, habe ich innerlich noch ein viel höheres Ziel – ein hehres Ziel! Ich möchte Sie ermutigen, mehr über sich selbst zu lernen! Ich möchte Ihnen die Augen dafür öffnen, dass Ihre Kompromissbereitschaft, was Ihre persönlichen Erwartungen an Liebe und Partnerschaft angeht, der allergrößte Verführer ist!

Die Kompromissbereitschaft verführt uns dazu, den Standard immer mehr abzusenken – bis wir den kleinsten gemeinsamen Nenner gefunden haben, aus dem garantiert neue Probleme erwachsen werden.

Bevor wir uns also auf eine Achterbahnfahrt nach unten in die ganz persönliche Todesspirale begeben, sollten wir die Sicherheitsgurte fest anziehen. Schnallen Sie sich also an und legen Sie fest, was Ihre Minimum-Standardansprüche an eine Beziehung sind. Wir dürften uns ja wohl alle einig sein, dass ein gutaussehender Kerl von ansprechender Statur, mit Humor und ausgezeichneter Bonität jederzeit ein willkommener Partner ist. Aber was nützt das, wenn wir uns eines Tages früh um zwei Uhr im Gebüsch hinter seinem Haus verstecken und am Spalier hochkraxeln, um ihn mit einer anderen im Bett zu erwischen? Charme und ein strahlendes Lächeln verlieren an Wert, wenn sie nicht von einem starken Charakter gestützt werden – aber das

Dilemma ist, dass ja eben auch charakterstarke, integre, seriöse Männer, die ihre Frauen durchaus lieben, fremdgehen, ohne dadurch schlechte Menschen zu sein.

Bevor Sie also die Entscheidung fällen, was Sie mit Ihren ramponierten Träumen und der demolierten Liebe tun werden, üben Sie sich in Selbstreflexion. Ich kenne eine Menge Leute, die zwar die Wahrheit herausgefunden, sich aber während der Suche danach selbst verloren haben.

Klar, es gibt Phasen, in denen man nichts isst, zu viel frisst oder der Kotzkoller sich zurückmeldet, wo man doch wieder raucht und Nägel knabbert, Magengeschwür und Nierenbeckenentzündung die Quittung für die unausgetragenen Konflikte sind und man einfach nicht in der Lage ist, den Kindern zuzuhören, 100 Prozent im Job zu geben, einfach nur im Bett bleiben will und über nichts anderes mehr reden kann als die eigene beschissene Situation. Und dazu noch grauenvoll aussieht!

Vielleicht hat man die Schlacht gegen den Partner gewonnen, aber die Schlacht gegen Spiegelbild und Waage verloren. Wir zahlen mit emotionaler, mentaler, physischer und seelischer Gesundheit den Preis des Seitensprunges und den Zinseszins des Fremdgehens! Falls wir zu den Glücklichen gehören, die überhaupt noch was merken. Wir reden hier von Betrug an uns selbst.

Ich kann es nur immer wieder betonen: Wenn Sie schon betrogen werden, dann bleiben wenigstens *Sie* treu – sich selbst gegenüber!

Vergiften Sie das bisschen, was von Ihrem Liebesideal übrig geblieben ist, nicht noch restlos, indem Sie zur »Auge um Auge, Zahn um Zahn«-Strategie überwechseln. Setzen Sie ein Limit, das als Minimum-Standard seine Gültigkeit behält, komme, was da wolle. Wenn Sie dieses Limit unterschreiten müssen, um die Partnerschaft am Leben zu erhalten, sollten Sie Ihre Haut retten und sich verabschieden.

Sind Ehrlichkeit, Vertrauen, Respekt, Kommunikation, Freundschaft, Loyalität und Intimität in Ihrer Partnerschaft auf der Strecke geblieben? Ist das Leid und der Schmerz in Ihrer Partnerschaft größer als die Freude und die Kraft, die sie Ihnen schenkt? Oder höhlt die Verbindung Ihre inneren Werte, Ihre Substanz und Ihr Vertrauen in den Partner aus? Bleibt in dieser Partnerschaft Ihre Selbstachtung erhalten? Vor allem aber: Bleibt von Ihnen selbst etwas übrig?

Zu entscheiden, ob Sie ein Paar bleiben wollen, wird nicht möglich sein, ohne sich über diese Punkte klar zu werden. Und das Verständnis Ihrer eigenen Lage wird erst komplett, wenn Sie einen Blick auf die Person im Hintergrund geworfen haben – auf die Art der Affäre, für die Ihr Partner Treue, Vertrauen und Familie aufs Spiel gesetzt hat. Wegen einer anderen! Nichts stellt die Nackenhaare einer Frau mehr auf als der Gedanke daran. Auch wenn diese Person für die Betrogene vorerst ein Phantom ist. Doch plötzlich trägt das Phantom einen Namen.

Vom Ausrutscher bis zur Dauergeliebten gibt es viele Mischformen. Schauen wir sie uns also an: das Biest, die Bekannte, das Flittchen, die Geliebte, dieses Luder, die Freundin/Sekretärin/Masseuse, die Praktikantin – kurz: welcher Gestalt auch immer sie sein mag, sie ist und bleibt das Weib: die andere!

»Mit der Wahl der Geliebten legen wir, ohne es zu wissen, unsere wahrhaftigste Beichte ab.« Keiner hat es besser auf den Punkt gebracht als José Ortega y Gasset. Die andere verrät über die wahre Natur des Mannes mehr als die Wahl der eigenen Ehefrau. Denn bei der »Nebenfrau« geht es nun wirklich nur um das eine. Um genau das, was Mann und Frau zusammenbringt: die Chemie!

Es wird eine sein, mit der man seinen ganz persönlichen Spaß haben kann. Eine, bei der die Uhren anders ticken. Wo Mann alles fallenlässt und entspannen kann. Eine, deren Blatt unbeschrieben ist oder gezeichnet von einer Handschrift, der man erliegt. Eine, bei der man sich daran erinnert, wie schön Liebe sein kann. Und eine, bei der zutage tritt, woran es ansonsten im Leben mangelt. Mein Gott, da wacht so mancher Mann erst richtig auf und merkt erst mal, welches Notprogramm er zu Hause fährt – und mehr als das: welches Dauerchaos für ihn schon Normalität geworden ist.

Moment, springen Sie als die Betrogene an dieser Stelle jetzt nicht aus dem Fenster. Noch nicht! Beginnen wir nüchtern: Selten nur führt eine Affäre auch zu einer späteren festen Beziehung bzw. Ehe! Nach zwei Jahren Ehe gehen immerhin bereits 70 Prozent aller Männer fremd. Erstaunlich ist, dass 85 Prozent aller untreuen Ehemänner letztlich dennoch bei ihrer Ehefrau bleiben! Dass die Geliebte also »siegt«, ist die Ausnahme!

Aber: Ist der Mann länger als fünf Jahre mit seiner Geliebten zusammen, liegt die Wahrscheinlichkeit, dass er sich ihr zuliebe trennt, schon bei ca. 20 Prozent.

Spätestens nach dem Beziehungshorrorfilm »Eine verhängnisvolle Affäre« ist es klar: Selbst die attraktivste Frau kann zum Tier werden, wenn sie als Affäre abgeschrieben wird und ihr Lover wieder zur Ehefrau zurückkehrt. Die andere hat verloren. Sie muss sich eingestehen, dass der Mann, den sie liebt, nicht bei ihr bleibt, denn er ist bereits vergeben. Männer greifen an diesem Punkt immer auf die alte Floskel zurück: »Aber das hast du doch gewusst – ich bin schließlich verheiratet.«

Warum tun sich Frauen das überhaupt an, ihr Seelenheil zu gefährden, wenn sie sich mit einem gebundenen Mann einlassen? Der meist noch behauptet, seine Ehe sei intakt und er erkenne sich praktisch selbst kaum wieder!

Fangen wir aus der Sicht der Geliebten an: Sie glaubt, den Mann ihrer Träume kennengelernt zu haben, und nimmt erst einmal alles in Kauf, nur um an seiner Seite zu sein, wenn auch nur für wenige Stunden und unter vielen Kompromissen. Sie sagt sich, es muss doch was an der Sache dran sein, sonst käme es ja nicht so weit, denn um einen verheirateten Mann zu becircen, müssen ja wesentlich mehr Hürden genommen werden als bei einem Single im sexuellen Notstand.

Aber wie fühlt es sich an, niemals im Mittelpunkt stehen zu dürfen und immer die zweite Geige zu spielen? Die Geliebte bekommt immer wieder aufs Butterbrot geschmiert, dass sie das fünfte Rad am Wagen ist, denn sie ist die Frau, die 100-mal verlassen wird. Nach jeder Reise, am Wochenende, nach jedem Besuch, vielleicht mitten in der Nacht, im Morgenrauen, zu den Feiertagen, vor den Ferien ... immer wenn es um die schönsten Stunden geht, die das Leben so bereithält. Es wird jedes Mal wehtun, wenn der Mann zu seiner Frau zurückkehrt.

Das macht Ehefrau und Geliebte im Grunde zu Leidensgenossinnen. Sie sollten sich eher in den Armen liegen, statt einander die Augen auszukratzen.

Ein untreuer Mann genießt schließlich die Vorteile beider Beziehungen. Die Ehefrau bietet ihm ein Zuhause mit Kindern, er kann als Ehemann und Vater sein Gesicht wahren. Bei der Freundin fühlt er sich von Ballast befreit und begehrt. Mit ihr kann er unbeschwerte Stunden verbringen, ohne häusliche Probleme. Eine solche Verbindung ist ihrer Struktur nach asymmetrisch. Die eine wartet und träumt in einsamen Nächten von ihrem Herzensbrecher. Er vollzieht die eheliche Pflicht und hangelt sich am Gerüst eingefahrener Routine durch den Alltag. Er wird sagen: »Ich liebe meine Frau.«

Doch was heißt das schon? Mütter, denen das Jugendamt die Kinder wegnehmen will, weil sie vernachlässigt und misshandelt werden, wehren sich erstaunlicherweise auch dagegen und sagen in 99 Prozent der Fälle: »Wenn man mir die Kinder wegnimmt, bring ich mich um!« Es ist der Satz, den Frauen vor Gericht sagen, die auf der Anklagebank sitzen, weil sie ihre Kinder verdursten und verhungern ließen und in der Tiefkühltruhe versteckten! Befragt man in der Prozessführung jene überforderten Kindesmörderinnen, warum sie sich gegen amtliche Fürsorge vehement gewehrt haben, lautet die Antwort: »Ich wollte meine Kinder nicht hergeben, weil ich sie liebe!«

Liebe geht mit Besitzansprüchen einher. Es sind *meine* Kinder, *meine* Frau, *mein* Mann – und was *mir* ist, geb ich nicht her ... selbst dann nicht, wenn es an meiner Seite verkümmert!

Es geht um Macht. Um Macht über Menschen. Der Satz »Ich liebe meine Frau« wird nachweislich nie öfter zu Protokoll gegeben als vor dem Scheidungsrichter. Es ist wie ein Mantra. Der Mann fängt an, es laut vor sich her zu posaunen, wenn ihm die Liebe durch die Finger gleitet. Ich habe das überall und immer wieder beobachtet. Der Satz wird zur reinen Selbstaffirmation. Besonders unmittelbar vor Trennungen wird er immer dann kundgetan, wenn er am wenigsten passt.

Man sollte als Geliebte aufstehen und sagen: »Da ist die Tür«, wenn ein Mann so etwas sagt. Man sollte sagen: »Wenn du deine Frau liebst, dann gehörst du nicht hierher. Geh nach Hause. Komm wieder, wenn ihr geschiedene Leute seid!«

Aber leider, leider, leider hat die Geliebte kein Herz aus Stein, sondern ein Herz aus Wachs. Sich mit einem verheirateten Mann einzulassen ist kein Zuckerschlecken, sondern ein endloser Kampf, der meistens verloren wird. Darum tut man das als Frau wohl nur aus dem Grund, der einen am zuverlässigsten um den Verstand bringt: aus Liebe!

Weil die Chemie stimmt! Weil's geknallt hat! Weil das passiert, was man als Magie beschreiben kann: Bauch siegt über Hirn. Es hat gefunkt. Die Luft brennt. Scheiß auf den Rest!

Viele Frauen begeben sich in die Position einer Geliebten in der Hoffnung, dass der Partner sich von seiner Frau trennt, doch nur zehn Prozent werden später einmal Ehefrau.

Zunächst scheint die Rolle als Geliebte nur Vorteile zu

haben. Es gibt keinen Streit mit dem Partner um Alltagsprobleme, das Prickeln bleibt, die Dreckwäsche macht die andere, und wenn er kommt, hat er saubere Socken an. Der neue Partner gibt sich aus schlechtem Gewissen heraus finanziell großzügig. Doch meist kommt mit der Zeit Unzufriedenheit auf, denn der Partner teilt die Wochenenden und Feiertage mit seiner Frau, es gibt keine spontanen Treffen, der Gebundene bestimmt die Regeln, bei Kummer ist er nicht erreichbar, abendliche Telefonplaudereien bleiben Utopie, von Zuverlässigkeit kann keine Rede sein, man kann den Fremdgänger nicht in den Freundeskreis integrieren, man muss viel Zeit alleine verbringen – man ist und bleibt die zweite Geige!

Wenn man nicht unfairerweise über kurz oder lang als Problem abgestempelt wird. Denn man ist ja ein Problem – noch dazu das einer Frau, die noch gar nichts von ihrem Problem weiß.

Sie wollen Ihren Lover abends um acht sprechen, weil Sie ihm dringend was erzählen müssen? Weil Sie ihn vermissen? Nein, das ist verboten – denn die oberste Regel einer guten Geliebten ist die Diskretion! Zumindest, solange es um heimliche Liebe geht, und die hat ihre ganz besonderen Reize! Indiskretion hieße, die Affäre zu torpedieren. Die Telefonnummer hat nur er, denn Sie dürfen sich auf gar keinen Fall melden, nicht in seinem Büro und schon gar nicht zu Hause. Keiner darf von Ihrer Beziehung wissen. Sie sitzen also da und warten auf seinen Anruf. Vielleicht meldet er sich ja nach dem Sonntagsfrühstück bei Ihnen, sei es auch nur für ein paar Minuten, bis man im Hintergrund hört: »Papi, kommst du rein zum Spielen?«

Die moderne Geliebte führt, anders als die Mätressen und Konkubinen früherer Zeiten, ein Leben im Schatten. Die Geliebte eines verheirateten Mannes gerät unbemerkt in einen Teufelskreis aus Abhängigkeiten, Isolation und Heimlichkeit. Daran haben auch neue Möglichkeiten der Kommunikation durch Internet und Mobiltelefon nichts geändert. Der »Frau im Schatten« sind die Hände gebunden – nach wie vor ist sie die ewig Wartende. Und das Biest ist sie schon gar nicht – denn ohne ihn gäbe es sie ja in ihrer Rolle gar nicht. Wenn es keine Ehemänner gäbe, wohin dann mit den Mätressen? Erst ein verheirateter Mann kann eine Frau zur Geliebten machen. Also, liebe Mitbürgerinnen, knöpft euch die Kerle vor, die euch betrügen, und kübelt den Dreck nicht über Frauen aus, bei denen der Gatte Zuflucht sucht.

Es sind allesamt Frauen, die auch ihre Opfer bringen. Auf viel zu langes Warten folgen viel zu kurze Begegnungen. Die Frage: »Was fangen wir an mit diesen wenigen Stunden?« findet ihre Antwort meist im Bett.

Geliebte sind Frauen im Zwiespalt: Das Paradies der gestohlenen Stunden wird mit Sehnsucht, Einsamkeit und Frustration erkauft. Es ist eine Lebenssituation der »perspektivlos Liebenden«, voller Leidensdruck, unerfüllten Hoffnungen und Träumereien. Doch die Sehnsucht, die dem Herzen der Geliebten innewohnt, verströmt ihren eigenen Zauber. Die schönsten Stunden zwischen Mann und Frau, die es gibt, sind ihr heilig – und Papi steigt aus und erlebt seinen Traum! Strikt verbotene Sehnsüchte werden endlich wieder befriedigt. Es könnte doch auch alles anders laufen, sagt sich dann so ein Mann ... was wäre, wenn?

Und manchmal bahnt sich die Liebe ja durchaus allen Widerständen zum Trotz ihren Weg. Bis es wieder bei irgendeinem Plausch über Dritte ganz belanglos heißt: »Stell dir vor, die lassen sich jetzt auch scheiden!«

Zudem hat die Geliebte vor sich und ihren Freundinnen ein Imageproblem – sie ist illegal, sie ist ein Sexobjekt und darüber hinaus eine Bedrohung für die Institution Familie. Die Geliebte steht irgendwie immer auf der falschen Seite. Das ist miserabel. Die Geliebte bringt Opfer. Das klingt edel. Und eines Tages fängt die kluge Geliebte an, sich ehrlich zu fragen: Will ich wirklich einen Mann, der nicht treu ist? Der seine Ehe verleugnet? Der mich verleugnet? Will ich an die Stelle dieser Frau rücken? Und wird er einmal über uns sagen, die Ehe bestünde nur noch auf dem Papier? Wird er auch fremdgehen und mich belügen, wenn wir ein Paar wären? Denn die Geliebte betrügt ja niemanden, sie ist treu: dem Mann gegenüber, der sie – aus ihrer Sicht – mit seiner Ehefrau betrügt!

Die Geliebte kennt die Wahrheit über das, was draußen abgeht. An ihre Adresse gehen all die Lügen, die Männer zu Hause auftischen. Als Geliebte weiß man, was erzählt wird, bevor Männer sich abseilen können. Man wird nicht belogen – belogen wird »die andere«, und das ist in diesem Fall die Ehefrau. Für die Geliebte ist die Angetraute jedoch »die andere«, ohne dass diese Ahnung davon hätte. Aber wer hat nun die besseren Karten? Bestimmt nicht die Frau mit den verbundenen Augen, denn die tappt im Dunkeln mit Sicherheit in die falsche Richtung!

Lassen wir an dieser Stelle Betroffene zu Wort kommen. Da gibt es:

Die unglücklich Verliebte

»Was soll ich von einem Mann (32) halten, der seit einem halben Jahr seine Frau mit mir betrügt? Sind Männer eigentlich feige? Warum sagt er seiner Frau nicht, dass er in ihrer Ehe unzufrieden ist? Ist die einjährige Tochter ein Argument? Und das Allerwichtigste: Wie komme ich nur von ihm los? Wie verlässt man jemanden, der behauptet, einen zu lieben, aber einfach nicht bereit ist, den entscheidenden Schritt zu tun, in den man aber selbst hoffnungslos verliebt ist? Wenn an der Sache nichts dran wäre, würden wir doch nicht so gut zueinander passen!«

Pro und contra

»Das Dasein einer Geliebten kann sehr schön sein, aber auch sehr traurig. Es liegt zum einen an der eigenen inneren Einstellung und daran, wie oft man den Mann treffen

kann, wie sehr er sich um sie kümmert und ihr seine Liebe
zeigt. Es kann eine Zeit sein ohne eheliche Verpflichtungen.
Ohne den Alltagsstress, denn der wird von dem Mann ja
zu Hause ausgelebt. Man kann also den Genuss und die
Erotik in Reinform haben und purer Lust frönen. Allerdings wird man damit zurechtkommen müssen, dass man
nur in der zweiten Reihe steht. So würde ich eine Geliebte
sehen. Es gibt einige/viele, die damit sehr gut klarkom-
men, meistens Karrierefrauen mit eigener Lebensstruktur
und Unabhängigkeit. Da ist der Mann nicht Lebenszen-
trum, sondern i-Tüpfelchen für die schönsten Stunden.
Unausgefüllte, gelangweilte Frauen, die nur immer auf den
Mann warten und hoffen, dass er sich für sie entscheidet,
gehen daran kaputt.«

Die Souveräne mit Durchblick
»Ich war selbst Geliebte und hatte nicht einen Augenblick
lang ein schlechtes Gewissen! Aber: Warum hacken gerade
die Frauen immer wieder auf den Geliebten herum? Nicht
nur hier, auch in meinem Umfeld erlebe ich immer wieder,
dass es heißt: »Die Alte mache ich fertig.« Der Mann wird
immer als Opfer dargestellt! Hallo? Da passt doch irgend-
was nicht!? Und, um irgendwelchen Missverständnissen
vorzubeugen: Ich war auch mal eine betrogene Ehefrau,
mein Ex hat mich betrogen. Ob ich das gut fand? Na ja, es
hätte Dinge gegeben, über die ich mich mehr gefreut hätte,
klar! Aber ich habe nicht nur seine Geliebte Maß genommen, sondern vor allem auch ihn! Denn bekanntermaßen
gehören zu solchen Aktionen immer zwei. Und solange
der Mann nicht mitspielt und bereit ist fremdzugehen,
kommt doch gar nichts zustande. Da sind vorher schon
die Dinge im Argen, bloß dass keiner drüber sprechen will,
und dann soll die Geliebte noch für die Ehefrau als Prügel-
knabe herhalten.«

Die Glückliche

»Ich bin seit elf Jahren Geliebte. Das bin ich auch furchtbar gerne. Es kann auch nicht daran liegen, dass mein Geliebter seine Frau langweilig findet. Er hatte nämlich in den letzten elf Jahren mehrere Beziehungen mit anderen Frauen. Jedoch hat er mich nie belogen. Es hat ihn aber immer wieder nach kurzer Zeit zu mir gezogen. Es gibt nur zwei Sachen, die ihn abhalten, ganz zu mir zu kommen: Ich habe ein Kind und zwei Katzen. Das Kind ist von meinem Ex-Mann, von dem ich seit nunmehr acht Jahren getrennt bzw. geschieden bin. Ich habe mich nicht wegen meines Geliebten scheiden lassen. Aber die Beziehung zu ihm hat es mir leichter gemacht, mich zu trennen, da ich wusste, da ist jemand, der mir hilft. Wenn wir beide uns treffen, dann ist es, als ob wir in einer anderen Welt sind. Er redet nicht von seiner Freundin. Das interessiert mich auch gar nicht. Ein schlechtes Gewissen hatten wir auch noch nie. Im Gegenteil, wir verleben immer eine wunderschöne Zeit miteinander, die uns keiner nehmen kann. Wir haben uns gesucht und gefunden und leben jeder ein zweites Leben, von dem niemand etwas weiß. Und das wird hoffentlich noch sehr lange halten ...«

Die Zwiespältige

»Ich finde es auch absurd, dass immer die Geliebte das Biest ist und die Ehefrau das Opfer und auch der Mann ... Bloß bin ich der Meinung, dass, wenn man bei dieser Konstellation von Opfer sprechen kann, es ganz bestimmt nicht der Mann ist, der die Opferrolle hat. Er profitiert ja schließlich am meisten. Er hat beides. Die Vorzüge der Ehefrau und die der Geliebten. Die Ehefrauen leiden meiner Meinung nach grundsätzlich immer. Denn Treue ist der Beweis dafür, dass man mit dem anderen glücklich ist und ihn gern hat, dass ein anderer uninteressant ist. Eine betrogene Ehefrau wird dieses Gefühl kaum haben ... Aber die Geliebte auch nicht, wenn der Ehemann auch noch mit der Ehefrau Sex hat ...

Wenn die Geliebte nur ein Abenteuer sucht, weil sie sich selber nicht binden will, ist das auch völlig okay. Gewiss, es schmeichelt einem, wenn der Ehemann nicht mehr mit der Frau schläft, weil man halt das Gefühl hat, so begehrt zu werden, dass der Ehepartner sexuell uninteressant ist … Bloß in dem Moment, in dem sich die Geliebte in den Mann verliebt, wird es auch für sie unerträglich. Und darum verstehe ich die Geliebten nicht, die sich ernsthaft in den Mann verliebt haben und sich nicht von ihm trennen, wenn sie merken, er bleibt bei der Ehefrau!! Denn das ist der Beweis, dass ihm die Ehefrau lieber ist. Solche Frauen lieben es zu leiden. Wenn die Ehefrau die Affäre ihres Mannes duldet, ist sie ebenso leidensfreudig, außerdem hat es noch einen finanziellen Hintergrund. Aber meistens kommen die Ehefrauen ja gar nicht dahinter, oder erst bei der zehnten Affäre. Zumindest kann man sagen, dass die Geliebte immer Bescheid weiß und wenigstens die Wahrheit kennt. Das Vertrauen, das der Ehemann seiner Frau gegenüber verraten hat, bleibt in der Affäre wenigstens erhalten!«

Die Kritische
»Übrigens soll es ja auch Geliebte geben, die das Dreiecksverhältnis als Sport betrachten. Die gegnerische Mannschaft ist die Ehefrau, und in dem Moment, in dem sich der Mann getrennt hat, verlassen die Geliebten den Mann und suchen sich den nächsten. Das ist reine Boshaftigkeit. Aber mit solchen Männern hab ich persönlich kein Mitleid, die stehen dann allein da, wenn alles rausgekommen ist. Das find ich fair. Aber auch Ehefrauen, die nur abwarten, bis man einen »neuen Hafen« hat, und dann dem Mann die Hörner aufsetzen, find ich das Letzte. Auf solche Beziehungen kann ich verzichten, weil das unehrlich ist.«

Contra Geliebte
»Grundsätzlich sind die Geliebten meiner Meinung nach Weiber, die einen freien Mann nicht für sich gewinnen

können. Also klemmen sie sich an verheiratete Männer und versuchen dort ihr Glück. Selbstbewusste Frauen sagen: »Lass mich in Ruhe und komme erst wieder, wenn du frei bist. Kläre erst deine Angelegenheiten, und dann sehen wir weiter.« Die Geliebten sagen nur: »Ach, ich hab mich ja verliebt, wie das eben so ist. Keine Ahnung von dem, was da beim verheirateten Mann zu Hause passiert. Ach, es ist ja so schön, und die Zeit wird es schon bringen.« Die Ehefrau sitzt meist da und weiß von gar nichts, und der Ehemann lügt, betrügt und hält sich auch noch für den Größten. Die Geliebte kämpft, wartet und hasst die Ehefrau. Sie kann ja nicht anders. Sie muss sich an den verheirateten Mann klemmen, weil sie ja sonst keinen hat.

Allen Geliebten möchte ich mal sagen: Die Männer denken auch nach, und sie schwanken, und sie wollen ihr Heim und ihre gewohnte Umgebung nicht gerne verlassen. Da bringt auch der kleine Fick im Kerzenlicht nicht die Erfüllung. Das Neuland für diese Pantoffelhelden ist oft nicht das Glück. Glück ist die Alte, die alles erledigt und die da ist, wenn es brennt. Und es brennt oft in langjährigen Ehen.«

Die Kluge

»Ich bin der Meinung, dass man eine gut funktionierende Partnerschaft/Ehe nicht zerstören kann. Es gibt mit Sicherheit Männer, die nicht treu sein können. Die werden immer wieder fremdgehen, und selbst wenn sie notfalls zu einer Hure gehen. Damit muss sich meiner Meinung nach aber die Ehefrau arrangieren. Das ist nicht die Aufgabe der Geliebten. Wenn die Geliebte verzichtet und sagt: »Ach, die arme Ehefrau«, dann nimmt der Mann sich eben eine andere. Er lässt es ja prinzipiell nicht sein, bloß weil diese Frau nicht mitspielt. Wenn ein Mann den Seitensprung braucht, wird er Mittel und Wege finden, ihn umzusetzen. Daran ändert auch eine Geliebte nichts.«

Die Siegerin

»Als ich meinen Mann kennengelernt habe, war er verheiratet. Trotzdem hab ich mich in ihn verliebt und umgekehrt. Wir wohnten weit voneinander entfernt, und keiner wusste, was daraus wird. Wir haben zwei Monate nach unserem Kennenlernen zehn Tage miteinander verbracht. Er musste zu einer Fortbildung und hat mich mitgenommen. Diese zehn Tage brauchten wir, um uns klar zu werden, ob wir uns eine gemeinsame Zukunft vorstellen können. Als er wieder zu Hause war, hat er seiner Frau alles von mir erzählt. Drei Monate später haben wir uns wiedergesehen. Diesmal für zwei Wochen, und seine Frau wusste, wo er war. Danach ist er nicht mehr zu ihr zurück. Sie hat seine Sachen gepackt, und er hat sich eine eigene Wohnung gesucht. Dieser Schritt war nicht einfach für uns – er war verheiratet, hatte zwei Kinder, und wir wohnten 1000 Kilometer voneinander entfernt. Ich muss dazu sagen, dass es, schon bevor es mich gab, immer wieder Gespräche mit seiner Ex gab, dass er sie nicht liebt und nur noch wegen der Kinder bei ihr war. Sie hatten getrennte Schlafzimmer usw. Die Zeit war nicht einfach – es kamen extreme finanzielle Belastungen und nervenaufreibende Gerichtstermine auf uns zu, und trotzdem haben wir es überstanden. Unsere Liebe war stärker als die Belastung. Das Ganze liegt mittlerweile elfeinhalb Jahre zurück. Seit neun Jahren wohnen wir zusammen.«

Die Pragmatische

»Ich hab einfach keine Lust, für einen Mann den Haushalt zu machen und immer für ihn da zu sein. Ich unternehme gerne was alleine. Für Männer Putzfrau, Kindermädchen, Waschfrau, Krankenschwester und Seelenklempnerin zu sein, die alle Launen mitmacht, das hab ich echt satt. Da stört mich ein Mann nur. Wenn eine andere die Socken sortiert und Hemden bügelt, wunderbar, zu mir soll er kommen für die schönsten Stunden zwischen Mann und

Frau, seinen Müll kann er woanders abladen. Damit fahre ich super!«

Die verheiratete Geliebte

»Und soll ich euch was sagen? Seit ich verheiratet bin, koche ich gerne (auch vorher schon) und putze, um ein gemütliches Heim zu schaffen. Ich definiere mein Dasein als Frau ganz neu, und dazu gehört irgendwie für mich auch das Kochen und Putzen. Ich finde das toll! Und wenn ich mal nicht mag, dann macht mein Mann das. Ich tue das sehr gerne, weil es eben nur eine Seite von mir ist. Ich habe einen Job, bilde mich weiter, habe Freunde, Hobbys. Ich reduziere mich selber nicht nur auf den Haushalt und lasse mich auch nicht darauf reduzieren. Ein Mann, der das versucht, hat eben keine Chance bei mir gehabt. Es ist nichts Schlechtes am Kochen und Putzen, es kann sogar unglaublich sinnlich und sexy sein, wenn man ebendies für den Mann macht, den man liebt. Der nach getaner Arbeit, nach der »Jagd«, nach Hause kommt ... das ist irgendwie archaisch und unglaublich geil.

Ich habe auch nicht die Initiative ergriffen, habe mich sogar zwei Jahre dagegen gesträubt, mir einen Liebhaber zu nehmen (ich bin seit langem verheiratet, er ist auch gebunden), vielleicht haben sich dann gerade deswegen intensive Gefühle zu einem Kollegen entwickelt. Uns geht es nicht nur um Sex, es ist passiert. Wir sprechen über wichtige Dinge. Wir führen ein Schattendasein oder Doppelleben und sind zufrieden. Den Terror einer Trennung wollen wir beide nicht, es würde unsere Partner ja nur verletzen, wenn wir die Karten auf den Tisch legen. Dann gibt's Stress an allen Fronten. Wozu? Was draus wird, kann man nicht sagen – abwarten.«

Der Psychologe sagt

»Ich kenne sehr viele Menschen und Schicksale, darunter auch Geliebte, Betrogene, Betrüger. Oftmals hab ich schon gedacht, wieso tun diese netten, klugen und attraktiven Frauen es sich an, in eine derartig abwertige Position geschoben zu werden, und wieso setzt deren sonst oftmals messerscharfer Verstand aus, wenn es um die Hinhaltetaktik verheirateter Männer geht. Meines Erachtens sind hierfür weniger äußerliche Merkmale als innerpsychische Konstellationen der Frauen und natürlich auch der fremdgehenden Männer verantwortlich, wobei viele der Fremdgeher oft nur günstigen Sex mit emotionalem Zubrot wollen. Ein solches bekommen sie nämlich bei Prostituierten nicht oder aber nur sehr teuer. Außerdem ist es auch ein nicht zu unterschätzendes Machtgefühl über die emotional abhängige Geliebte, die diese Beziehung für verheiratete Fremdgeher so attraktiv macht. Ist doch schön zu sehen, wie sich eine ansonsten im Leben stehende attraktive Frau immer wieder vertrösten und belügen lässt, und zwar mit sehr fadenscheinigen, wenig substanziellen Hirngespinsten und der offenbar den Geist der Frauen vernebelnden Zauberformel »Ich liebe dich, wie ich noch nie zuvor geliebt habe« etc.

Nicht einmal ein Prozent der Männer ließe sich dauerhaft ein derartiges Gesülze gefallen. Sie wären trotz vorhandener großer Liebe zu der verheirateten Frau viel zu stolz, lange in dieser Schattenposition zu verharren.

Last, but not least: Geliebte nehmen den Ehefrauen nicht die Männer weg, brechen nicht böswillig in Beziehungen ein. Die Ehemänner sind es, die in fast 100 Prozent aller Fälle die Initiative ergreifen, und wenn die eine nicht anbeißt, versuchen sie es bei der nächsten. Natürlich wäre es am besten, wenn keine einzige Frau die verheirateten Fremdgeher mehr erhörte, dann hätten es die Fremdgeher schwer, und den potenziellen Geliebten bliebe viel Leid erspart. Aber wenn Amor erst einmal seinen Pfeil abgeschossen hat und – biologisch gesprochen – die Hormone erst mal in Wallung geraten sind, ist meist alles zu spät.«

Die Skeptikerin

»Tja, warum tun sich die attraktiven Frauen das an? Weil sie alle Liebe suchen und die Ehemänner besonders gut lügen können. Das mit der Liebe und dem Geschwätz sollten die attraktiven Frauen einfach nicht glauben. Männer wollen erobern, und wenn sie am Ziel sind, ist die Geliebte nur noch halb so interessant. Ich bin der Meinung, dass eine attraktive, gutaussehende Frau, die auch noch selbstbewusst ist, nicht so anfällig ist für das Geliebtendasein.«

Die Glückliche

»Ich bin seit 15 Jahren mit meinem Geliebten zusammen. Ich bin fünf Jahre älter als er und ca. zwölf Jahre älter als seine Frau. So viel zu dem Thema. Und ein Mann sucht immer das Gegenteil von dem, was er zu Hause hat. Ich könnte auch andere Männer haben, will ich aber nicht. Ich will überhaupt keine feste Beziehung haben. Ich war über zehn Jahre verheiratet, und das hat mir nicht gefallen. Ich habe mich dann getrennt und lebe seitdem allein mit meinem Kind besser. Aber ich bin verliebt in »meinen Mann«. Sicher kann er sich nicht entscheiden. Aber wie gesagt, ich habe mein eigenes Leben und will gar keine feste Beziehung. Ich brauche meine Freiräume und alten Gewohnheiten. Ich setze ihn auch nicht unter Druck, warum auch, ich liebe ihn doch. Wenn wir uns treffen, ist es wunderschön, wenn wir uns mal eine Woche nicht sehen, ist es auch schön. Es kommt kein Alltag auf, das ist ja der Vorteil so einer Beziehung. Es wird eben nie langweilig, und man begegnet sich immer neu. Ich habe eine Freundin, die wurde von ihrem Mann nach 18 Ehejahren verlassen, er hat seine Jugendliebe geheiratet. Er ist ein Leben lang immer auf diese Frau zurückgekommen, obwohl er eine andere geheiratet hatte, und am Ende gab es doch ein Happy End. Die Geliebte wusste alles von dem Mann, seine Ehefrau wusste nichts von ihm. Der Mann hat sich gesagt, ich will das Alter mit der Frau verbringen, nach der ich mich ein Leben lang gesehnt habe, und beide haben auf Mauritius geheiratet. Da war der Mann 56 und die Geliebte 62. Als die 42-jährige Frau davon erfahren hat, hat sie ganz schön dumm aus der Wäsche geguckt. Es heißt ja immer, Männer nehmen sich irgendwann eine Jüngere. So ein Quatsch. Wenn sie zu Hause was Junges haben, dann nehmen sie sich eine Ältere!«

Was wollen uns diese Statements sagen?
Um sich selbst als Betrogene zu positionieren, ist es hilfreich, einen Blick auf die unterschiedlichen Facetten der Frau im Hintergrund zu werfen. Macht man sie etwa nur für Dinge verantwortlich, die eh in der Beziehung nicht mehr stimmen? Ist sie nur Auslöser für Debatten um Partnerschaften, die sowieso einen Knacks haben? Und vor allem: Selbst wenn der Erwischte es bereut und die andere aufgibt, wer garantiert mir, dass dann nicht bald die nächste kommt – nur mit dem Unterschied, dass der Ehemann aus seinen Fehlern gelernt hat und sich schlauer anstellt, sodass man überhaupt nicht mehr dahinterkommt? Dann finde ich mich als Frau doch früher oder später als Betrogene in derselben Situation wieder.
Da nenn ich Größe, was wenige, aber zumeist sehr kluge Ehefrauen zustande bringen: Sie haken sich bei der Geliebten ein und sagen: »Schatzilein, ich weiß doch, welchen Schwerenöter ich geheiratet habe! Wenn du es nicht bist, wird es eine andere sein. Dann fangen wir alle nur wieder von vorne an. Ich bin froh, dass du es bist, du bist fesch! Gott sei Dank nicht so was Dahergelaufenes, was die anderen haben. Drum lasst uns nett zueinander sein. Im Namen der Liebe!«
Es gibt sie, die wirklich klugen Ehefrauen, leider sind sie selten. Wie alles, was edel ist.
Alternativ gibt es jede Menge Männer, die den besten Ehemann und Familienvater abgeben, aber nun mal als Hobby nebenher zu Prostituierten gehen. Meistens in der Gruppe

eines Männervereins. Wenn eine Frau das nicht akzeptieren kann, bleibt ihr nur die Möglichkeit zu gehen.

Doch auch da finden gebeutelte Ehefrauen nicht selten ihre ganz persönliche Haltung: »Mir ist lieber, mein Mann, mit dem ich seit 26 Jahren zusammen bin, gönnt sich mal einen Abend mit einer Hure, als dass er sich was Festes nimmt und zu einer anderen Frau ein liebevolles Verhältnis aufbaut. Das würde mich enorm verletzen, und ich könnte damit nicht leben. Aber eine sexuelle Dienstleistung bei einer Frau, die er niemals wiedersehen wird, kratzt mich recht wenig. Was ist das schon? Es bedeutet doch gar nichts, wenn die ihm Erleichterung verschafft und er dort bekommt, was er braucht. Nie würde mein Mann sich in eine solche Frau verlieben. Bei einer Geliebten ist jedoch immer mehr im Spiel, als die Männer zugeben wollen. Nein, Prostitution ist eine saubere Sache, ein ganz klarer Deal, bei dem es für alle Beteiligten keine Missverständnisse gibt. Ich sehe es inzwischen sogar auch als sexuelle Entlastung an. Soll sich doch ein Profi mit ihm abmühen.«

In dieser Beziehung wurde der Versuch umgesetzt, die Seitensprünge zu legitimieren, genau wie es Paare tun, die dafür den Swinger Club in Anspruch nehmen. Diese Möglichkeiten sind als offizielle Orte unserer Gesellschaft installiert, um das offensichtlich unausrottbare Bedürfnis der Männer nach Abwechslung unter Kontrolle zu bringen. Wären Männer auch nur in der geringsten Form vom Seitenspringen therapierbar, hätten sich niemals derartige Einrichtungen und Geschäftszweige etablieren können.

Ob man als Frau damit klarkommt, kann man sich nur im stillen Kämmerlein beantworten. Sicher setzt dies eine Kompromissbereitschaft der Betrogenen voraus und die Akzeptanz, dass man den Mann an seiner Seite wohl niemals ändern kann. Diese Frauen haben sich von dem Treueideal verabschiedet und sich damit abgefunden, dass der Mann als solcher nun mal nicht zu ändern ist. Für einige Frauen ist es nun mal die beste Lösung, Untreue zu akzeptieren. Diese Frauen wägen ab: Es steht in keinem Verhältnis, meinen Mann aufzugeben, nur weil er dann und wann mal fremdgeht. Da akzeptiere ich lieber Seitensprünge auf dem kleinsten gemeinsamen Nenner als eine Trennung, die die Familie zerreißt und Wunden hinterlässt, die nie verheilen werden.

Sicher ist: Man kann Seitensprünge nicht prinzipiell über denselben Kamm scheren. Es sei denn, Sie gehören zu den 50 Prozent der Betrogenen, die angeben, egal was die Umstände auch sind, Untreue hätte die sofortige Trennung zur Folge. »Wie soll ich jemals wieder vertrauen und glauben können, wenn mein Mann mich in dieser Form hintergangen hat?«, lauten die Kommentare immer wieder.

Hingegen gibt es auch eine Gruppe von Frauen, die sagt, sie könne dem Mann unter gewissen Umständen vergeben. Weil zur Liebe auch Verzeihen gehört. Aber: Was *vor* dem Seitensprung gesagt wird, ist oft etwas völlig anderes als das, was *nach* dem Seitensprung passiert. Klar, denn es besteht ein Zusammenhang mit der Art der Affäre, welcher man sich als Frau gegenübersieht:

Welchen Typ Geliebte bevorzugt mein Mann?

Die Prostituierte (im Prinzip ungefährlich)

Sie ist eine Dienstleisterin in Sachen Sex. Der Mann, der hier hingeht, will Triebabfuhr, keine Liebe. Und meistens auch kein neues Leben. Nur ein bisschen Hand-Entspannung. Manchmal reicht es nicht mal mehr dazu, und es wird nur gequatscht. Oder es geht gleich zur Sache, und zwar möglichst unromantisch, eher im Stile einer professionellen Verarztung.

Geliefert wird, was bestellt wurde – so werden Klienten abgefertigt, und dies seitens der Prostituierten so unaufwendig wie möglich. Die freut sich auf die Kohle und ihren Feierabend.

Der Ausrutscher / One-Night-Stand (meistens ungefährlich)

Der Mann ist unterwegs, es ist spät, er feiert. Irgendeine Tussi setzt sich auf seinen Schoß, gibt eindeutige Signale. Und er sagt nicht nein. Weil er einen in der Krone hat und gar nicht recht weiß, wie ihm geschieht. Am nächsten Morgen sieht die Frau nur noch halb so gut aus wie im abendlichen Schummerlicht – und er kehrt die Sache lieber schnell unter den Teppich. Auf dem Heimweg sagt er sich: »Das wird nie wieder passieren.« So jemand braucht eigentlich mehr Trost als Schelte.

Die Dauergeliebte (gefährlich)

Das Dieter-Wedel-Prinzip: für den Mann, der es gerne beständig mag. Da wird auch das zweite Bett irgendwann zum Zuhause und die Geliebte nicht weniger fordernd und nörgelig als die Ehefrau. Unwahrscheinlich, dass er die Erstfrau durch die Zweitfrau ersetzt – oder umgekehrt. Denn eigentlich ist eh beides Jacke wie Hose. Solche Männer brauchen mehr als Sex. Zuhören, Zuneigung, Nähe, Achtung, Respekt, Wärme, gemeinsames Lachen, Anerkennung – alles, was zu einer Superbeziehung gehört. Ist ja auch eine Beziehung, nur halt sehr kompensiert – ein Mikrokosmos, die Puppenstube einer Beziehung. Da ist definitiv Liebe im Spiel, wenn auch nur im Miniformat. Alles eigentlich sehr schön. Die Dauergeliebte wird ihre Gründe haben, wenn sie die Rolle der Platzhalterin in Kauf nimmt. Das tut man nur für Menschen, die man liebt. Und den Liebenden gehört die Welt. Alles ist möglich!

Die beste Freundin / die Ex (riskant)

Eigentlich will der Mann weder zur Ex zurück noch mit seiner langjährigen »Kumpeline« anbandeln. Manchmal passiert es aber dann doch. Vor allem, wenn die Ex oder beste Freundin da (noch) ernsthaft verliebt ist und baggert, was das Zeug hält. Dann wird diese Frau auch kämpfen,

211

denn sie will ihn ja unbedingt … und sie kennt ihn, denn sie war schon da, bevor es die Nachfolgerin gab. Sie hat sogar die Trennung mit ihm hinter sich, und nichts schweißt mehr zusammen als die Krise. Danach wieder zusammenzufinden bedeutet verzeihen zu können. So ein Paar hat das volle Programm durch. Zurück zur Ex, das klingt verdammt nach Charles und Camilla – die betrogene Ehefrau wird wenig an der Sache ändern können. Sie hat eindeutig schlechte Karten. Soll sie sich doch arrangieren, mit der Ex anfreunden oder zumindest die Lage akzeptieren. Wenn sie also nicht über sich hinauswächst, was bleibt ihr dann noch übrig? Sie ist aufgefordert, den Rotstift anzusetzen und der eigenen Biographie eine unvorhergesehene Wendung zu geben.

Die interessante Büroaffäre (explosiv)
Die nette neue Kollegin, das erste gemeinsame Projekt, Blicke, neckische Kommentare, Überstunden, gemeinsame Mittagessen, Abendessen, After-Work-Cocktails … und hier und da mal zufällig die Hand auf dem Arm des anderen: Da muss man schon ausgesprochen unattraktiv und plump sein, wenn da nichts geht!
Gerade der kühle Büroalltag macht das Flirten so reizvoll. Und man hat ja auch automatisch so viele Gemeinsamkeiten, über die man reden kann. Parkplatzmangel, das schlechte Essen in der Kantine, Überstunden. Und perfekte Entschuldigungen, um immer mehr Zeit miteinander zu verbringen. Die Arbeit ruft halt. Nicht mal verabreden muss man sich, geschweige denn auf Anrufe des anderen warten! Wo man unter anderen Bedingungen vielleicht mal in sich geht und die Sache überdenkt, da steht im Büro schon sie im Bleistiftrock mit frisch gebrühtem Kaffee und duftenden Croissants auf der Matte, während zu Hause Mutti mit verwüstetem Haar und verquollenem Gesicht schlechtgelaunt die Schulstullen schmiert.
Dasselbe Muster gilt auch für die Steuerberaterin, die Yo-

galehrerin, die Homöopathin, die Masseurin und die diversen fleißigen Helferinnen, die für das Wohlbefinden eines Mannes sorgen. Man findet sich meistens vor dem Sex schon sympathisch, nett und anziehend – und hinterher stellt Mann sich schnell die Frage: Das passt doch alles so gut, warum eigentlich nicht ...?

Jaaa, wenn man das alles in Betracht zieht und nebenher noch gut aussehen soll, da kommt man als Frau doch wirklich kaum zur Ruhe!

Nur in Illustriertenkolumnen und Trivialromanen ist das Leben so einfach, dass man es auf den kleinsten gemeinsamen Nenner bringen kann: Entweder der Seitensprung belebt und fördert die Ehe, oder er tötet die Liebe und vernichtet das Vertrauen. Das wäre ein Schwarz-Weiß-Denken, an dem man sich zwar orientieren kann – aber eben auch nur, solange man die Graustufen in der Vielfalt ihrer Schattierungen nicht wahrnehmen will.

Der einzige Gerichtshof, der jedoch zur Entscheidung führt, ist der innere Dialog des betroffenen Paares. Und die Entscheidung über die weitere Zukunft Liebender in der Krise hängt davon ab, ob beide Teile willens sind, aus der Verliebtheit eine alltagstaugliche Beziehung zu basteln. Man muss sagen »basteln«, denn in der Liebe bleibt man immer Amateur. Der Bauplan, nach dem wir das Traumschiff unseres Lebens zusammenkleistern wollen, wird uns sowohl ermutigende Ergebnisse als auch verzweifelte Zusammenbrüche bescheren. Es gibt kein verbindliches Konzept, um eine Liebe zu retten. Lebensbaupläne, die moralischen Normen standhalten sollen, gehören in die gnadenlose Welt der Ideale.

17.
Ein Wort an die Geliebte

Lüge ist eine Waffe – die weibliche Zunge aber auch! Und was für eine … Seien es Engelszungen, heiße Küsse, das genüssliche Verzehren einer Mousse au chocolat, tantrische Liebestechniken oder Haare auf den Zähnen – was wären wir Frauen bloß ohne unseren Mund? Verdanken wir ihm nicht so ziemlich alles?

Einem Mann wird es immer blendend gehen, wenn zwei Frauen auf ihn warten, um ihn buhlen, sich nach ihm verzehren. Mindestens zwei. Wenn es jedoch was Ernstes werden soll, dann muss eine eventuell vorhandene Dritte schleunigst entsorgt werden. Denn zwei Frauen glücklich zu machen wird meistens erst dann gestartet, wenn der Versuch, nur eine einzige glücklich zu machen, kläglich gescheitert ist.

Das ist Männermathematik: minus mal minus soll ja plus ergeben, also kann Mann nach diesem Rechenschema nur gewinnen. Bloß – was wird aus uns? Eine Weile wird die neu eröffnete Zweigstelle Nebenfrau zumindest hoch im Kurs stehen!

Für Männer ist dieser Zustand ein Ideal. Mutter und Heilige, Hure und Geliebte – alles hat im Leben eines betrügenden Mannes Verwirklichung gefunden. Dies verleiht den Affären Stabilität und Ausdauer. Das treibt Männer dazu, es immer wieder zu tun, auch wenn sie Frau und Familie lieben und ein echt netter Kerl sind. Verzicht auf irgendeiner Seite käme Kastration gleich.

Wenn das Herzklopfen sich bei einer der beiden Parteien

zurückmeldet, steht der Betrogene dem machtlos gegenüber. Nicht selten hat eine heimliche Jugendliebe Verlobung, Heirat, Ehe und Scheidung überstanden. Und immer wieder kommt es vor, dass sich die heimliche Liebe am Ende als die Lebensliebe entpuppt. Siehe Charles und Camilla. Denn die heimliche Liebe wird niemals einen zermürbenden Scheidungskrieg sterben. Sie ist den Anfechtungen des Alltags und bürgerlicher Gesetzgebung gar nicht erst ausgesetzt. Eine erprobte heimliche Liebe ist extrem, gestählt, gnadenlos, loyal, stabil, und sie hat sich trotz widrigster Bedingungen bewiesen. Sie gibt Halt. Sie ist unangefochten durch Gesetze, Urkunden oder den Liebeseid anderer.

Eine Dauergeliebte wird Intimfreundin, Geliebte, Schwester, Vertraute und Fels in der Brandung sein. An ihr kann die Ehefrau sich bestenfalls die Zähne ausbeißen – oder sich entscheiden, ob sie sich nicht gefälligst mit ihrer Lage abfinden will. Denn während die Angetraute fordert, nörgelt, mosert, jammert, beklagt, repariert und therapiert, wird die perfekte Geliebte Traumfrau sein, lieben, träumen, sehnen und sich vor glühender Leidenschaft verzehren ... solange sie ein Eigenleben hat und nicht däumchendrehend die Stunden bis zum nächsten Rendezvous zählt. Denn das wäre schon wieder Frustprogramm mit eingebautem Enttäuschungsmodus. Also vergessen Sie als Geliebte dieses ganze Repertoire von »Hilfe, er ruft nicht an«-Symptomen.

Merke: Umso autonomer die Frau, welche eine heimliche Liebe lebt, desto freier wird sich diese entfalten können. Am allerfeinsten wären Sie als Geliebte raus, wenn Ihre Zeit es Ihnen kaum erlaubt, ein paar Stündchen für Ihren Herzensbrecher abzuzwacken. Es muss vom Layout her auch ohne Mann verdammt gutgehen können. Dann setzen Sie sich von der gestressten, gehetzten, geplagten Mutti daheim, die ohne den arg gegängelten Papi gar nicht klarzukommen vermag, souverän ab und werden zum

Maßstab dafür, wie es sein könnte, wenn man doch nur sein Leben im Griff hätte.

Tyrannische Kontrollgesetze wie in einer Ehe sollte es bei einer Geliebten nicht geben. Schließlich setzt Ihr Herzbube auch was aufs Spiel, hat er doch verdammt viel an der Hacke, seine neue Realität bestehend aus Lüge und Wahrheit unter großem Aufwand an Ausreden und Konstrukten zu Hause plausibel zu verkaufen.

Umso wirksamer das Geheimnis der Daueraffäre geschützt wird desto mehr kann diese erblühen – Hauptsache es bleibt jeglichem Verdacht die Basis entzogen. Planung, Diskretion und Disziplin sind die Säulen der heimlichen Liebe. Ohne Pokerface geht da gar nichts.

In diesem Zustand der Verschmelzung können die heimlich Liebenden innige Nähe aufbauen, weil auch das Geheimnis der Liebe sie verschweißt. Sie werden zu Verbündeten in Sachen Romantik. Dies ist der Ursprung des Zusammenhanges von Geheimnis und Erotik. Das Heimliche an sich ist ja schon erotisch attraktiv. Es ist attraktiv, woanders zu kosten, zu schnuppern, zu kuscheln, zu nuckeln, zu saugen … na ja, wir wollen es dabei belassen … und wer holt sich schon unter all den Gefahren eine Gespielin ins Haus, die nicht auch das Herz erwärmen würde?

Im Nachhinein werden Affären zwar gerne heruntergespielt, und es war natürlich alles nur völlig bedeutungsloser Sex, aber würde der denn funktionieren, wenn da nicht »mehr« sein würde? Er wäre doch schließlich nur halb so explosiv, wenn das Herz nicht mitspielen würde. Wo die Luft brennt, da pocht auch das Herz – und Männer, die dem entweichen wollen, die ziehen dann am Ende doch eher die Dienstleistung einer Erotikfachfrau vor.

Ein solch pulsierendes und vor allem intaktes (ja, auch die Lüge kann intakt sein!) Geheimnis zu verraten hieße doch seitens der Geliebten, die Beziehung zu zerstören. »Dumm gelaufen«, kann die Ehefrau nur sagen, wenn eine Geliebte *kein* dummes Flittchen, sondern eine loyale, diskrete, verantwortungsvolle und faire Partnerin ist. Eine solche Traumfrau wird alles verstehen und alles verzeihen, denn obwohl ein «böses Mädchen», vermag sie im Herzen doch ein »gutes Mädchen« zu sein.

Denken Sie bitte als Betrogene jetzt nicht an Meuchelmord, denn Ihr Fall kann völlig anders liegen, als er sich darstellt! Schon mal dran gedacht, dass es ausgerechnet die heimliche Liebe sein kann, welche sich auf die Partnerschaft stabilisierend auswirkt? Ehepartner, die kein Geheimnis mehr voreinander haben, Beziehungen, bei denen der Zauber flötengegangen ist, bedürfen einer neuen Magie! Und wer kann die schneller heraufbeschwören als eine Geliebte, die den Mann »verhext«? Bei einer ausgelutschten Partnerschaft kann die Beziehung zwar zerrüttet sein, aber immer noch stark genug, um eine neue zu verhindern. Das ist eine Atmosphäre, in der sich nicht wenige Geliebte wiederfinden. Und natürlich genauso eine schwere Prüfung! Bezwingbar natürlich nur mit einem lodernden Herzen und jener Opferbereitschaft, die unsterblicher Liebe innewohnt.

Also hat die Geliebte auf jeden Fall ihr Päckchen zu tragen, was mich immer wieder zu der Annahme verleitet, ein gemeinsames »Karten-auf-den-Tisch-Werfen« im Beisein eines Therapeuten wäre der einfachste Weg, eine gemeinsame Lösung zu erreichen.

Aber wer will sich dem Elend dieser bitteren Enttäuschungen auf allen Seiten aussetzen? Und mit welcher kehrt der Tausendsassa dann heim? Nein, wir wollen es nicht vertiefen ...

Wie unlösbar die Lage der Geliebten auch sein mag, Verrat würde die heimliche Liebe nur entwerten. Den Betrügenden zu denunzieren, würde dazu führen, von ihm gehasst zu werden. Denn der Verrat trifft den am meisten, der sich nicht vorstellen konnte, verraten zu werden: den Seitenspringenden. Er vertraut der Geliebten. Und hier das Vertrauen zu missbrauchen käme einem Racheakt der

Geliebten gleich. Tun Sie es nicht! Widerstehen Sie. Verrat vernichtet! Mit Verrat kann keiner Liebe ernten, sondern nur das Gegenteil. Der Mann, den das Herz der Geliebten so sehr begehrt, wird diese nicht mehr lieben können, weil sie ihn in den Augen seiner Ehefrau zum Verräter gemacht hat.

Statt zu denunzieren, sollten Sie lieber an realistischer Zukunftsplanung feilen – und sich fragen: Hat die heimliche Liebe überhaupt Chancen, einmal offen akzeptiert zu werden? Und die Frage sollte lauten: Wie stabilisiere ich meine heimliche Liebe? Lohnt sich dieser Opfergang in Sachen Verschwiegenheit überhaupt? Kann ich darauf verzichten, mich meiner Eroberung zu rühmen? Wie vermeide ich, dass die Beziehung bröckelt? Was bleibt mir, wenn es vorbei ist? Könnten all meine Manöver der Anfang vom Ende sein? Und immer wieder die Frage: Warum tue ich das überhaupt? Lohnt sich das?

Die Antwort auf all diese Fragen wird immer wieder dieselbe sein: ein Herz in Flammen vertraut. Vertrauen Sie also. Worauf? Das weiß kein Mensch! Sicher ist nur eins: In dem Moment, wo der Pfeil Amors auf ein füreinander bestimmtes Paar abzielt und Eros von außen am Fundament der legalen Partnerschaft rüttelt, wird Eros zum Erlöser werden. Erlösung verschafft Heilung. Amor wird die Betroffenen befreien – von längst unerträglich gewordenen Notprogrammen, von partnerschaftlichen Kompromissen für die eine Seite, von Einsamkeit und quälender Sehnsucht für die andere. Cupidus, der mit dem goldenem Pfeil der Liebe. Für alle von ihm Getroffenen auf jeden Fall immer ein Neuanfang.

18.
Strategien für Liebe mit Riss

Eine neue Liebe/Affäre ist immer durch Rausch geschaffen, nicht durch Plan! Im Glück fragen die Liebenden nicht, wie es weitergehen soll. Man genießt den Moment und vergisst die Wirklichkeit. Auch dies ist Teil der romantischen Magie. Aber wenn das Kind erst in den Brunnen gefallen ist, wenn das Glück angeschlagen ist, spätestens dann zwingt uns die Wirklichkeit die Frage auf, wie es denn mit der Fortsetzung aussieht. Hier klopft die Alltagstauglichkeit an die Tür – bei allen Beteiligten.

Nur die/der Betrogene allein kann urteilen, ob der Schmerz, der mit dem Seitensprung einhergeht, es wert ist, in der Beziehung zu verharren. Bedenken Sie: Nur jeder fünfte Mann, der fremdgeht, wird seine Frau dafür verlassen. Für die betrogene Frau mag das ein Hoffnungsschimmer sein, aber der Preis, der emotional zu zahlen ist, kann die eigene Substanz auffressen. Strategien, um damit klarzukommen, dass der Partner immer wieder neu das Gefühl der Verliebtheit bei anderen suchen wird, können Hilfestellung geben, wenn es heißt: »Und wie soll es nun mit uns weitergehen?«

Es gibt kein Patentrezept, aber Strategien zu kennen heißt, zuerst einmal die Kontrolle über die eigenen Gefühle wiederzuerlangen und die Wunden verheilen zu lassen, damit das Leben weitergehen kann. Im Laufe der Zeit klären sich viele Fragen dann von selbst. Bevor man das Fremdgehen des Partners resignierend akzeptiert, sollte nichts unversucht bleiben, um der Treue eine reelle Chance zu geben.

Und die Untreue zu verhindern. Schließlich ist das Leben nie hoffnungslos – nur momentane Situationen können es sein.

Hier ist der Wegweiser zur hausgemachten Erste-Hilfe-Station. Betrachten Sie die folgenden Strategien als Notversorgung für geschundene Seelen:

Ignorieren

Manche Frauen schaffen es, die Tatsache, dass sie andauernd betrogen werden, einfach zu verdrängen. Sie stecken den toupierten Kopf in den Sand und sagen sich: »Was ich nicht weiß, macht mich nicht heiß« – wohl wissend, neben welchem Schlawiner sie eines Tages in der Grube liegen werden.

Nicht dass man diesen Frauen mit Skepsis begegnen sollte. Sie haben den Anspruch auf körperliche Treue durch eine andere Form der Treue ersetzt: die besteht darin, das Vertrauen zu haben, dass die Untreue des Partners die Ehe oder das Verhältnis nicht beenden wird. Unter dem Motto: »Mein Mann würde mich nie verlassen, egal wie viele Frauen er nebenbei noch flachlegt.« Meistens sind die Gründe für diese innere Haltung praktischer Art: Kinder oder Geld. Jedoch sagt sich auch so manche dieser Frauen: »Mein Mann hat alles, was ich mir von einem Partner erträume – bis auf seine kleine Schwäche mit den Frauen. You always have to take the whole package, also nehme ich das gerne in Kauf!«

Nun gibt es allerdings auch Männer, die ein Leben lang verheiratet waren und immer nur in bestimmten Phasen fremdgegangen sind. Die Frauen haben einfach weggeschaut, statt zu riskieren, all die Pluspunkte zu verlieren, die der Mann und die Ehe ihrem Leben verliehen haben. Und in welcher Partnerschaft gibt es nicht nach langen Dekaden vereinzelte Schattenseiten, auf die man nur ungern zurückblickt? So besteht diese Strategie im Wesentlichen daraus, abzuwägen. Abzuwägen, in welcher Relation das gemeinsame Leben mit dem Partner zu seiner Untreue steht.

Risiko: die andere, die er dann wirklich liebt! Aber auch da gibt es Ehefrauen, die ihre Ansprüche so gesenkt haben, dass sie sagen: »Nur Weihnachten musst du zu Hause sein.« Die schauen sogar weg, wenn die Dauergeliebte die offizielle Begleiterin auf dem roten Teppich ist. Und der eigene Mann die Geliebte zur Vorstandschefin macht. Da kommen diese Ehefrauen sogar noch zur Party und stoßen mit an. Wer damit klarkommt? Für mich wär's nix!

Erst mal Urlaub machen

Aus praktischen und emotionalen Gründen kann es hilfreich sein, erst mal zu fliehen – weniger innerlich als äußerlich. Körperliche Distanz kann dazu verhelfen, die Dinge aus einem neuen Blickwinkel, mit Abstand zu betrachten. Neues Klima, neue Menschen bringen nicht selten neue Ideen und Lösungsmodelle mit sich. Oder aber man steckt mitten in Projekten und Verpflichtungen, die es nicht zulassen, überstürzt die Kraft und innere Kapazität aufzubringen, die für eine spontane Trennung erforderlich sind.

Urlaub machen könnte auch einhergehen mit »Trennung auf Probe«. Teil dieses Konzeptes wäre, die Affäre vorerst zu dulden. Es ist das Gegenteil von »Du musst dich entscheiden – die oder ich!«. Das Problem wird sozusagen offiziell aufgeschoben. Der »Urlaub« kann aber auch seitens des Fremdgehenden genommen werden – Ferien von der Affäre also. So könnte die Lösung in etwa lauten: Momentan ist keiner von uns in der Lage zu entscheiden, wie es weitergehen soll. Lass jeden von uns Urlaub machen. Du bist treu, und ich werde keinen Gegenangriff starten. Erst einmal wird Zeit gewonnen. Aber die Zeit wird irgendwann abgelaufen sein. Und im schlechtesten Fall kehrt der Partner mit der Erkenntnis zurück, auf die andere nicht mehr verzichten zu können. Dann ticken die Uhren plötzlich anders! Im besten Fall jedoch kann der Konsens lauten »Schwamm drüber«. Motto: »Tu das nie wieder!«

Getrennte Wege gehen
Diese Strategie besteht darin, aktiv neue Interessen anzugehen und sich selbst als die Betrogene neue Ziele zu setzen, den Fokus des Lebens zu verlagern. Nicht der Mann und dessen Affären sind Mittelpunkt, sondern *ich* mit meinen völlig neuen Perspektiven. Die Zeit, die früher in die Beziehung investiert wurde, gehört nun mir.

So nutzen Frauen die Krise als Start in eine neue Karriere, als persönlichen Freiraum, der mit der Entwicklung spezieller Talente gefüllt werden kann – sei es geschäftlicher Art, seien es Hobbys oder spezielle Neigungen. Praktisch hieße das, die eine Frau nimmt sich einen Liebhaber, die andere geht zum Golfen, die dritte schreibt Bücher oder knüpft wieder an den Beruf an. Der Pluspunkt dieser Strategie: Es ist leichter, all diese neuen Lebensperspektiven unter dem finanziellen Schutz des Partners anzugehen. Das Haus bleibt unangetastet, für die Kinder ändert sich äußerlich wenig, und der Ehemann bietet kollegiale Unterstützung, um in die Startlöcher zu kommen. Funktioniert nur bei Leuten, die nicht mittellos sind. Im besten Fall sind solche Männer so mit Schuldgefühlen belastet, dass sie großzügig als Sponsor auftreten, um im Gegenzug den häuslichen Frieden zu sichern. Scheidet leider aus, wenn der Mann nichts zu vergeben hat.

Aber im Prinzip verbleibt dennoch als Ausweg, sich durch getrennte Wege auf Unabhängigkeit einzustellen und ein Leben ohne den geliebten Partner denkbar werden zu lassen. Zumindest als ein erster Schritt!

Alternative Lebensstile
Hierunter verstehe ich Strategien, die einige Leute schockierend finden mögen, die aber schon so manche Ehe ret-

ten konnten. Die Majorität der Betrogenen schlägt diesen Weg *nicht* ein, wohl weil es nicht der konservative ist. Dem Konzept ist zu eigen, das dieser Lösungsweg akzeptabel sein kann, wenn die Probleme des Paares eher im sexuellen Bereich liegen. Die Beziehung an sich ist nicht in Frage gestellt, nur im Bett läuft so absolut gar nichts mehr. Wenn das Paar willens ist, die Ehe nach außen zu öffnen, können sexuelle Vorlieben und Spielweisen die Lösung sein, um das Vertrauen wieder aufzubauen und zu erhalten. Alternative Lebensstile liegen eher den Männern als den Frauen, die nicht so experimentierfreudig sind. Jedoch kann der Erotik eine völlig neue Dimension verliehen werden, wenn das Paar sich sagt: Wir sind Swinger!

Dreier, Bisexualität, Voyeurismus, Hardcore-Praktiken werden auf Dauer das erotische Klima der Beziehung nur retten, wenn die Frau wirklich dahintersteht und es ein Turn-on für beide ist. Nur ein sehr kleiner Prozentsatz von Frauen hat die Bereitschaft, sich praktisch zur Benutzung freigeben zu lassen und sich dem Mann als Lustobjekt für die Befriedigung seiner sexuellen Wünsche in allen Varianten zur Verfügung zu stellen. Wenn Sie persönlich jedoch dazugehören – Bingo!

Betrachten wir ein Paar, dessen Geheimnis einer glücklichen Ehe der alternative Lebensstil geworden ist: Robert und Monika leben am Rande einer Großstadt und erscheinen als das ganz normale, unauffällige Paar. Doch weder Freunde, Bekannte, Familie oder Kollegen wissen, dass Robert Monikas Nacktfotos in verschiedenen Internetforen und Magazinen geschaltet hat, die Swinger und Extremkontakte vermitteln. Seit 22 Jahren sind Robert und Monika im Bereich Partnertausch unterwegs. Es fing damit an, dass Robert das Vertrauen von Monika nicht verlieren wollte, als diese erste Zweifel im Hinblick auf die eheliche Treue befielen. Die Ehe des Paares war intakt – außer dass Robert aushäusig unterwegs war.

Wechselnde Partner, Gruppensex, S/M, Voyeurismus setzen

voraus, Liebe von Sex trennen zu können. So entschied sich das Paar, es einmal mit dem zu versuchen, was Roberts ultimative Phantasie war: Monika zuzuschauen, wie sie von verschiedenen Männern befriedigt wird. Das Hobby dieses Paares ist es geworden, eigene Pornofilmchen zu drehen und diese zu archivieren. Auch das Internet ist für dieses Paar eine riesige Spielwiese geworden. Man hat seine eigene Homepage installiert, in der Monika ausgestellt, bewertet und vorgeführt wird – als Hure.

Monika zeigte sich experimentierfreudig und willig, was außergewöhnliche Praktiken der härteren Gangart anbetrifft. Aus Liebe zu ihrem Mann nahm sie alles in Kauf, was er von ihr erwartete, und zog daraus sogar selber größten Lustgewinn.

Sexuelle Befriedigung muss in diesem Fall von Eifersucht und Besitzansprüchen getrennt werden. Für viele Männer und Frauen bleibt ein Ausflug in diese Welt nur ein Experiment. Auf 200 Frauen kommt nur eine einzige, die regelmäßig für Gruppensex oder offene Spielarten zur Verfügung steht. Andererseits haben 25 Prozent aller Männer schon an Orgien teilgenommen. Umgesetzt werden kann diese Strategie nur, wenn beide wirklich dasselbe wollen.

Liebe zu dritt

Das ist eine Strategie nach dem Motto »Es wäre doch gelacht, wenn wir als Paar nicht mit allen Anfechtungen und Krisen unserer Beziehung umgehen können!« – und sei es auch auf Kosten des Exklusivitätsanspruches auf den Partner in Sachen Liebe.

Unwichtige Seitensprünge oder One-Night-Stands sind in solchen »offenen« Verbindungen gar nicht erwähnenswert. Liebschaften, die jedoch über den sexuellen Spaß hinausgehen, sollen nicht nur akzeptiert, sondern darüber hinaus in die bestehende Partnerschaft integriert werden. Eigentlich eine Herausforderung. Voller Entwicklungsanreize das Ganze. Während Frauen vielleicht über Partner-

224

tausch phantasieren, sieht die Sache anders aus, wenn die Liebe im Alltag in jeglicher Hinsicht geteilt werden soll. Liebe zu dritt bedeutet nicht nur das Bett, sondern auch das Haus zu teilen. Triebspannungen erfahren neue Formen des Abbaus, die den Beteiligten anfangs reizvoll erscheinen mögen. Eine solche Konstellation aber alltagstauglich werden zu lassen birgt große Gefahren: massive psychische Überforderung, seelische Erschöpfung, Eifersüchteleien und endlosen Streit, der in psychosomatischen Krankheiten münden kann. Der Anspruch an Wahrhaftigkeit steht in Widerspruch zu unseren Liebesidealen. Denn Liebe zu dritt auszuhalten gelingt nur, wenn unsere normalen Bedürfnisse verleugnet und unterdrückt werden.

Man kann auch mit Wahrheiten überfüttert werden! So landen nicht selten Vertreter dieser Strategie beim Analytiker, weil sie es einfach nicht mehr aushalten, von jedem Seitensprung in Kenntnis gesetzt zu werden. Dann wünscht man sich, der Partner möge doch bitte seine Seitensprünge mit sich selbst ausmachen und einen nicht in seine Affären mit hineinziehen.

Die offene Ehe ist im Grunde nur Scheintreue. Dieser Lebensstil stellt die höchsten Anforderungen an die Souveränität und das Selbstbewusstsein der Beteiligten und bleibt als Strategie für die meisten von vorneherein ausgeschlossen.

Trennung

Es gibt Paare, die jahrelang getrennt leben, ohne sich jemals scheiden zu lassen. Sie haben einfach vergessen, sich einen Termin zu setzen.

Trennung kann auch als Übergangsphase verstanden werden, um die Scheidung auszuprobieren. Für Frauen, die sich von dominierenden Partnern unterdrückt gefühlt haben, kann die Trennung zu einer solch befreienden Wirkung führen, dass die Scheidung mit Freude vollzogen wird.

Oder es wird der Versuch gestartet, sich gegen den Willen des Partners zu trennen, nur um der Affäre ein Ende zu setzen. Motto: »Ruf mich an, wenn du mit der anderen fertig bist, dann komme ich vielleicht zu dir zurück.« Das Ende der Trennung ist an die Bedingung gekoppelt, die Langzeitgeliebte aufzugeben. Wohin diese Strategie letztlich führt, entzieht sich aber der Kontrolle. Denn wie es den Partnern während der Trennung auf Probe geht, ist kaum absehbar. Unter Umständen sehen sie auch ein, dass sie ohneeinander nicht auskommen wollen, und kehren reuig zum Partner zurück. Jedoch ist dieser Strategie zu eigen, dass es ein fairer Lösungsversuch ist. Denn faktisch gesehen kann eine Trennung auf Probe auch bedeuten, den Partner zu verlassen und sang- und klanglos aus dessen Leben zu verschwinden. Jeden Tag verschwinden Menschen auf dieser Welt einfach aus dem Leben ihrer Partner. Sie gehen »Zigaretten holen« und kehren nie zurück. Sie hinterlassen nicht einmal eine Erklärung. Dies ist die schlechteste aller Strategien und ein unverzeihlicher, feiger Gewaltakt. Er beinhaltet ein hohes passives Aggressionspotenzial, denn derjenige, der sitzengelassen wird, soll bestraft werden und leiden bis an sein Ende.

Auch Frauen machen sich hin und wieder auf diese Weise aus dem Staub – meistens nehmen sie noch die Kinder mit. Sie können irgendwann nicht mehr, haben alles versucht und unternehmen einen radikalen Schnitt, nur um ihre Haut und das nackte Leben zu retten. Sie wollen ganz einfach erreichen, dass der Partner sich endlich Sorgen macht und in seiner Gleichgültigkeit aufgerüttelt wird. Sie wollen, dass der, an den sie einst alle Hoffnungen geknüpft haben, sie endlich vermisst! Und das erreichen sie auch. Aber um welchen Preis?

Egal welche Strategie Ihnen auch am plausibelsten erscheint, jede wird besser sein als diese!

Ihn zurückgewinnen

Die meisten Frauen werden es für angemessen halten, dass unter den gegebenen Bedingungen einer Krise sie selbst die Person sind, um die gekämpft und deren verletztes Herz durch den Partner zurückerobert werden sollte. Schließlich sind sie die Betrogenen und damit der Teil, dem abverlangt wird zu verzeihen. Und eine ganze Reihe Frauen wären gefühlsmäßig nach einer großen Enttäuschung nicht mal in der Lage, dem Partner, welcher den gemeinsamen Traum verraten hat, mit Zärtlichkeit zu begegnen.

Doch ein kleiner, vielleicht sogar sehr raffinierter Teil aller betrogenen Frauen setzt die Romantik ganz gezielt als Strategie ein, um den Partner neu zu erobern. Dies dürfte wenig Erfolgschancen haben, wenn der Partner wirklich die Nase voll hat und sich mit einer anderen Frau ein neues Glück aufbauen will. In vielen Ehen ist die Romantik einen solch stillen Tod gestorben, dass es direkt unmöglich scheint, sie wiederzubeleben. Jedoch können die Anstrengungen, die eine Frau unternimmt, um ihren Partner mit romantischen Avancen zu betören, große Überraschungen beinhalten. Sei es das überraschende Treffen in einem Motel, sei es ein Candle-Light-Dinner, sei es ein provokatives Outfit, sei es der ultimative Schlampenlook im Schlafzimmer, sei es der Überraschungstrip am Wochenende ... Sie können damit nur gewinnen oder verlieren. Aber wenn Sie eh nichts mehr zu verlieren haben, dann können Sie eigentlich nur noch gewinnen – oder sich in Ihrer Sentimentalität lächerlich machen.

Zu Zeiten, in denen Paare einander in Liebe zugetan waren, haben sie oft persönliche Rituale des Datens entwickelt. Es sind die ganz intimen Geschenke, Düfte, die Musik, das Lieblingsrestaurant, der Lieblingsfilm und der romantische Traumurlaub. Kaum ein Mann betrügt, um die Romantik in sein Leben zurückzuholen. Männer gehen fremd, um Sex zu haben – und sich einer Frau unbelastet von jeglichem Ballast neu annähern zu können. Die

Romantik überlassen sie gerne den Frauen. So kann diese Strategie durchaus Wunder wirken und Teil der Vergebung und des neu aufzubauenden Vertrauens sein. Es ist ganz bestimmt ein wunderbares Mittel, statt eines hysterischen Furienspektakels in einer romantischen Atmosphäre die Weichen neu zu stellen.

Gegen die Wand fährt diese Methode eigentlich nur, wenn der Partner seit langem schon jegliches Interesse an einer gemeinsamen Zukunft verloren hat und er sein Ziel, die Partnerschaft aufzugeben, innerlich schon längst erreicht hat. Dann sollen Sie als Frau nämlich nur noch abgewickelt werden. Romantisches Engagement Ihrerseits wird dann als Groteske ankommen: »Stell dir vor, jetzt hat die sich ein schwarzes Negligé gekauft und stand im kurzen Rock im Schlafzimmer ... mir wurde angst und bange!«, wird der Mann dann seiner Geliebten empört berichten.

Aber wenn das Kind eh in den Brunnen gefallen ist, dann kann so ein Mann doch nur davon träumen, dass Sie sich für ihn noch ein letztes Mal nett zurechtmachen, statt ihm gleich eine zu knallen! Eine Strategie also, die durchaus Potenzial hat. Und im Übrigen immer wieder von Überraschungserfolgen gekrönt wird!

Sex als Strategie

Viele betrogene Frauen sind unfähig, zu verzeihen und zu vergessen. Eigentlich ist das schade. Jedoch stellen sich bei der Vorstellung, mit einem fremdgehenden Partner weiter zu verkehren, bei vielen Frauen die Nackenhaare auf. Verständlich. Wenn man liebt und verletzt wurde, fühlt man sich abgestoßen, angeekelt und zutiefst erschüttert. Das ist das Gegenteil von Geilheit.

Manche Frauen, die betrogen wurden, sind sogar böse auf alle Männer weltweit – sie prangern eine ganze Spezies an und sind ungerechtfertigterweise sauer auf Millionen von Männern, die sie gar nicht kennen. Das ist natürlich eine ganz bittere Pille für den Mann, der »danach« kommt.

Er wird wenig zu lachen haben und minutiös beobachtet werden! Man ist schließlich ein gebranntes Kind!

Und dennoch: Es gibt Frauen, die springen einfach über ihren Schatten und ziehen im Schlafzimmer zur Strafe die ganz große Show ab – und nicht nur dort. Wenn Treue im Leben eines Paares nur noch daraus besteht, durch Pflichtgefühl zu ersetzen, was ihm an Zuneigung mangelt, kann ein Erdbeben im Schlafzimmer eine neue Ära einläuten. So geschehen bei Paaren, die hinterher sagen: »Der Seitensprung hat uns erst richtig zusammengeschweißt – jetzt prickelt es wieder!«

Aber auch diese Methode hat ihre Tücken. Manche Männer finden es rattenscharf, wenn Sie in Konkurrenz zur Mätresse treten, und sie werden den Wettstreit zweier Frauen um seine »Kronjuwelen« möglicherweise erst recht befriedigend finden – und schon deshalb nicht von der anderen ablassen. Diese Männer törnt der Wechsel an. Wenn noch eine Dritte versorgt werden könnte, wäre es wahrscheinlich noch erregender. Also Vorsicht! Gehen Sie immer davon aus, dass Sex prinzipiell für den Mann wichtiger ist als für die Frau und dass ein Kerl einfach alles »kauft«, was ihn auch nur im Geringsten antörnt! Da müssen Sie schon damit rechnen, dass die Geliebte noch als Gespielin eingeladen wird und von Ihnen bedient werden muss. Wer's mag?

Die Affären aussitzen

Sehr viele Frauen beschließen, einfach gar nichts zu unternehmen – die Sache auszusitzen und abzuwarten, was die Zeit so bringt. Kann ja sein, dass der Mann sich wieder ändert. Oder die andere die Lust verliert, weil sich nichts verändert. Das ist auch manchmal so. Diese Strategie ist aber sehr altersgebunden. Wenn ein Fremdgänger so alt ist, dass die Ehefrau davon ausgehen kann, dass es sich dabei um ein letztes Aufbäumen vor dem endgültigen Stadium des Abdankens als geiler Hengst handelt, dann kann das Aussitzen tatsächlich eine kluge Lösung sein. Einfach alles laufen lassen und warten, bis der Alte im Bett den Herzinfarkt kriegt – oder seine mühsam in Gang gebrachte Potenz dem natürlichen Verfallsdatum erliegt.

Männer, die in hohem Alter angewidert von sich selbst auf ihr wildbewegtes Leben zurückblicken und sich neu zu der Partnerin bekennen und auf deren Barmherzigkeit hoffen, gibt es immer wieder. Sie bereuen sogar zutiefst, welche Spur der Verwüstung sie hinterlassen haben, weil sie in jungen Jahren überall ihren Saft verspritzten, wo sich nur die Möglichkeit dazu ergab. Aber diese Männer suchen in Wahrheit eine Krankenschwester! Lohnt es sich wirklich, darauf zu warten, dass bei einem Mann der Überschuss an Testosteron versiegt und kein Druck mehr abgelassen werden muss? Ja, in manchen Fällen lohnt sich das. Wenn man vor lauter Kummer nicht selbst vorher in die Grube springt!

19.

Ein Hoffnungsschimmer

Gewohnheitsfremdgänger, die in festen Bindungen leben, entwickeln im Laufe der Jahre klammheimlich ihre eigenen Strategien, um mit ihrer unglückseligen Neigung klarzukommen.

Die Intensität ihrer Entschlossenheit, zum angetrauten Partner zu stehen, ist variabel. Während einige Männer das leidenschaftliche Spektakel um Besitzanspruch, wenn sie erwischt werden, sogar stimulierend finden, hoffen die meisten darauf, dass ihr Doppelleben nie auffliegt. Genauso wenig wie eine Frau die Betrogene sein will, will ein Mann erwischt werden. Jedenfalls nicht bewusst.

Wenn Sie sich also entschlossen haben, trotz der Seitensprünge des Partners ein Paar bleiben zu wollen, wird dies nur gelingen, wenn anstelle der Erotik andere Säulen der Partnerschaft erstarken. Eine feste Beziehung besteht glücklicherweise aus wesentlich mehr Elementen als Romantik und Sex. Gerade *weil* Gewohnheitsfremdgänger immer umtriebig unterwegs sind, bleibt wenig Zeit für die Pflege anderer Freundschaften. Und gerade *weil* es viel zu verleugnen gibt, können die Kurzaffären nicht unbefangen geführt werden, sondern unterliegen der Kontrolle eines Schießhundes, damit sie sich nicht zur Bedrohung der Hauptbeziehung auswachsen. Selbst für die extremsten Fremdgänger ist das eigene Weib oft der wertvollste und wichtigste Mensch im Leben. Und sei es nur als Heimatbasis, als Auffanglager, als Anlaufstelle, als Regenerationszentrale – quasi wie beim betreuten Wohnen.

Einen Dauerfremdgänger werden Sie kaum verändern können, wenn es Ihnen nicht gelingt, seine beste Freundin zu bleiben. Ihre letztendlich einzige Waffe ist die offene Kommunikation. Um zu kommunizieren, braucht man aber Zeit. Freiräume, die nur Ihnen gehören und für die Kommunikation ein gutes Klima schaffen, müssen als Teil der Strategie gesehen werden, auf Ihr Sorgenkind Einfluss zu nehmen. Lieblingsaktivitäten, Familienrituale, gemeinsame Interessen sollten Ihnen heilig sein. Wenn eine Frau davon beseelt ist, ihren Mann trotz all seiner Bocksprünge und Ausrutscher zu behalten, muss sie dafür sorgen, dass er a) gerne bei ihr bleibt und b) gerne zu Hause ist. Das Heim muss ein Platz werden, an dem er sich wohlfühlt und zu dem er immer wieder liebend gerne zurückkehrt.

Eine gute Freundin von mir lebt seit 18 Jahren an der Seite ihres hoffnungslosen Seitenspringers. Akzeptiert hat Alexandra sein Verhalten immer noch nicht. In Kauf nimmt sie es nur deshalb, weil sie ihn als ihren Patienten betrachtet. Mit der inneren Haltung, diese Schwachstelle des Partners als Krankheit, als psychische Störung zu betrachten, erduldet sie die Last. Affären ordnet sie als Rückfälle ein wie bei einem Alkoholiker, Junkie oder Raucher, der unter bestimmten Bedingungen wieder seiner Sucht erliegt. Obwohl Familienmitglieder und Freunde Alex seit zehn Jahren dazu raten, aus der belastenden Beziehung auszusteigen, hat diese Frau die Hoffnung noch nicht aufgegeben. Sie ist geradezu romantisch besessen von ihrem Mann, man könnte sagen, ist ihm teilweise hörig. Auch wenn ihre Hoffnung scheitert, ist dies kein Argument, den Glauben daran aufzugeben, dass sie ihren Mann eines Tages ganz für sich haben wird. Und wenn es im Rollstuhl ist.

Aber auch Alex hat Strategien zur Verfügung, mit denen sie sich über Wasser hält, an denen sie sich entlanghangelt, um nicht den Verstand zu verlieren. Stehen Sie also auf der Seite der Betrogenen, die wild entschlossen ist, sich mit ihrer misslichen Lage anzufreunden und das Beste aus der Situation zu machen, so können folgende Verhaltensmuster die Chance beinhalten, mit der Herausforderung fertigzuwerden:

Mehr Freiraum für den Partner
Manche Frauen glauben, wenn sie ihren Partner so einspannen, dass faktisch die Zeit für eine Affäre nicht vorhanden ist, sei dies ein wirksamer Schutz gegen das Fremdgehen! Völliger Quatsch! Männer, die in Abhängigkeiten gefangen sind, werden ganz besonders darauf erpicht sein, ihre Selbstbestimmung durch eine andere Liebesbeziehung wiederzuerlangen. Alex hat es früher vermieden, ihren Mann anderen Freundinnen vorzustellen, und ihn immer »ausgebucht«, um ihn von Frauen fernzuhalten. Daraufhin fing er Affären im Büro, im Fitnesscenter und in seiner Steuerkanzlei an. Seitdem schenkt Alex ihrem Mann Einheiten von Privatleben. Zeit für sich alleine, Stunden die nur ihm gehören. Und zwar in Maßen. Das bewahrt sie davor, dass die Affären sich auswachsen.
Nun, es ist ein verzweifelter Versuch der Schadensbegrenzung, hat aber dazu geführt, dass die Wochenenden nur der Familie gehören und nicht mehr mit Hilfe von Ausredenagenturen torpediert werden.

Zeit mit gemeinsamen Freunden verbringen
Männer, die fremdgehen, haben meist einen Freundeskreis um sich, der Ähnliches im Schilde führt. Wenn Alex als Frau dagegenarbeitet, wird ihr Mann diese Playboys heimlich treffen – und noch mehr lügen! Als Frau die Kumpels eines Mannes wegzubeißen schafft noch mehr Probleme. Alex lädt diese Männerrunden stattdessen zu sich nach Hause ein. Und sie macht nicht den Fehler, die Freunde für das Verhalten ihres Mannes verantwortlich zu machen.

Familienleben

Einen großen Trumpf im Ärmel hat natürlich jede Frau, die im Gegensatz zu all den Affären die Mutter der Kinder ist. Obwohl Männer fremdgehen, lieben sie ihre Familien – das steht in keinem Wiederspruch. Selbst wenn die Erotik nur noch auf Sparflamme schwelt, wollen Männer die Familie zumeist nicht verlieren. Solche Männer sind dann auch an Geburtstagen, Feiertagen, Familienfesten und in den Ferien verfügbar. Sie lassen sich bei Schulveranstaltungen sehen, bolzen an Wochenenden mit den Jungs und machen Fahrradtouren mit den Kindern. Ohne diese Prioritäten wäre Alex' Ehe schon zerbrochen. So soll der Mann wenigstens, wenn er mal nicht betrügt, den Wert eines glücklichen Familienlebens erfahren.

Wenn jedoch innerhalb dieser Zeit Aggressionen ausgelebt werden und nur noch Zank, Streit und Terror mit den Kindern angesagt ist, ja, dann würde das einen Mann wohl endgültig in die Flucht schlagen.

Gemeinsame Interessen

Außer den Gesprächen über Finanzen, Urlaube, Hauswirtschaft und Kindererziehung sollte es weitere gemeinsame Interessen geben, die ein Paar zusammenhalten. Wenn er in den knapp bemessenen Freiräumen alleine zur Formel 1 fährt, am Wochenende mit den Kumpels seine Motorradtouren startet und alles nervig findet, was Alex als Frau so interessieren würde, ja, dann muss man sich wirklich fragen, ob es nicht besser wäre, sich zu trennen. Die eine liebt Pferde, der andere hasst Pferde ... schwierig, wenn eine belastete Beziehung auch hier Konfliktpotenzial aufweist. Wenn ein Paar hingegen wenigstens sagt: »Und wir gehen immer noch gern gemeinsam zu Rockkonzerten / in die Philharmonie«, dann können solche Aktivitäten direkt zum Anker werden! Zumindest für eine Weile.

Familientherapie

Alex geht zur Supervision und teilt ihre Nöte und Ängste mit einem Profi. Sie hat es zur Bedingung gemacht, dass ihr Mann ihr einen Liebesdienst erweist und sich in größeren Abständen einem gemeinsamen Gespräch stellt. Zu wissen, dass sie nicht allein gelassen wird in ihrer Situation, stärkt Alex immens. Außerdem arbeitet sie daran, ihren Mann zu Selbsthilfegruppen für Sexsüchtige zu schicken. Noch ist er dazu nicht bereit. In den USA sind diese Therapiezentren jedoch sehr beliebt. Wer Probleme hat, holt sich in den Staaten eben professionelle Hilfe – allein schon die Energie, die eingesetzt werden muss, um sein Problem zu konfrontieren, wird als heilsam empfunden. Man kann nur hoffen, dass sich die Anonymen Sexsüchtigen nicht untereinander paaren!

Sich mit der Dauergeliebten arrangieren

Ja, auch das findet statt: Männer, die von der Geliebten nie verraten wurden und eines Tages ganz von selbst die Karten auf den Tisch legen. Weil sie erwachsen geworden sind. Sie sagen: »Du bist die Mutter meiner Kinder und meine Frau, das soll auch so bleiben, aber diese Liebesaffäre schenkt mir so viel Lebensglück, dass ich mich aufrichtig dazu bekennen muss – vor mir selber, öffentlich und aus Anstand der anderen gegenüber. Sie ist weder Flittchen noch Ausrutscher, sie ist eine Frau, die ich anders liebe als dich. Es ist die Frau, die ein Leben lang auf mich gewartet hat und die ich nie vergessen konnte, weil ich es nicht wollte. Bitte, freundet euch an. Kämpft nicht, sondern respektiert euch! Ihr beiden reicht völlig aus, da kommt mir keine Nummer drei dazwischen, nun lasst uns in Frieden alt und glücklich werden. Los, Mädels, nehmt euch in den Arm!«

Ja, das allerdings schaffen nur die superklugen und außerordentlich gebildeten Männer. Es sind Männer in der Poleposition, Platzhirsche, denen der ganze Wald gehört. François Mitterrand war so einer. Da standen dann Geliebte und Gattin gemeinsam am Grab und haben sich gegenseitig getröstet.

Ich persönlich halte das für sehr zivilisiert. Dennoch hat niemand das Recht, den Glauben einer Frau an die »Besserung« ihres seitenspringenden Mannes zu zerstören. Und wenn der Prozentsatz auch lächerlich klein sein mag und Rückfälle zum Programm gehören, so hört man doch immer wieder von der Mär, dass liebende Frauen die Kraft gefunden haben, ihre streunenden Männer zu bekehren. Liebe soll ja Berge versetzen können.

Das wird sich nur leider auch so manche Geliebte sagen, von der eine liebende Ehefrau nicht mal den leisesten Schimmer hat. Doch auf welcher Seite man auch steht, wollen wir hoffen, dass all jene recht behalten, die sagen, dass es *nicht* unmöglich ist, aus einem Fremdgänger einen treuen Ehegatten zu machen.

Und zwar aus gutem Grund:

1. Weil Menschen sich permanent verändern und entwickeln – manchmal sogar zum Guten.

2. Weil mit dem Älterwerden von Männern der Drang nach Eroberung und sexuellen Abenteuern erlahmt – zumindest war das so, bevor Viagra kam!

3. Weil manche chronischen Dauer-Fremdgänger in der Midlife-Crisis plötzlich von einem Ekel vor sich selbst befallen werden – zumindest vorübergehend.

4. Weil Männer manchmal durch tragische Ereignisse aufwachen und ihre Prioritäten anders setzen: Tod der Eltern, Karriereknick, Krankheit. Kurz: Sie können einfach nicht mehr so, wie sie gerne immer wollten. Wenn das ein Trost ist ...

5. Weil Männer durch innere Erleuchtung manchmal überraschenderweise beginnen, sexuelle Energien zu kompensieren. Sie fokussieren ihr Interesse auf soziale Projekte oder widmen sich den metaphysischen Bereichen – Yoga oder Meditation. Da haben dann die Frauen die Wahl: Fremdgehen oder Buddhismus?

6. Weil Männer prinzipiell die Monogamie respektieren, aber quasi gegen ihren eigenen Willen in die Bigamie rutschen. Wenn dann eine Dauergeliebte, der die Sache zu blöd wird, das Feld räumt, sind sie irgendwie auch von Ballast befreit und geben sich geläutert. So lange, bis die Nächste auftaucht und sich dem passiv Streunenden im richtigen Moment auf den Schoß setzt!

7. Weil manche Männer durch berufliche Erfolge, Karriere, Verantwortung, öffentliche Position es tatsächlich nicht mehr nötig haben, sich auf dem Terrain der Sexualität Erfolgserlebnisse zu verschaffen. Diese Männer werden durch Stärkung ihres Selbstbewusstseins aus eigener Kraft gerettet.

Der ultimative Kick ist bei solchen Männern dann die nächste Million, die Yacht, das Flugzeug usw. Playboys, die mit Billigmodells rumplänkeln, werden mitleidig belächelt, auch wenn man früher selbst mal so war. Kaum zu erwarten bei Männern, die keine Überfliegerkarriere machen.

8. Weil wir alle im Leben unterschiedliche Phasen durchmachen und uns nach einer Dekade oftmals nicht wiedererkennen. Die Schule des Lebens belehrt manche Menschen eines Besseren. Blöd ist nur, dass viele Männer an dem Punkt des Fremdgehens stagnieren, weil sie es brauchen, um glücklich zu sein. Da kann man als Frau nur hoffen …

9. Weil es Männer gibt, die ganz genau wissen, dass die eigene Frau denkt: »Egal was kommt, Hauptsache ich fahre eines Tages mit ihm in die Grube.« Männer sollten nie erfahren, dass so eine Frau wirklich alles hinnehmen würde … man zeige mir den Mann, der diesen Freibrief nicht irgendwann ausnutzt. Wenn die Leine lang ist, wird sie genutzt, um wegzulaufen. Ist sie kurz, wird das der Ehefrau eines Tages vorgeworfen.

10. Weil Männer doch nur spielen wollen!

Bei einigen ist nach einem eklatanten »Firmenunfall« die Party vorbei. Sie wollen dann nur noch in Ruhe gelassen werden und blicken mit innerem Stolz auf ihre wilden

Jahre zurück. Aus diesem Grunde sollte man Alex' Bemühungen unterstützen und Frauen nicht verurteilen, die ein Leben lang darum kämpfen, aus einem hoffnungslosen, chronischen Fremdgänger einen treuen Ehegatten zu machen! Es ist eine Aufgabe, die Alex sich freiwillig auferlegt hat!

Von der Möglichkeit, ein anderes Lebensmodell zu wählen, macht sie keinen Gebrauch. Den Partner zu bekehren ist zum Programm geworden. Koste es, was es wolle – vielleicht braucht sie dieses Leben sogar? Ehen wurden auch schon gerettet, weil Partner ihren Masochismus aktiv umgesetzt haben. Denn eine Spur Maso ist immer dabei, wenn einer den anderen leiden lässt! Männer wissen ganz genau, was sie Frauen antun, und sie tun's trotzdem. Weil sie nicht Herr ihrer Sinne sind, wenn sie dicke Eier haben.

III. TEIL

GEWUSST WIE

20.
Fahrplan für die heimliche Liebe
oder Fremdgehen leichtgemacht

Der erotische Reiz des reinen Liebesverhältnisses besteht darin, dass zwischen den körperlichen Begegnungen immer Nähe und Distanz liegt. Man erlebt den anderen immer nur in Teilausschnitten. Außereheliche Liebesverhältnisse sind dadurch gekennzeichnet, dass die Beteiligten einander ihre Schokoladenseiten zeigen. Während die feste Partnerin wie ein Müsliriegel im Regal an der Tankstelle immer an derselben Stelle liegt – und als Ware leider nicht sehr frisch ist –, liegt die Verlockung der heimlichen Liebe auch darin, dass sie nicht ständig verfügbar ist. Dadurch bekommt die Sehnsucht immer wieder eine neue Chance.

In den Phasen der Distanz wird die Geliebte bereits wieder mit erotischen Phantasien bedacht, sodass die Spannung innerhalb der Affäre nicht abreißt, sondern dauerhaft befeuert wird. Alltagsrealität hingegen macht erotische Phantasien kaputt. In der heimlichen Liebe ist sexuelle Weiterentwicklung deshalb möglich, da nach langen Phasen des Verzichts bei jeder Begegnung blitzschnell eine sexuelle Intensität aufgebaut wird, die Eheleute sich erst hart erarbeiten müssen.

Natürlich profitiert die Geliebte davon. Sie ist die nie wirklich ganz und dauerhaft befriedigte, in Sehnsucht schwelgende, willig ihren Geliebten Erwartende. Die gute Geliebte wartet, hat keinen anderen Mann zwischendurch und übt sich in Treue zum Liebhaber. Der seitenspringende Mann hingegen ist auch zwischen den Intervallen der einzelnen

Rendezvous nie allein, absolviert nebenher das altbekannte Pflichtprogramm.

Intensivierung der heimlichen Liebesabenteuer bedeutet somit für den gebundenen Teil des Paares, seine Spielräume zu vergrößern. Und wer heimlich lieben will, muss zwar seinen Partner belügen, jedoch nicht die Affäre. Wo Heimlichkeit als Rahmenbedingung notwendig ist, sollten die Beteiligten wenigstens vor sich selbst ehrlich bleiben. Sie sind Verbündete, Partner in Crime, lassen die Masken fallen, und so steht der Distanz auch eine ganz besondere Nähe gegenüber. Daraus erwächst Vertrauen. Das schweißt zusammen. Und die Partner bleiben füreinander der ewige Wunschtraum. Das Klima der Heimlichkeit wird zum Katalysator der heimlich Liebenden und befeuert deren Leidenschaft.

Funktionierende heimliche Liebe produziert noch mehr Liebe. Und diese erstarkende Liebe vergrößert die Kluft zwischen den legalen Partnern. Mit allen Mitteln muss als Gegengewicht sozusagen die Fassade des häuslichen Glücks künstlich gestützt werden. Das Zuhause wird so zum Wolkenkuckucksheim, ohne dass der Betrogene nur das Geringste ahnt – denn für ihn verändert sich ja nichts. Der Mann geht nicht nur fremd, er entfremdet sich. Heimliche Liebe stabilisiert ebenso, wie sie die offizielle Verbindung destabilisiert.

Wenn die heimliche Liebe stabil bleiben soll, müssen ein paar Regeln her, um im Feuer der Leidenschaft nicht aufgestrapst gegen die Wand zu fahren:

- Auf Dauer werden die heimlich Liebenden nicht alleine bleiben. Um Freiräume zu vergrößern, müssen Mitwisser her. Und zwar möglichst wenige, dafür aber bestens Informierte. Diese konspirative Truppe bietet Schutz, wenn's eng wird. Sollte es hart auf hart kommen, werden die Mitwisser Alibis verschaffen – oder Rückendeckung geben.

- Vertrauensbildende Maßnahmen müssen gegenüber der Person aufgebaut werden, die betrogen wird. Immer das Klima so steuern, dass Misstrauen gar nicht aufkommt. Solange der legale Partner gut versorgt bleibt, hat er keinen Anlass zu zweifeln. Die Heimlichkeiten bleiben geschützt, solange Motive fehlen, die zu Kontrollen führen. Wird der legale Partner vernachlässigt, schürt das sein Misstrauen. Damit ebnet man den Weg, die heimliche Liebe zu torpedieren. Liebe braucht aber Diskretion, um zu wachsen. Darum auf allen Seiten auch Finger weg von Racheakten. Zurück bleibt nur verbrannte Erde.
- Lügen klug dosieren. Wie in der Medizin. Gerade so viel Lüge verabreichen, um die Zweifel des Betrogenen zu betäuben und ihn ruhigzustellen. Ist die Lüge zu gering dosiert, wird die Situation nicht gesichert, sondern gefährdet. Am schlimmsten sind die Dummen dran, die schlecht lügen. Sie werden am Ende alles verlieren. Wer nicht gründlich und wohlüberlegt lügt, riskiert, dass er nicht nur nicht die Heimlichkeit aufrechterhalten kann, sondern dazu noch seine Glaubwürdigkeit verliert. Dann ist die Bombe geplatzt, und es gibt Geschrei an allen Fronten. Die Lüge dient dem Schutz der Intimsphäre und der Intimität. Wer also zu dumm zum cleveren Lügen ist, darf sich über Pleiten nicht wundern.
- Verantwortung übernehmen. Wer sich auf heimliche Liebe einlässt, signalisiert, dass er die volle Verantwortung für alle auftretenden Risiken übernimmt. Ein Mann, der eine Geliebte hat, setzt Familie und Ehefrau aufs Spiel. Für die Geliebte im Hintergrund ändert sich wenig. Aber sie ist verantwortlich für die Diskretion der Sache. Wenn es zum Eklat kommen sollte, steht am Ende der Mann als Ehebrecher da oder die Geliebte, die ihn verpfiffen hat, als Verräterin. Dies ist kontraproduktiv für die heimliche Liebe. Übertragen Sie also den Lauf der Dinge dem Äther, drehen Sie nicht dran,

bleiben Sie als Geliebte sauber und stellen Sie keine Fallen. Lassen Sie den Mann, der seine Familie aufs Spiel setzt, nicht ins offene Messer laufen. Entscheidungen, die gefällt werden, müssen vom Mann kommen. Wenn er findet, dass die Zeit reif ist, offiziell mit Ihnen als Geliebter umzugehen oder an seinem Leben etwas zu verändern, wird er das signalisieren.

Ein Mann, der sich eine Geliebte nimmt, will ein Hengst sein. Und der Hengst ist immer der Stärkere. Er kann Sie als Geliebte jederzeit abwerfen. Wie behandelt man einen Hengst? Er wird es Ihnen danken, wenn er ordentlich geritten wird. Behalten Sie die Zügel in der Hand, hegen und pflegen Sie ihn und lassen ihn die Richtung bestimmen, in die er Sie trägt. Er gibt die Richtung vor, Sie genießen die Aussicht beim Ausritt.

Manchmal beschreiben heimlich Liebende, dass sie irgendwann die Heimlichkeiten nicht mehr ertragen haben und sich unbewusst im wilden Galopp verrieten. Überlassen Sie die Impulse dazu dem wilden Tier, das Sie zwischen Ihren Schenkeln haben. Verzichten Sie generell auf disziplinarische Maßnahmen. Das verschreckt wilde Bestien nur. Sie zahlen es Ihnen irgendwann heim. Wenn Sie aber zur Hengstversteherin werden und eine ideale Stute abgeben, dann wird er immer mit dem Schweif wedeln, wenn er Sie sieht. Und das ist doch das Wichtigste. Damit sind die Gegebenheiten gesichert, dass Sie immer wieder kommen können.

Merke: Ein Mann, der Sie reitet, ist immer auf der Suche nach einem zweiten Leben. Führen Sie ihn in Gründe, die Ross und Reiter gut zu Gesicht stehen. Dann kriegen alle Beteiligten mehr als nur ein Gnadenbrot!

21.
Fremdgehtipps für Frauen

Es gehen auf jeden Fall mehr Frauen fremd, als Männer glauben. Nur lassen sich die Frauen eben viel seltener dabei erwischen. Vor allem aber gehen Frauen aus völlig anderen Gründen fremd als Männer. Sie haben prinzipiell einen Anlass dazu, einen Grund, den der Mann zu verantworten hat. Bei Frauen ist Fremdgehen immer eine Reaktion auf das, was vorher schon im Argen liegt: Mangel an Sex, Zärtlichkeit, Kommunikation, Respekt, Zuwendung, Achtung und Liebe.
Keine Frau wacht als glückliche Liebende plötzlich eines Morgens auf und denkt sich: »Immer nur zu Hause essen, das nervt! Jetzt hol ich mir mal Appetit woanders und such mir einen Liebhaber, das, was hier neben mir liegt, kenn ich zur Genüge! Frischfleisch bitte!«
Bevor eine Frau aktiv fremdgeht, hat sie alles im Kopf schon 1000-mal durchgespielt. Es passiert ihr nicht einfach so, wie das bei Männern oft der Fall ist. Eine Frau würde nie sagen: »Er war halt da, und ich hatte zu viel getrunken!« Eine Frau muss sich erst mal trauen fremdzugehen. Bis es dazu kommt, hat sie sich von ihren Idealen längst verabschiedet. Manche Frauen trauen sich ja kaum, ihrem Mann in die Augen zu schauen, wenn sie ihn nur im Kopf betrogen haben, also mal bei einer Sexeinheit zwischen Duschkopf und Fitnesstrainer. Sie fühlen sich mies und denken: »Es war zwar nur im Kopf, aber ich war meinem Mann untreu.«
Das hat ja auch was Wahres. Denn Frauen suchen in der

245

Regel mehr als Sex. Sie suchen einen Mann, der sie versteht, damit sie wieder an die wahre Liebe glauben können. Deshalb werden sie sich auch früher oder später entscheiden und nicht über Jahre von Affäre zu Affäre taumeln und ziellos herumeiern. Eine Frau, die so leben würde, wie Männer es sich erlauben, würde als Nymphomanin gelten. Wenn es tatsächlich dazu kommt, dass Frauen aktiv werden, haben sie beim Seitensprung jedoch die Nase vorn. Sie sind nämlich das Organisieren vom Alltag her gewohnt. Frauen sind nicht gleich überfordert, wenn sie mal ausscheren. Sie fühlen sich gut als Geheimnisträgerin und mobilisieren weibliche Tugenden wie Raffinesse, Durchtriebenheit, Charme und logistische Fähigkeiten. Wer Beruf, Karriere, Haushalt, Kinder, Finanzen, Vermögensbildung, Mitarbeiter, Urlaube und seine Klamotten kontrollieren kann, für den ist es eine Fingerübung, auch mal hier und da ein Schäferstündchen einzurichten.

Der Ehemann wird wenig Chancen haben, es je zu erfahren. Frauen erzählen es nämlich auch wirklich niemandem, weil Damen im Gegensatz zu den Männern mit ihren Eroberungen nicht vor den Kumpels prahlen. Frauen sind romantisch und wissen ein stilles Glück zu schätzen.

Seit Jahrtausenden ist die Frau darauf geeicht, sich Sicherheiten zu schaffen. So spannt sie auch beim Seitensprung ein stabiles Sicherheitsnetz, bevor sie loslegt:

- Sie loggt sich bei einem E-Mail-Account ein oder meldet sich bei einer Partneragentur an.
- Sie hat ein Postfach.
- Sie hat ein Kartentelefon.
- Sie wird Mitglied im Fitnessclub – und zwar wegen des Spinds, der Schließfächer, des Postbriefkastens.
- Diese Schließfächer, Spinde etc. werden für alles eingesetzt, was mit der Affäre zu tun hat. Dort lagern Liebesbriefe, Wechselwäsche, Schwangerschaftstests, unter Umständen Gleitcremes usw.

- Dort hat eine Frau auch einen getragenen (!) Set von Wechselklamotten und dieselben Pflegeprodukte, die zu Hause stehen. Man kann ja nicht heimkommen und anders riechen als sonst. Das gilt für Haare, Mund und Intimzone.
- Frauen machen Workout nicht nur, um fit zu werden, sondern auch als Alibi. Genauso, wie sie sich andere Hobbys suchen, um Freiräume zu schaffen. Am geeignetsten sind Freizeitbeschäftigungen, die den Mann nicht die Bohne interessieren: Handarbeitskreis, Spanischkurs, Bauchtanz, Ballett ...
- Das Fitnesscenter ist quasi die Schaltzentrale, um alle Spuren im Schritt zu beseitigen, bevor die Frau nach einem ereignisreichen Tag und dem Einkauf fürs Abendbrot frisch gefönt nach Hause kommt, um ihre Lieben mit Leckerbissen zu verwöhnen, so als wäre nichts gewesen.
- Niemals würde eine Frau nach dem Sex mit einem Liebhaber direkt und noch dazu auffällig verspätet nach Hause hetzen und sich zum eigenen Mann ins Bett legen, um Sex zu haben – so was gibt es nur in Pornos.
- Im richtigen Leben sind Frauen überpünktlich, wenn sie fremdgehen, und von geradezu peinlicher Sauberkeit.
- Sie verhalten sich korrekt in jeglicher Hinsicht. Da gibt es weder Schamhaare zwischen den Schneidezähnen noch alte Kondome unterm Kopfkissen.
- Als Frau verlängert man gegebenenfalls auch gern mal die abendliche Badezimmerprozedur so lange, bis der Partner eingeschlafen ist. Meistens gehen Frauen sowieso fremd, wenn der Gatte ohnehin nichts mitkriegt: tagsüber.
- Und wenn sie dann noch zusätzlich Sex mit dem Ehemann haben, tun sie so, als würde er ihnen besonders gefallen. Um dumme Fragen schon im Keim zu ersticken.

Eine Frau kennt im Gegensatz zum Mann ganz genau die Motive, warum sie fremdgeht. Sie stolpert nicht in etwas hinein, was sich gerade bietet. Erfolg ist eine Frage der Vorbereitung. Frauen wissen, was sie tun und warum. Sie haben die Lösung parat, bevor ein anderer ihnen die Frage stellt.

Geht es nur darum, ein wenig Langeweile in einer langjährigen Beziehung zu überbrücken? Oder willst du dich eigentlich sowieso schon länger trennen? Was an deiner Beziehung gefällt dir nicht mehr? Und wird ein Seitensprung das verbessern – oder nur verschlimmbessern?

Verliebt man sich als Frau, wird das große Bedürfnis entstehen, dem Mann möglichst schnell persönlich reinen Wein einzuschenken. Sie wollen, wenn sie schon fremdgehen, wenigstens aufrichtig bleiben, wenn es um Klärung der Fronten geht.

Prekär ist hingegen, wenn eine Frau hin- und hergerissen zwischen den beiden Männern um eine Entscheidung ringt. Aus diesem Wissen heraus, dass die rosarote Brille der Verliebtheit uns in schon so manches Fettnäpfchen hat taumeln lassen, sollte man einen Wegweiser erarbeiten, bevor die Hormone Purzelbäume schlagen. Quasi wie einen Einkaufszettel, wenn man Diät macht. Man geht einkaufen, bevor der große Hunger kommt, und wenn die Fressattacke dann tatsächlich über einen hereinbricht, steht im Kühlschrank eben nur Magerquark und Yoghurtdrink.

Frauen haben es gelernt, sich vor sich selbst zu schützen. Das zahlt sich beim Fremdgehen aus:

- Setze dir in jedem Fall Limits (ich will nur Sex, ich will ein bisschen flirten, knutschen etc., ich will auf keinen Fall meinen Mann verletzen) und handle dann auch danach. Dann behältst du hoffentlich die Oberhand über die Situation.
- Wenn du nicht einen neuen Lebensgefährten, sondern

nur ein bisschen Spaß suchst, sind drei Zielgruppen besonders interessant:
junge ungebundene Männer
alleinerziehende Väter und
verheiratete Männer über 35.

- Suche gezielt nach solchen Profilen, falle aber bei der ersten Nachricht nicht direkt mit der Tür ins Haus.
- Nimm sowieso nicht gleich den Erstbesten: Halte dir immer mehrere Eisen im Feuer – sprich: Nimm mit mehreren Männern Kontakt auf. Auch wenn dir einer besonders gefällt, vernachlässige nicht den Kontakt zu den anderen.
- Wenn ihr euch dann trefft, vergiss nie, das Umfeld in der Bar/Kneipe/Disco etc. im Blick zu behalten: Es könnte sein, dass jemand da ist, der dich – und sei es nur flüchtig – kennt. Wechselt in dem Fall unabhängig voneinander die Lokalität.
- Benutze immer, immer, immer Kondome! Es geht nicht nur um Aids, sondern auch um andere Geschlechtskrankheiten. Und schwanger werden will man ja unter diesen erschwerten Bedingungen nun wirklich nicht …
- Kauf die Kondome am besten am Automaten – keine Quittungen, die beim Steuerberater landen, kein Verkäufer, der einen erkennen kann.
- Nicht gleich verlieben, schon gar nicht, wenn der andere verheiratet ist. Dann ist es bald kein Spaß mehr, sondern aufreibend und verletzend.
- Nie länger als ein paar Wochen mit einer Affäre zusammen sein, sonst fängt er womöglich an, Forderungen zu stellen.
- Sei besonders vorsichtig im Straßenverkehr, wenn dein Seitensprung mitfährt. Denk an die verräterischen Bilder aus dem Blitzkasten oder mögliche Versicherungsfälle bei einem Unfall oder an Strafzettel, die nicht zu deinen Storys passen.
- Knutschflecke verschwinden schneller mit einer Sport-

salbe gegen Blutergüsse. Ansonsten: überschminken und Halstücher tragen. Am besten ist aber: Knutschflecke erst gar nicht entstehen lassen.

- Ein Seitensprung ist oft teuer (Hotel, Restaurant, Geschenke ...). Wenn es geht, immer bar bezahlen. Frühzeitig immer wieder kleine Mengen Bargeld zur Seite legen! Nie an Geldautomaten in fremden Städten Geld abheben. So blöd sind nur Männer.
- Dein Partner ist bereits misstrauisch? Beende erst einmal dein Verhältnis. Verhalte dich dann extra auffällig und komisch – und bereite eine tolle Überraschung für ihn vor. So wird dein »seltsames« Verhalten in letzter Zeit erklärbar.
- Ansonsten: Ausreden vorher überlegen! Antworten auf alle seine Fragen direkt parat haben! Nicht in schlechte Lügen verwickeln.
- Niemals den Liebhaber mit nach Hause nehmen.
- Auch zu verheirateten Männern nie nach Hause gehen. Wenn da was schiefläuft, sind die Chancen groß, dass der eigene Partner auch von dem Debakel informiert wird.
- Nie von zu Hause aus den Liebhaber anrufen, schon gar nicht vom Festnetz.
- Am besten dem Liebhaber gar nicht erst die häusliche Telefonnummer geben.
- Wenn man mit dem Liebhaber unterwegs ist, den Ball flach halten. Man ahnt ja gar nicht, wer alles aus der Versenkung auftaucht, wenn man es am wenigsten gebrauchen kann.
- Wenn's irgend geht, die Affäre auf Reisen beschränken. Oder Tagesfahrten in andere Städte machen. In jedem Fall weit weg von zu Hause, so bleibt das direkte Umfeld sauber.
- Feste Termine für die Dates sind besser als unregelmäßige Verabredungen. Wenn es jeden Mittwoch Nachmittag stattfindet, muss man sich nicht jedes Mal neu erklären,

sondern dann heißt es halt: Mittwochs ist Spätschicht/
Gruppentreffen/Fortbildung angesagt. Das ist praktischer, als ständig neue Ausreden aufzutischen.

- Nicht immer mutiger und zuversichtlicher werden,
  wenn es dauerhaft klappt, den Partner zu hintergehen.
  Wer zu selbstsicher wird, wird unvorsichtig und begibt
  sich in Gefahr.
- Nicht Hinz und Kunz alles erzählen. Gerade wenn
  Frauen fremdgehen, ist das Skandalisierungspotenzial
  groß. Nur gute Freundinnen und Vertraute dürfen Ein-
  blick haben. Man muss ja auch mal sein Herz ausschüt-
  ten und sich Rat holen.
- Nicht Versprechungen in der Affäre machen, die man
  nicht halten kann. Den Stolz des Liebhabers nicht verletzen, um Racheaktionen gar nicht erst aufkommen zu
  lassen.

Frauen sitzen gern wie die Hühner auf der Stange und
beraten sich mit ihren Freundinnen. Alle paar Monate
machen sie Tabula rasa, und das sieht heutzutage unterm
Strich so aus:
Es scheint unausweichlich, dass die Liebe über die Jahre erlahmt, dass die Langeweile einzieht, dass der Seitensprung
ins Spiel kommt. Und wenn dann der Streit, die Lüge, das
Misstrauen und der Hass zu groß geworden sind, trennt
man sich eben. Man zieht es in Erwägung, und bis dahin
packt man seinen Fallschirm selbst.
Heutzutage hat man Lebens-*Abschnitts*-Gefährten, mit
denen man die »serielle« Monogamie lebt. Das heißt auf
Deutsch: Für ein paar Jahre geht es mit der Liebe, der Treue
und der Romantik gut – und wenn's dann nicht mehr gut
geht, dann schauen sich beide nach dem nächsten Ab-
schnittspartner um.
Das alles haben uns die Männer beigebracht! Sind wir
Mädels nicht verdammt lernfähig?

22.
Lob der Liebe

Untreue hat seit jeher die Geschichte der Menschheit flankiert – sie stand quasi Spalier beim Gang des Brautpaares zum Altar. Und nicht nur das, Untreue hat die Geschichte der Menschheit vorangetrieben.

Unabhängig von Gesellschaftsschichten oder Bildungsstand, unabhängig von der jeweils vorherrschenden Moral, Religion oder Gesetzeslage, waren Ehebruch und vielfältige sexuelle Betätigungen jenseits des jeweils herrschenden Anstands stets Zündstoff, dessen Energien das Schicksal ganzer Völker zu verändern mochten. Liebe, Lust und Leidenschaft trieben die Menschen auseinander und wieder zueinander – oftmals erbebend angesichts der Ungewissheit, ob man zum Täter oder zum Opfer wird. Animalisch halt. Wie das im Tierreich so ist. Da hat der liebe Gott wohl der Natur des Menschen ein bisschen was von der Gottesanbeterin beigemischt, die sich während ihres Liebesspiels auch erst überlegt, ob das Männchen Futter oder Vater wird.

Nicht einmal schwerste Strafen konnten die Menschen daran hindern fremdzugehen, seitenzuspringen und generell untreu zu werden. Allen Treueschwüren den Rücken zu kehren. Offenbar gibt es etwas Stärkeres als die Angst vor Bestrafung und Vertrauensverlust.

Im zweiten und dritten Jahrhundert pflegten römische Patrizierfrauen unverblümte Promiskuität. Sie umgingen die durchaus existierenden Ehebruchgesetze, indem sie sich offiziell als Prostituierte registrieren ließen. Muss man sich mal vorstellen! Die mehrfach verheiratete Renate Thyssen-Henne und Tochter Gabriele Homey, geschiedene Prinzessin zu Leiningen, getrennt lebende Inaaca Begum Aga Khan, auf dem Weg nach oben offiziell als Kurtisanen eingetragen ... und das ohne die eigene Ehre einzubüßen! Für dieses Gewerbe waren die Ehebruchgesetze nämlich außer Kraft gesetzt, und Rom sah zu dieser Zeit so viele Prostituierte wie niemals zuvor oder danach. Selbst Damen allerhöchsten Ranges wie Julia, die Tochter von Augustus, oder Kaiserin Messalina huldigten sexuellen Exzessen mit großer Gewissenhaftigkeit und Selbstverständlichkeit. Man könnte direkt neidisch werden!

Später dann gab es wieder Zeiten geradezu extremster Keuschheit. Höchste individuelle Empfindsamkeit und zur Schau getragener Edelmut war das psychische Kontrastprogramm zu alltäglicher Grausamkeit und Willkür des Mittelalters. Diese Kontraste waren symbolisiert im hohen Minnedienst, wo eine Dame adeligen Standes durch Gesänge, aber auch Heldentaten verehrt wurde und es galt, ihre Gunst zu erlangen – eine Gunst, die nie zu ihrem fleischlichen Recht kam! Eine Kultur infantilen Triebverzichts. Verweigerung war sexy. Nein zu sagen im Grunde was total Versautes. Alles Erotische wurde nur latent angedacht. »Es ist ein Brand von solcher Art, dass ich brenne, aber nicht verbrenne ...«, lautete das Credo, das man sich im gelebten Alltag des Rittertums als Hardcoreporno vorzustellen hatte!

Wer kennt heute schon noch den Reiz der Jungfernschaft? Seinerzeit gab es nichts Erotischeres, als damit zu spielen, aber auch damit zu dealen!

Da können wir doch heutzutage wirklich von Glück reden, die Wahl zu haben. Die Wahl und die Freiheit, tun und lassen zu können, was wir wollen – kurzum: unsere Triebhaftigkeit zuzulassen und auszuleben. Wenn es uns auch zu den Verführten, Belogenen und Betrogenen macht! Zu bekommen, was man immer haben wollte, kann nämlich auch zum Fluch werden – denn was danach kommt, ist die Frage: »Und wie soll's nun weitergehen?«

Ich höre schon meine wohlondulierte Leserschaft an dieser Stelle besorgt fragen: »Und das soll's jetzt gewesen sein? Da liefert uns die Autorin Schreckenslisten, legt den Finger auf unsere Wunden und lässt uns ungetröstet von dannen ziehen? Ist das Phantom Liebe wirklich nur Lug, Trug und Enttäuschung und weiter nichts?« Oder darf ich mir gar erlauben, die Quintessenz schlichterer Gemüter auf den Punkt zu bringen, die im Buchladen stöbern und lästern mögen: »Gott, was muss diese arme Frau Nick enttäuscht worden sein, wenn sie so gar nicht mehr an die Liebe glauben mag? Die muss einem doch echt leidtun, wie will die denn eine Beziehung führen, wenn sie prinzipiell den Männern nicht traut? Es gibt doch überall Beweise, dass Liebe funktioniert! Überall glückliche Paare in den Reihenhaussiedlungen dieser Welt!«

Meine Lieben, die grundgute Désirée Nick macht nicht nur täglich Betten, Sit-ups, ihre Haare und ein Drei-Gänge-Menü für ihren anspruchsvollen Sohn und gerne auch mal eine Schar unerwarteter Gäste, sondern auch ihre Hausaufgaben als Autorin! Und sie verbringt ihre wertvolle Freizeit sowohl gern ungeschminkt in der Natur als auch im geselligen Beisammensein mit Familie und Freunden.

Und siehe da, auch in meinem Umfeld gibt es sie: Die Paare, die es ein Leben lang miteinander aushalten, nein, nicht nur aushalten, sondern die miteinander glücklich sind. Wer kennt nicht das Ehepaar aus der Nachbarschaft, das sich immer noch ungeachtet allen Übergewichts liebevoll neckt und nächsten Sommer tatsächlich goldene Hochzeit feiern wird? Wer kennt nicht die sechsköpfige Patchwork-Familie, die sich trotz aller Schwierigkeiten über die Jahre miteinander verschworen hat wie Pech und Schwefel und zwischen die niemand mehr einen Keil treiben kann? Und den schicken Vater, auf den man neidisch blickt und sich heimlich denkt: »Man, hat *die* Glück gehabt, warum habe ausgerechnet *ich* die Arschkarte gezogen?«

Doch vertieft man sich in das Geheimnis dieser Beziehungen, geben selbst die vorbildlichsten Traumpaare zu, dass sie sehr irdisch und unperfekt sind. Glauben Sie mir, ich schnacke nur allzu gern über den Gartenzaun mit der glücklichen Nachbarschaft und frage gerne ganz direkt. Direkter, als so manchem lieb ist – besonders wenn es gilt, hinter das Geheimnis stabiler Verbindungen zu kommen. Fazit: Keine goldene Hochzeit, die nicht ohne Prüfungen, Krisen und Kompromisse zustande gekommen wäre. Und wie es nun mal in der Natur der Sache liegt: leider entspringen goldene Hochzeiten einer anderen Generation! Für die Kinder der 68er ist dies noch ein verdammt steiniger Weg, den es zu bestreiten gilt. Wir können uns ja schon glücklich schätzen, wenn zur Silberhochzeit mehr als ein Tchibo-Kettchen herausspringt.

Und die Mittvierziger mit der silbernen Hochzeit im Gepäck werden allerorts wie eine ausgestorbene Tierart bestaunt. Bloß: Auch an diesem Punkt ist das Leben noch lange nicht zu Ende! Die Schlacht der Liebe längst nicht geschlagen. Und leider Gottes werden wir – aus gutem Grund – immer weniger kompromissbereit, was die Qualität der Beziehungen angeht. Selbst nach der Silberhochzeit sagt sich die heute in der Mitte des Lebens angelangte propere und nicht ganz auf den Kopf gefallene Frau: »Soll ich mir das wirklich auf Dauer antun?«, wenn die Dinge aus dem Ruder laufen. Selbst Großeltern kommen neuerdings plötzlich auf die Idee, an sich selbst zu denken und sagen: »Nee, Kinder, auf meine Enkel passe ich nicht auf, jetzt seid ihr dran mit dem Kinderkram, wir wollen jetzt endlich mal reisen und unser Leben genießen!«

Permanent sind wir heutzutage aufgerufen, den Verführungen zu widerstehen, die sich uns geradezu aufdrängen in diesem fremdgehfreundlichen Klima unter seitensprungfördernden Bedingungen.

Aber inspirieren lassen sollten wir uns gerade *nicht* von den Internet-Seitensprung-Plattformen, sondern von denen, die ihre einzige, wahre, große, echte, ewige, leidenschaftliche Liebe gefunden haben. Und wie beweist sich eine Liebe besser als durch die Hindernisse, die sie zu besiegen vermag? Liebe kann nur dann siegen, wenn sie herausgefordert wird! Wenn sie die Chance bekommt, sich zu beweisen. Wer kennt sie nicht, die Geschichten von den Opfern, die man im Namen der Liebe bringt, von den langen Umwegen, Krisen und persönlichen Herausforderungen im Ringen um den Triumph der Liebe? Ohne die Irrungen der Liebe gäbe es niemals Impulse, dem Kraftspender Hoffnung zu vertrauen – und letztlich gäbe es nie die Sehnsucht auf das langanhaltende Happy End. Kurz: Es gäbe keine *Erlösung*. Es gäbe nicht das Wunder der Liebe!

Von diesen seltenen Geschichten sollten wir uns leiten lassen. Wäre der Sieg der Liebe nicht selten, so wäre er nichts Besonderes! Wo kein Grund zur Heilung besteht, können die Wunder der Liebe nicht ihre Wirkung tun.

Zu heiraten und eine Familie zu gründen ist noch längst nicht das Wunder der Liebe – wieder zueinander zu finden, aller Unbill zum Trotz, nachdem alle Hoffnung verloren geglaubt, und aus der verbrannten Erde einen blühenden Garten sprießen zu sehen, das ist der Stoff, aus dem die Magie der Liebe gemacht ist!

Und gerade aus dem Glauben an die Liebe heraus, habe ich dieses Buch geschrieben: Als Wegweiser, der uns durch Prüfungen und Katastrophen geleiten soll, damit wir unsere Liebe retten können, wenn sie zu entgleiten droht. Sozusagen als Notverarztung, wenn das Herz in Gefahr gerät! Ambulant, hoffe ich, nicht stationär.

Denn wer früh klaren Kopfes die Spreu vom Weizen trennt, erspart sich als Frau eine Menge Kummer. Hat man schließlich seinen ganz persönlichen Traummann ergattert, der einem hübsch brav zu Füßen liegt und natürlich auf Händen trägt, dann sollte man jeden Tag aufpassen, dass das

Glück nicht verschleißt. Wie viele Paare reden nach fünf Jahren nur noch im Quengelton miteinander? Rechnen ihr Beziehungskonto gegeneinander auf? Wie viele Paare absolvieren im Bett nur noch ihre Dienste und Pflichten, um sich eines Tages nicht mal mehr mit der Kneifzange anzufassen? Wie viele Beziehungen bestehen nur noch aus praktischen Erwägungen oder weil jeder in seinem eigenem Wolkenkuckucksheim lebt? Wahre, beflügelnde, inspirierende, kraftspendende Liebe sieht anders aus!

Niemand ist perfekt. Jeder hat mal Zweifel, jeder kommt in Versuchung, schielt mal in Nachbars Garten und durchläuft Phasen der Veränderung, sucht vielleicht sogar Distanz zum Partner, um wachsen zu können. Echte Liebe muss auch das aus- und durchhalten können. Aber nicht als armes betrogenes Opfer, sondern als ehrlicher Mensch und stolzer Partner.

Wahre Liebe sollte Wahrheiten aushalten können! Wer Ehrlichkeit aus seiner Partnerschaft verbannen muss, um diese aufrechtzuerhalten, dem will das Leben die Lösung aller Fragen bereits durch die Blume servieren! Und wie gesagt: Wo jemand lügt, gibt es immer einen Partner, der die Lüge fordert! Wer die Wahrheit nicht aushalten kann, sägt am eigenen Ast, denn das doppelte Spiel ist der garantierte Katalysator für die Entfremdung. Sie haben die Wahl, und es liegt am Einzelnen, sich den Weg auszusuchen, den er beschreiten will.

Die meisten von uns, die mehr oder weniger bequem mit den Überbleibseln ihrer ramponierten Träume vorliebnehmen, sind zu schwach, selbst eine beherzte Entscheidung zu treffen. Vor allem Männer warten am liebsten, bis die Umstände sie zwingen, Veränderungen vorzunehmen, und wünschen sich solche Faktoren möglichst unbewusst sehnlichst herbei. Während die Frauen den Kopf in den Sand stecken und Illusionen hinterherhecheln statt die eigene Realität zu akzeptieren.

Egal auf welcher Seite Sie stehen, wenn es Anlass gibt, die

eigene Situation zu bespiegeln, kann nur Wahrhaftigkeit im Hinblick auf die Zukunft und die eigene Position ein Wegweiser sein. Was in jeder Lage hilft: drüber reden und gemeinsam lachen! Über die gelegentliche Flaute im Bett, über die erotischen Träume, in die sich auf einmal Bürokollegen einschleichen, über verhinderte Höhepunkte und erste Falten am Hintern. Wer im anstrengenden Alltag noch immer Spaß miteinander hat, der hat gute Chancen, seine Liebe noch einige Jahre oder Jahrzehnte lebendig zu halten. Aber auch so altmodische Werte wie Demut und Dankbarkeit muss ich bemühen. Denn prinzipiell sollte man immer mal dran denken, wie froh man sein kann, lieben zu können. Zu lieben und vielleicht enttäuscht zu werden ist besser, als nie geliebt zu haben. Doch enttäuscht werden kann nur, wer sich täuschen lässt! Drum lassen Sie sich nicht länger täuschen, dann werden Sie nie enttäuscht sein! So hoffe ich, dass dieses Kompendium des Seitensprunges den Leser vor jeglicher Art der Täuschung bewahren mag. Denn sicher ist: Eine Beziehung bleibt nicht von allein 50 Jahre lang schön. Und nicht 50 Jahre lang dieselbe! Auch wenn wir das im Moment der Trauung ersehnen – und es immer erhoffen.

Aber der Wunsch, dass etwas »für immer« ist, führt nicht automatisch dazu, dass es auch hält. Der Wille, um die Liebe zu ringen, muss natürlich von beiden Partnern kommen: Ich kann lediglich nur meine Hälfte an Energie in die Waagschale werfen ... womit wir bei den Kompromissen und der Selbstaufgabe angelangt wären.

Aber was ist es denn nun, was die Menschen nicht zur Ruhe kommen lässt und sich immer wieder auf dem schnurgeraden Weg zu den Idealen unserer Liebe, als Hindernis einschleicht? Es ist, paradoxerweise, die lebensspendende Kraft, die in unseren Lenden tickt! Und wer will die bitte schön an der Pforte zum Glück abgeben?

Was bewegt Menschen, immer wieder nach den Sternen zu greifen und die Utopie bezwingen zu wollen? Sei es der Wissenschaftler, der DNS auf der Spur, sei es der Künstler, sein Instrument bezwingend, der Sportler, besessen von der Idee, Weltrekorde zu brechen. Was macht Menschen furchtlos, mutig, gnadenlos unerbittlich im Ringen um Ziele, für die Vernunft nichts als eine Bremse wäre?

Wohl niemand würde etwas gemeinhin Aussichtsloses wagen, wenn ihn nicht etwas gepackt und in die/oder aus der Bahn geworfen hätte, was sich »Leidenschaft« nennt. Wer von uns möchte auf ein Leben ohne Leidenschaft zurückblicken?

Leidenschaft bedeutet Aufopferung und bedingungslose Hingabe, eine Hingabe von Zeit, Kraft, Emotion und materiellen Mitteln an höhere Ideen – oder eben: Menschen! Leidenschaft setzt nicht nur verwirrende Gefühle frei, Hoffnung, Euphorie, Gier, Wut, Schmerz und Angst, nein, sie produziert grenzenlose Energien und versetzt damit Berge. Und wenn all diese Emotionen sich auf einen Partner fokussieren, wen wundert es dann, dass Liebe in der Regel nicht durch den Verstand beherrscht werden kann? Und mehr noch: vor allem auch nicht beherrscht werden will? Umgekehrt muss man sogar fragen: »Wenn es nur von den praktischen Aspekten her zueinander passt, ja, kann es dann denn überhaupt leidenschaftliche Liebe sein?«

Denn Liebe und Leidenschaft bemächtigen sich unseres Unterbewusstseins und unterwerfen alle Energien für ihre Zwecke! Als von Leidenschaft der Liebe Getriebener schleicht man sich in das Objekt der Begierde geradezu ein. Und diese immense, wundersame Energie, die der durch Wollust Gelenkte produziert, strahlt auf den Empfänger der Leidenschaft ab und entwickelt ihre unkontrollierbare, gigantische Magie, die alles mit sich fortreißt. Die Eigendynamik der Leidenschaft! Zauber der Liebe! Ganze Atomreaktoren würden da auf der Strecke bleiben, wenn sich diese Kräfte messen ließen.

Und deshalb macht Liebe blind. Sämtliche Risiken nimmt der von Leidenschaft Getriebene in Kauf und mutet sie auch anderen zu. So ist es nur ein kleiner Schritt, der ihn zum Täter macht. Das Herz steht in Flammen, sozusagen die ganz große Oper! Gnadenlosigkeit der Liebe!

»Der Hölle Rache kocht in meinem Herzen, Tod und Verzweiflung flammen um mich her ...«, zwitschert die Königin der Nacht, leider in Kadenzen, die unser menschliches Ohr kaum zu vernehmen mag – wie schade eigentlich.

Doch erhebt uns nicht gerade auch der Reichtum solcher Emotionen über das alltäglich Banale? Fallen wir ohne jegliche Passion nicht dem Fluch des Mittelmaßes anheim?

Nennt sich das ein wertvoll gelebtes Leben, was aus uns Arbeitstiere werden lässt, die mit ihrer Konsummoral zu Sklaven des gesellschaftlichen Systems geworden sind?

Die bittersüße Verwirrung im Ringen um die Sehnsüchte unseres Herzens, gespiegelt durch einen einzigen Menschen, das sind die Momente, die erotische Leidenschaften erst so richtig spürbar machen. Bauch siegt über Hirn. Ich glaube, ohne diesen Gang über glühende Kohlen würden wir niemals bei uns selbst ankommen. Paradoxerweise führt der Pfad zur Wahrhaftigkeit meist das Unterpfand der Lüge ein! Selbst die Bibel fängt diese sinnlichen Momente ein, beschwört den Augenblick, in dem die Vernunft schwindet und die Seele gleichsam zu taumeln beginnt:

Wenn ich mit Menschen- und mit Engelszungen redete und hätte die Liebe nicht, so wäre ich ein tönendes Erz oder eine klingende Schelle.

Und wenn ich prophetisch reden könnte und wüsste alle Geheimnisse und alle Erkenntnis und hätte allen Glauben, sodass ich Berge versetzen könnte und hätte die Liebe nicht, so wäre ich nichts.

Und wenn ich alle meine Habe den Armen gäbe und ließe meinen Leib verbrennen, und hätte die Liebe nicht, so wäre mir's nichts nütze.

Die Liebe ist langmütig und freundlich, die Liebe eifert nicht, die Liebe treibt nicht Mutwillen, sie bläht sich nicht auf, sie verhält sich nicht ungehörig, sie sucht nicht das ihre, sie lässt sich nicht erbittern, sie rechnet das Böse nicht zu, sie freut sich nicht über die Ungerechtigkeit, sie freut sich aber an der Wahrheit; sie erträgt alles, sie glaubt alles, sie hofft alles, sie duldet alles.

Die Liebe hört niemals auf, wo doch das prophetische Reden aufhören wird und das Zungenreden aufhören wird und die Erkenntnis aufhören wird.

Denn unser Wissen ist Stückwerk, und unser prophetisches Reden ist Stückwerk.

Wenn aber kommen wird das Vollkommene, so wird das Stückwerk aufhören.

Als ich ein Kind war, da redete ich wie ein Kind und dachte wie ein Kind und war klug wie ein Kind; als ich aber ein Mann wurde, tat ich ab, was kindlich war.

Wir sehen jetzt durch einen Spiegel ein dunkles Bild; dann aber von Angesicht zu Angesicht. Jetzt erkenne ich stückweise; dann aber werde ich erkennen, wie ich erkannt bin.

Nun aber bleiben Glaube, Hoffnung, Liebe, diese drei; aber die Liebe ist die Größte unter ihnen.

(1. Korinther 13)

Stets geht es um diese magischen Momente, in denen die Kanäle der Wahrnehmung sich erweitern, sich die Sinne ins Extrem erweitern – bis sie uns fast ohnmächtig werden lassen (sprich: ohne Macht), in die Knie zwingen und wir fremdbestimmt zu einem tickenden Hochleistungschemielabor werden: Die Nebennierenrinde bezieht Position, schüttet Hormone aus und richtet die Glieder wieder auf, und nun ist eigentlich alles zu spät. Neue lebensspendende Kräfte schießen ein. Sie fegen über die glühende, durstende Seele und entfachen die Brände unseres Herzens. Eine Urgewalt, die das Wunder der Liebe und erotischen Zauber freizusetzen vermag.

Da können doch eigentlich alle anderen nur noch in Deckung gehen.

Das Gewissen kann sich nur noch beleidigt vom Acker

machen, und alle Zweifel werden sich schamhaft zur Ruhe legen. Was bleibt, sind Triebe, Instinkte und nackte Brunft. »Meilenweit von jeder Nüchternheit und Reflexion entfernt, von jeder Mäßigung und Mitte, führt uns die Leidenschaft ins Zwielicht, reißt uns umher und spaltet uns entzwei. Wir betrachten solche Erinnerungen als Sternstunden unseres Lebens und bewahren sie sorgfältig in unserer Erinnerung auf. Kleinode sind es, die Zeugnis davon geben, dass wir es doch verstanden haben, uns dann und wann dem Alltag, der Banalität des Lebens, den Zwängen und Abhängigkeiten, schlicht der schnöden Vergänglichkeit unserer Existenz zu entziehen.« (So schreiben Harald Koisser und Eugen Maria Schulak in: Wenn Eros uns den Kopf verdreht. Philosophisches zum Seitensprung, Wien 2005.)
Wer will am Ende schon nicht mehr als eine Handvoll Staub gewesen sein? Wenn wir in weiter Ferne am Lebensabend gebeugt und knorrig auf der Gartenbank sitzen und es ans Sterben geht, werden es wohl jene besagten Momente sein, die uns Gewissheit geben, ausreichend gelebt und geliebt zu haben.
Große Leidenschaften sind nun mal Naturkräfte. Wer wagt es, sich damit anzulegen? Ob sie nutzen oder schaden, hängt nur von der Richtung ab, die sie nehmen.
»Trennung lässt matte Leidenschaften verkümmern und starke wachsen, wie der Wind die Kerze verlöscht und das Feuer entzündet«, schreibt François de La Rochefoucauld. Was ist ein Leben wert, das nicht für einen Menschen, für eine Sache, für eine Idee, für die wahre Liebe brennt?
Nein, die Seele kann sich nicht verzehren. Denn die Quelle unserer Gefühle wird nie versiegen, solange wir fühlen, wie uns der Sturm der Leidenschaft fortzureißen vermag. Begehren, das uns in den Wahnsinn treibt! Überlastung aller Sinne und Ohnmacht des Verstandes. Nichts als glühende Seele. Warm und willig zu empfangen und bereit, sich zu unterwerfen. Sehnen, Verlangen und Qual – Hingabe pur. Wollen wir in solche Zustände geraten? Mit Sicherheit!

IV. TEIL

INTERVIEWS

Interview 1

Leonore ist eine beeindruckende Dame von 76 Jahren aus einer deutschen Hansestadt. Kaum vorstellbar, dass man als Dame dieses Alters attraktiver aussehen könnte. Nicht nur dass Leonie kaum älter als 60 geschätzt wird, sie ist von erlesenem Geschmack, großer, aufrechter Statur und betörender Schönheit. Das schneeweiße Haar trägt sie aufgesteckt zu einem Chignon, und ihre Kleidung ist von geradezu fürstlicher Eleganz. Leonie hat drei Söhne alleine großgezogen! Sie stammt nicht aus wohlhabendem Hause und war nach ihrer Ausbildung zur Kosmetikerin eine schlichte Parfümerieverkäuferin. Im Laufe ihres Lebens hat sie sich jedoch zur Estée-Lauder-Repräsentantin hochgearbeitet und wurde Filialleiterin für Deutschland. Eine große deutsche Parfümeriekette hat Leonie nach ihrem 65. Lebensjahr als PR-Dame unter Vertrag genommen. Im schwarzen Nadelstreifenanzug hält Leonie auf Fortbildungsseminaren für ihre Firma Vorträge über Kundenberatung. Man könnte sagen, Kosmetik ist Leonies Religion. Wir treffen uns in einem berühmten Hamburger Hotel. Ich treffe auf eine Dame, nach der sich jeder Mann nur die Finger schlecken kann. Eher, so scheint es, wagen sich die Männer an Leonie gar nicht heran, weil sie eine so würdevolle, überirdische Ausstrahlung hat. Leonie trägt ein hellgraues Wollkostüm und eine weiße Seidenbluse mit Rüschen. Sie sieht bezaubernd aus. Besonders ihr perfekt geschminkter, blaßrosa Mund beeindruckt mich. Wie lange dieses Make-up wohl gedauert hat, möchte ich wissen.

Leonie: Ach, das ist doch in 5 Minuten gemacht.

DN: Liebe Leonore, kann man eigentlich noch mit gutem Gewissen eine Partnerschaft eingehen und vom Partner Treue verlangen?

Leonie: Also ich denke, Treue ist auf jeden Fall als Begriff immer noch wichtig. Wenn ich eine Partnerschaft eingehe, sind diese Erwartungshaltungen da, und dann denke ich natürlich: Das hält ein Leben lang. Wenn ich ganz groß verliebt bin und frisch verheiratet, ist natürlich der Begriff »Treue« mit das Wichtigste. Und auch das Vertrauen ist noch da. Nur bei den ersten kleinen Dingen, die dann passieren, die mir nicht gefallen, da werden auch die Begriffe wie Treue so ein bisschen abgenutzt.

DN: Treue ist ja an Vertrauen gekoppelt. Wenn die Treue brüchig geworden ist, dann geht auch das Vertrauen flöten. Was soll man denn nun aber machen? Soll man, wenn man betrogen wird, beim Partner bleiben, soll man sagen, zweite Chance, dritte Chance, oder soll man sagen: Wenn ich betrogen werde, dann ist es aus und vorbei, dann ist das Kind in den Brunnen gefallen, dann ist alles nur noch ein Kompromiss, alles ist nur noch zweite Wahl, die Sache hat einen Riss, wird nie mehr wie vorher?

Leonie: Also, die Worte Treue und Vertrauen hängen zusammen, das ist schon richtig. Wobei ich denke, Vertrauen kommt dann ins Spiel, wenn zum Beispiel der Knacks kommt: Dieses erste Betrügen, dieses erste Betrogen-worden-Sein, dann muss jeder eigentlich für sich selbst entscheiden: Wie tief sind meine Gefühle für diesen Menschen? Will ich ohne ihn leben? Im ersten Moment sagt jede Frau: Ich trenne mich. Aber ich habe die Erfahrung gemacht, dass das überhaupt nicht relevant ist. Wenn ich einen Menschen liebe, dann werde ich ihm verzeihen. Und wie oft ich das machen werde oder machen würde, das weiß kein Mensch vorher. Und wenn eine Frau sagt: Einmal betrogen, und den nehme ich nicht wieder, denke ich, das sind große Worte, mit denen man sich selber schützen möchte. Ich glaube nicht, dass das in der Realität so einfach geht.

DN: Wie kommt es überhaupt dazu, dass dieses Thema »Treue, Missbrauch und Betrug« Partnerschaften heimsucht? Warum müssen Männer das machen? Viele, die fremdgehen, sagen ja auch: Ich liebe meine Frau! Und meine Beziehung ist intakt! Und ich will gar nicht weg von zu Hause. Da denkt man als Frau, na, dann lass es doch sein! Aber sie lassen es eben nicht sein. Warum machen Männer es denn überhaupt?

Leonie: Ich bin da das allerbeste Beispiel. Ich traf im Alter von 36 Jahren meine große Liebe, einen Italiener, und wusste vom ersten Moment an, das war wie eine Explosion, das war einfach Power pur. Es passte alles: Es passte die Musik, es passte die Kultur, vor allen Dingen: Es passte der Sex, der beste in meinem Leben – wenn ich das jetzt einfach hier mal so sagen darf –, und da kam mein Wunschdenken ins Spiel, und ich denke, das ist bei vielen Frauen und auch bei Männern so: Du lernst jemanden kennen, es knistert, und dann baust du dir eine Phantasie auf: Der Traum beginnt. Der Traum war bei mir dieses italienische Leben. Das Haus, das Restaurant, mit italienischen Menschen, mit diesem ganzen Flair, mit diesem Kochen, mit diesem Essen, einfach dieser Zusammenhalt.

DN: Warum ging es dann nicht? Ich meine: Er will sie, sie will ihn – alles ist perfekt. Ist doch toll. Und Sie sind ja zusammengekommen.

Leonie: Es war das Fremdgehen, das für ihn so selbstverständlich war. Die italienischen Männer werden heute noch von ihren Müttern verzogen. Und da kommt dieser Machismo dazu, der Sohn darf alles machen, die Tochter muss heute noch in Süditalien beim Kaffeetrinken möglichst die Tischdecke über die Knie ziehen, damit man's nicht sieht, aber die Männer haben halt diesen Freibrief von ihren Müttern. Das ist ganz wichtig: Denen wird alles verziehen. Anfangs habe ich auch gar nicht gemerkt, dass dieser Mann ganz andere Ideen hatte. Er war ja mein Geliebter und sagte zu mir: Du bist meine Königin, dir passiert gar nichts. Der war auch ganz ehrlich. Das ist einfach die Natur dieses Mannes und die Mentalität, der hatte noch nicht einmal ein schlechtes Gewissen. Und ich habe gelitten. Menschen, die mich geliebt haben, die haben von Anfang an gesagt, das kann nicht gut gehen.

DN: Warum kann ein Mann, der eine Frau liebt, das Fremdgehen nicht einstellen, wenn er damit aufs Spiel setzt, sie zu verlieren? Er müsste doch sagen: Okay, ich mache das nicht mehr. Die Familie, du, unser ganzer Zusammenhalt, steht in keinem Verhältnis. Das andere sind Touch-and-go-Sachen, das kann man doch gar nicht gegeneinander abwägen. Warum hat er das nicht gemacht? Warum klappt das nicht?

Leonie: Ich denke, vielleicht ist er sich meiner zu sicher gewesen. Trotzdem ich ihm ja nicht hörig war. Wenn ich hörig gewesen wäre, hätte ich ganz andere Dinge für ihn gemacht, die er dann auch angenommen hätte – finanzieller Art. Aber es ist einfach so, dass Männer denken, sie ist da, sie wird nicht gehen. Und als ich mich dann doch entschlossen hatte, aus dem Haus auszuziehen, was ich so geliebt hatte, da hat er mir die Hausschlüssel gegeben und gesagt: Das ist immer dein Haus – das hat er ernst gemeint –, du kannst jederzeit kommen. Ja, und wenn ich dann wirklich gekommen wäre, wäre er vielleicht mit der anderen im Bett gewesen. Das hatte ich vorher auch schon erlebt …

DN: Und was hat er bei dieser anderen gefunden, was Sie ihm nicht geben konnten? Denn Männer, die fremdgehen, die könnten mit Miss World zusammen sein, die würden sie auch betrügen. Das ist ja nicht so, dass man nicht schlank genug, nicht schön genug, nicht hübsch genug ist oder dass der Sex schlecht ist. Was holen die sich, was Sie ihm nicht geben konnten?

Leonie: Ja, wenn ich das nun alles so wüsste, dann hätte es vielleicht nicht 25 Jahre gedauert, bis ich mit der ganzen Geschichte für mich abgeschlossen habe. Er hat ja immer wieder beteuert, du bist die Mutter meines Kindes. Es war einfach so: Er hatte eine animalische Anziehungskraft. Du guckst den an, entweder wolltest du ihn haben oder nicht. Und den Frauen ist es ja auch so gegangen. Die haben ihm natürlich Signale gegeben. Es war gar nicht einmal so, dass er das provoziert hat. Es war einfach so. Und er war sich seiner Wirkung vollkommen bewusst. Womit ich um Gottes willen nicht andeuten will, dass die Frauen daran schuld sind, es sind immer zwei, ganz klar. Aber es war einfach so, dass er auf viele Frauen wirkte, und wenn ihm eine Signale gab, dann ... dann war das so. Dann wurde in die Discothek gegangen, getanzt, und morgens um sechs nach Hause ...

DN: Und dass Sie das so als Touch-and-go in Ihr Leben integriert hätten, nach dem Motto: Alles soll bleiben, wie es ist, dann soll er das halt machen wie andere ihr blödes Hobby, von dem ich nichts wissen will, das ging nicht? Es gibt ja Frauen, die stecken den Kopf in den Sand. Ich kenne auch eine Frau, die hat gesagt, wenn du fremdgehst, tu's so, dass ich es nicht merke, und schütze mich und meinen Traum, und sorge dafür, dass ich nie dahinterkomme. Wäre auch 'ne Option!

269

Leonie: Also, bei mir hat es diese Option überhaupt nicht gegeben, weil für mich dieses Leben nicht in Frage gekommen wäre. Und wenn Frauen sich damit abfinden, ist es ja auch oft so, dass sie dann auch ihren gesellschaftlichen oder den finanziellen Status nicht aufgeben möchten. Das war bei uns nicht der Fall – im Gegenteil.

DN: Das heißt, eine abhängige Frau wird eher still dulden?

Leonie: Richtig. Denn sie fühlt sich abhängig und will nicht aufgeben, was sie hat. Das war hier nicht der Fall. Als ich meinen Sohn bekam, hatte ich kurz aufgehört, in meinem Beruf zu arbeiten, und da ich dann ganz schnell bemerkte, dass es eben nicht ging, dass ich dann in eine Abhängigkeit von ihm ja gerate, bin ich in meinen Beruf zurückgegangen, und das ist natürlich der Vorteil, wenn man dann sich lösen will. Wie es innerlich ist, das ist eine ganz andere Sache.

DN: Aber es ging Ihnen schlecht, als Sie sich lösten, entsetzlich! Wie haben Sie das überlebt? Und wie haben Sie Ihre Kraft gefunden für diesen doch mutigen Schritt, Ihrer Biographie eine Wendung zu geben?

Leonie: Also, ich bin durchgekommen mit Menschen, die mir geholfen, nahegestanden haben. Dramatische Dinge, die im Alltag passiert sind, sprich: gebrochener Daumen, Haus zugeschlossen, wenn ich ins Geschäft wollte, die ganze Spielart, wo man immer nur denkt, mein Gott, das liest du irgendwann in der Zeitung, das haben wir lange besprochen, wir haben ja so einen Familienclan, der sehr zusammenhängt. Ich hab's versucht zu überstehen, indem ich einfach ganz offen Hilfe angenommen habe, von jedem, der sie mir angeboten hat. Wenn ich ein Problem habe, versuche ich es loszuwerden, ich bin kein Mensch, der es hineinfrisst. Und ich glaube, das ist die Grundlage für alles. Jede Gehhilfe, jede Hilfe annehmen, von Freunden, ja, überhaupt von Mitmenschen, wenn du im Kaffeekränzchen sitzt und die sagen, du siehst so traurig aus, einfach sagen, mir geht's auch schlecht, mein Mann hat das und das gemacht. Man muss nicht immer gleich ins Intime gehen, aber einfach Druck loswerden. Das habe ich geschafft. Auch dank meiner Familie. Ich hatte traumhafte Eltern, meine Mutter, eine so patente Frau, durch den Krieg gekommen, intelligent, bildschön, die immer nur sagte: Kind, Tür auf, komm rein, erst mal werden Betten gemacht, und dann kannst du sagen, was du möchtest. Und ich habe einen wahnsinnig tollen Freundeskreis gehabt, der mich aufgenommen hat, als sie merkten, mir geht es schlecht. Ich wurde dort in Schutz genommen. Ich war im Grunde genommen nie so ganz aussichtslos ausgeliefert. Ich habe immer Menschen getroffen, die mich mochten. Das war ja wirklich die größte Krise in meinem Leben, die ich mit diesem Italiener, mit dem geliebten Italiener erlebt habe. Als ich da durch war, habe ich mir gesagt, so weit lässt du nicht nochmal etwas an dich herankommen.

DN: Aber warum lässt man es mit sich machen? Aus Liebe?

Leonie: Ich konnte nicht loslassen. Ich konnte diesen Menschen einfach nicht loslassen.

DN: Eigentlich hat doch die Fremdgeherei Ihre Beziehung oder Ihr Lebensglück kaputt gemacht. Wenn der nicht fremdgegangen wäre, wäre doch alles perfekt gewesen.

Leonie: Ja, und es gab zwischendurch durchaus dieses Wohlempfinden, dieses Zu-Hause-angekommen-Sein, was ich mir immer wieder gewünscht habe. Ja, und auch das Glücklichsein. Aber am nächsten Morgen sagte er dann, ich fahre jetzt mal eben für drei Wochen nach Italien. Damit hätte ich leben können, mit diesem Sprunghaften.

Auch auf einmal wieder zu sagen, ich hab da noch ein neues Restaurant aufgemacht, oder ich hab das Auto verkauft – er hatte auch noch einen Autohandel daneben –, diese Dinge hätte ich wunderbar geschafft. Ich habe durch diesen Mann, durch dieses schnelle Reagierenmüssen unwahrscheinlich viel gelernt. Das war es, was ich als positiv empfand, ihm das zu geben, was ich kann, und von dem zu lernen, was er mir gegeben hat.

Die Gründe waren die Frauen. Ich bin ehrlich, ich, ein monogamer Mensch, ich wollte das nicht. Ich konnte es auch nicht.

DN: Und haben Sie dann auch angefangen, ihm nachzuspionieren? Oder hat er quasi selbst durchblicken lassen, ich hab da eine. Denn in dem Moment, wo ein Mann das nicht sagt, da kommen ja auch die Lügereien ins Spiel. Ein Mann muss sich ja immer Storys einfallen lassen! Und wie sind Sie damit umgegangen? Und wie sind Sie überhaupt dahintergekommen?

Leonie: Da gab es so eine Begebenheit, gerade als wir uns kennengelernt hatten, in dieser berühmten Nacht, wo wir dann alle nach dem Essen noch weitergezogen sind, und da kam eine junge Kollegin am nächsten Tag zu mir und sagte: Dein Freund hat mich gefragt, ob wir nicht mal zusammen essen gehen können. Und ich hab das überhaupt gar nicht wahrgenommen. Ich hätte ja schon denken müssen ...

DN: ... dass die ein Verhältnis haben?

Leonie: Nein, kein Verhältnis, nur einfach diese Spielerei. Aber ich dachte nur: Das ist der Mann! Mit dem möchtest du leben, den liebst du – das kam auch von ihm zurück, und dann kam auch ganz, ganz schnell, dass ich sagte, von dem möchte ich das Kind haben. Aber später, als es dann

272

offensichtlich war, nach diesem großen ersten Eklat mit einer Bekannten, da hab ich alles gemacht. Ich hätte ein Detektei-Büro aufmachen können. Aber alles, von Tacho ablesen über ... alles hab ich gewusst, was er macht.

DN: Sie haben ihn permanent kontrolliert?

Leonie: Ja, das war in der heißen Phase. Am Anfang natürlich nicht, da war das Vertrauen da. Dann kam ich auch einmal ins Geschäft, da wohnten wir noch nicht zusammen, und da sagte jemand zu mir: Dein Freund ist nach Bremen gefahren, der trifft sich da mit jemandem. Als er dann aus Bremen zurückkam, hieß es, ja, ich hab mich mit den und den Italienern getroffen. Aber als diese große Geschichte war mit dieser Frau, wo es dann ernst wurde, wo ich dann auch wusste, das hat jetzt endgültig Konsequenzen, da hab ich alles gemacht.

DN: Warum hat diese Frau mehr erreicht oder ihm mehr bedeutet als die vorhergehenden Kurzbegegnungen? Er hatte ja wohl mehrere Affären ... Und was war der Unterschied, dass die eine alles zur Eskalation getrieben hat?

Leonie: Bei der, wo es dann wirklich eskaliert ist, war es so, dass ich einen Punkt erreicht hatte, wo ich merkte, das will ich nicht mehr akzeptieren. Ich kam ins Geschäft, und sie saß da, am Nebentisch. Als wir zum Beispiel den Geburtstag meiner Mutter gefeiert haben, war sie ebenfalls mit einer Freundin im Geschäft. Das habe ich dann hinterher erst erfahren – und da war ich auf eine Weise getroffen ... und das ging dann über eine längere Zeit. Da musste ich handeln und bin ausgezogen. Und dann ging dieses Hin und Her los. Er kam immer wieder zu mir: Komm doch zurück, du weißt doch, ich liebe dich. Ich bin dreimal in dieses Haus eingezogen und wieder ausgezogen.

Bis er dann eines Tages abgereist ist mit den Worten: Ich komme im nächsten Monat wieder. Dann war er sechs Jahre weg. Aber auch in der Zeit gab es wochenlang Telefonate: Ich liebe dich, und ich will wieder zurück, ich habe jetzt alles verkauft, und ich bringe viel Geld mit. Dann habe ich mir ein Ziel gesetzt. Ich sagte zu ihm: Wenn du kommst, gibt es drei Punkte, die für mich ganz wichtig sind, die nicht gebrochen werden dürfen. Als Erstes: meine Arbeit. Denn das kam ja auch noch dazu, seine Eifersucht auf alles, was mit meiner Arbeit zu tun hatte. Ich hab einmal eine Szene erlebt, da haben wir eine große Modenschau gehabt, da musste ich mit einem Vertreter ins Auto einsteigen und mit ihm ins Hotel fahren. Der wusste einfach nicht, wo das Hotel ist. Und dann steige ich vor dem Hotel aus, und da war er mir hinterhergefahren und hat mich ins Gesicht geschlagen – und ich war eiskalt, ich war eiskalt. Da war ich übrigens schon schwanger, das wusste ich aber noch nicht. Den Rest des Tages habe ich dann ganz normal funktioniert. Ich bin in das Hotel gegangen, aber ich war überhaupt nicht ich selber. Und als wir dann fertig waren mit der Modenschau, saß mein Italiener draußen im Foyer und sagte: Es tut mir so leid, ich liebe dich doch! Und dann … ja, dann ging's von vorne los.

DN: Was hätte er gemacht, wenn Sie ihn wirklich mal betrogen hätten?

Leonie: Ja, dann hätte ich wohl ein Messer im Rücken gehabt. Das hätte ich nicht erleben mögen. Da hat's Szenen gegeben, wenn jemand mir nur in den Mantel geholfen hat …

DN: Aber man könnte doch denken, dass er nachvollziehen kann, wie es der Frau geht?

Leonie: Nein – um Gottes willen!

DN: Wieso kann ein Mann sich nicht in die Lage einer Frau versetzen? Weshalb konnte er sich nicht in Ihre Lage versetzen?

Leonie: Erst mal stand das nie zur Debatte. Außerdem – in dem Moment, in dem er mich betrogen hat, bin ich ja nie dabei gewesen, und hinterher versuchte er mich dann zu trösten mit diesem Satz, das habe mit mir nichts zu tun. Ich sei seine Königin, und das andere ...

DN: Aber wie hat er es Ihnen denn plausibel gemacht, dass er fremdgeht?

Leonie: Plausibel gemacht hat er's nicht. Er hat immer nur gesagt: Das hat mit unserem Leben nichts zu tun.

DN: So machen sich's Männer aber auch leicht. Da wird dann erklärt: Ich bin nun mal ein begehrter Mann, und das liegt in meiner Natur. Ich bin ja kein Kerl, der keine Eier in der Hose hat. Es liegt in meiner Natur, dass der Jagdinstinkt nicht im Keim erstickt werden kann. Und solange ich erfolgreich bin und im Leben stehe, wird es für mich auch schöne Frauen geben.

Leonie: Ich hatte immer Männer, die sich so toll um mich gekümmert haben. Und das war auch das Faszinierende, auch an meinem Italiener, für den war ich das Allerwichtigste. Und wir hatten tollen Sex zusammen – deshalb konnte ich das auch nicht verstehen. Ich dachte, wenn dieser Mann dich so liebt, so hochhebt, wirklich ständig und immer bemüht war, sich um mich zu kümmern – wie passt das dann damit zusammen, dass er zu anderen Frauen geht? Das weiß ich nicht. Da bin ich bis heute nicht dahintergekommen. Es ist einfach so, dass er ein solches Selbstvertrauen hatte. Vielleicht aber war's einfach der Trieb, wie bei den Affenmännchen ...

DN: Und warum haben Sie ihn nach den sechs Jahren zurückgenommen?

Leonie: In den sechs Jahren hat er noch ein Kind gezeugt, was ich natürlich erst hinterher erfahren habe, mit einem Nachbarsmädchen, das ich noch als Sechsjährige kenne ... Aber trotzdem: In meinem Inneren war es nicht abgeschlossen. Durch diese plötzliche Trennung und durch die sechs Jahre dazwischen war es einfach so, dass ich noch kein Ende gefunden hatte in dieser Beziehung. Und wenn ich etwas zu Ende mache, muss es Hand und Fuß haben, es darf nicht so schwebend sein. Ich will mit Menschen abschließen und denen in die Augen gucken können und sagen können: Okay, das ist meine Entscheidung, und damit kann ich jetzt leben. Nichts mehr, was irgendwo verletzt ist oder nicht abgearbeitet ist. Ja, und dann kam er zurück, und ich hatte diese drei Punkte, die ich gefordert habe: meinen Beruf akzeptieren, dann keine anderen Frauen und sich drittens restlos raushalten aus der Kindererziehung.

DN: Und hat er das geschafft mit den anderen Frauen?

Leonie: Natürlich nicht. Natürlich nicht.

DN: Sie konnten ihn nicht ändern?

Leonie: Nein. Das wusste ich auch. Nur, was dann letztendlich wieder den Ausschlag gegeben hat: Da hat er diese junge Frau, mit der er in Italien ein Kind hatte, nachkommen lassen. Aber so clever, wie ich dann schon war, merkte ich das natürlich. Nicht, dass ich ihn kontrolliert habe – ich kannte ihn einfach inzwischen so gut, dass ich auch sein Verhalten genau erkannte. Und da habe ich innerhalb von ein paar Stunden eine Entscheidung getroffen und habe die Schlösser austauschen lassen. Er war dann nochmal hier, dann ging's nochmal hin und her ... aber jetzt habe ich es überstanden.

DN: Und konnte die andere, die Nachfolgende, ihn ändern?

Leonie: Keine. Er hat inzwischen die dritte oder vierte oder fünfte Partnerin. Dabei ist er inzwischen 73.

DN: Danke für das Gespräch.

Interview 2

Heute interviewe ich den besten Freund meines Friseurs.
Der Farbspezialist aus dem Salon Udo Walz hat mir seinen
besten Freund empfohlen, weil dieser als attraktiver und
sympathischer Lufthansa-Purser das Leben und die Welt
kennt.
Es gibt sie noch, diese Abteilung glücklicher Stewardessen
vom alten Schlage, die Berufsehre haben und sich als Aus-
hängeschild der Airline verstehen. Wir haben es hier also
nicht mir einer Trolly-Dolly zu tun, die schnippisch sechs
Nüsse auf den Klapptisch wirft und im Vorübergehen
»die Tasche kommt hoch« flötet, sondern mit einem Flug-
begleiter, der auch mal gerne vor der Kundschaft hinkniet
und fragt: »Is there anything else you would care for?«
Ob in New York, San Francisco, Berlin oder Sydney –
kein CSD, an dem – nennen wir ihn Gaylord – nicht dabei
wäre, und zwar gut sichtbar in String, Muscle Shirt und
schwarzen Stiefelchen, seine goldbraune Haut zu Markte
tragend. Ach so, die Härchen unterhalb des Bauchnabels
sind natürlich auch golden, aber dafür sind die Augen von
zartem Blau ... Ihr wisst schon, was ich meine – er sieht
zum Anbeißen aus! Und trägt alle CDs von Bette Midler,
Barbra Streisand, Judy und Liza im Herzen. Ja, man muss
sagen: Eigentlich ist er Bette Davies.
Gaylords Mutter sagt immer: Der Junge hat noch nicht
die richtige Frau gefunden. Manche im Dorf munkeln, er
sei schwul.

DN: Ist doch 'ne interessante Frage: Wenn zwei Männer zusammenkommen, hat man männliche Eigenschaften gedoppelt. Wie gehen Schwule mit Treue um? Was bedeutet der Begriff Treue bei Schwulen?

Gaylord: Hm. (Pause)

DN: Lange Pause?

Gaylord: Ja, weil ich glaube, dass man Schwule nicht in einen Topf werfen kann. Aber im Großen und Ganzen wird die schwule Treue auch seltener propagiert als in einer heterosexuellen Beziehungswelt.

DN: Wird Treue überhaupt erwartet, wenn Schwule sich lieben?

Gaylord: Ja, auch da gibt es den Bereich der Doppelmoral, also dass, wenn man sich fest bindet, eine Erwartung für Treue schon da ist. Aber die gilt immer nur für den anderen. Man selber weiß ja, wenn man fremdgeht, wie weit das für einen geht, ob das wirklich nur ein Seitensprung ist und man danach wieder einschert und in der Beziehung bleiben möchte. Das gilt für Schwule genauso wie für Heteros, das gilt in jeder Beziehung. Nur die Erwartung an das Gegenüber natürlich ... (Pause) Macht das Sinn? Ja? Treue eher an das Gegenüber zu knüpfen als an sich selbst, ist, wenn zwei Männer aufeinandertreffen, glaube ich, einfach eher gegeben.

DN: Möchte man als Mann betrogen werden, oder ist es einem egal?

Gaylord: Ich kann nur von mir reden. Betrogen werden ist nochmal was anderes als fremdgehen. Man kann dazu stehen und sagen: Wir gehen fremd. Man geht fremd, das kann passieren. Betrügen ist, wenn man deswegen belogen und hintergangen wird. Und betrogen werden möchte, glaube ich, keiner.

DN: Aber sind die Grenzen nicht sehr fließend, und rutscht man nicht leicht vom Seitensprung, vom Fremdgehen ins Betrügen, wenn's die Sache wert ist?

Gaylord: Ja klar, das kann immer passieren. Die Gefahr ist immer da.

DN: Klare Grenzen sind also schwer einzuhalten?

Gaylord: Ja.

DN: Aber wenn man jetzt jemanden liebt, und du sagtest ja, das gilt immer für den anderen: Warum machen Männer das? Und warum können sie es nicht sein lassen?

Gaylord: Schwer zu beantworten. Warum machen Männer das?

DN: Als Frau denke ich, dass man sich sagt, na ja, ich weiß ja, was ich an dem zu Hause habe. Ich denke mal, wenn man fest in einer Liebesbeziehung mit einem lebt, wird's im Bett schon stimmen, sonst wär man ja nicht zusammen. Also ist es dann ja auch schön. Ist ja nicht so, dass man zu Hause nichts hätte. Und warum sagt man sich dann nicht: Soll ich das alles aufs Spiel setzen für einen Fick? Wo letztendlich nur wieder dasselbe stattfindet? Man weiß ja vorher, was passiert, oder?

Gaylord: Ja, klar weiß man, was passiert. Aber brauchen Frauen keine Abwechslung? Ich glaube, es geht um Abwechslung. Klar weiß man, was man hat. Und natürlich ist Sex auch »immer das Gleiche«.

DN: Obwohl es Nuancen gibt. Ich finde, es gibt große Nuancen.

Gaylord: Ja, große Nuancen. Vor allem ist Sex mit jemandem, den man liebt, was ganz anderes als schneller Sex ... das ist wie Fast Food und Sterne-Küche.

DN: Und was ist leckerer? Was braucht man mehr?

Gaylord: Sterne-Küche jeden Tag ist genauso langweilig wie jeden Tag Bic Mac.

DN: Also es ist die Abwechslung?

Gaylord: Ich würde sagen, was Bodenständiges, Gutes, ist auf jeden Fall vorzuziehen, aber ab und zu 'ne Abwechslung schadet nicht.

DN: Sollen Frauen Männern das übel nehmen? Auch wenn es schwerfällt, sich in die heterosexuelle Beziehung reinzudenken. Aber wenn man eine Frau ist, in einer Ehe, einer festen Beziehung, und der Mann geht immer mal fremd. Was empfiehlst du den Frauen? Aus welchem Motiv machen Männer das? Muss die Frau das persönlich nehmen? Liegt es an ihr?

Gaylord: Da hab ich eine lustige Geschichte. Eine Freundin von mir hat sich schon sehr aufgeregt darüber, als sie die Pornoheftchen ihres Freundes gefunden hat. Und da hab ich stundenlang gebraucht, um sie zu beruhigen und zu sagen, ja, aber das sagt doch nichts über dich aus. Weil sie sich sofort in ihrem Wert gemindert sah. Und ich glaube, das sollten Frauen nicht. Das hat damit wirklich nicht unbedingt was zu tun. Es fällt, glaube ich, Frauen schwer zu verstehen, dass Männer Ficken und Lieben so gut trennen können.

DN: Männer können das trennen, das ist richtig. Nur kann es sein, dass, wenn eine Beziehung eh schon ausgelaugt ist und er sich mit einer Frau besonders gut versteht und es kommt über eine super Chemie zum Sex, daraus Liebe erwächst. Weißt du, was ich meine? Zu Hause ist Ehealltag, Routine, im Bett ist es auch nicht mehr spannend nach elf, zwölf Jahren. Und dann gibt es vielleicht eine Sekretärin, die sich unentbehrlich macht, die attraktiv aussieht, die nicht diesen Ballast und Alltagsstress hat und die immer adrett um ihn herumschwirrt – und dann ergibt sich vielleicht mal eine günstige Gelegenheit. Und da kann eine Frau auch wichtig werden für den Mann, vor allem wenn's in der Kiste ordentlich abgeht.

Gaylord: Also ich glaube, du denkst in ganz anderen Zeitdimensionen, als ich das als Schwuler tun würde. Zehn, zwölf Jahre …

DN: Ich meine, wenn das passiert. Nach vielen Jahren Ehe taucht da eine andere auf.

Gaylord: Was ein großer Unterschied ist zwischen Schwulen und Heterosexuellen: Es können keine Kinder da sein. Und in einer langen Ehe, wenn Kinder da sind, hat man eine Verantwortung zu tragen, und die bindet einen natürlich auch irgendwo an einen Partner.

DN: Und die Kinder machen den Alltag noch sehr viel stressiger. Denn sie sind immer die Größe, nach der sich alle richten müssen. Ins Bett gehen, Schulferien, Hausaufgaben. Von den Verpflichtungen sind Schwule frei. Vielleicht gehen sie auch unbelasteter mit ihrer Freizeit um …

Gaylord: Und auch das Ende einer Beziehung ist anders. Es ist auch ein einschneidendes Erlebnis, aber es zieht nicht diese Konsequenzen nach sich, die es hat, wenn man zwei Kinder und einen gemeinsamen Haushalt hat.

DN: Aber ist es nicht utopisch, wenn man als Frau oder als Mann überhaupt eine Beziehung der Liebe eingeht, und man glaubt noch an Treue? Sollte man es vielleicht besser sein lassen?

Gaylord: Das, glaube ich, passiert auch gerade. Wenn man sich mal umhört, hinfühlt.

DN: Dass man's sein lässt?

Gaylord: Das Gefühl, dass Treue ein Wert ist, der zwar noch plakativ propagiert wird, aber die meisten rechnen nicht mehr wirklich damit.

DN: Es ist eine Illusion, nicht?

Gaylord: Also bei den Schwulen ist man da schon ganz schön von ab, dass man sagt, ich erwarte das nicht mehr. Die meisten, die ich kenne, die eine längerfristige Beziehung aufbauen wollen, sagen, irgendwann kommt man an den Punkt, wenn die erste One-to-one-Leidenschaft verflogen ist, wo man sagt, wir müssen es ein bisschen öffnen.

DN: Aber das bedeutet dann auch wirklich nur unverbindliche Vögeleien, Touch-and-go oder wie?

Gaylord: Ja, die Modelle sind vielfältig.

DN: Auch längere Spoozies oder Techtelmechtel nebenher?

Gaylord: Ich hab schon vieles gesehen. Beziehungen, wo ich sagen würde, das nenn ich keine Beziehung mehr, die wohnen nur noch zusammen, schlafen aber nicht mehr miteinander und haben irgendwo was Eheähnliches. Es ist sehr bourgeois. Die sagen sich: die gemeinsame Wohnung und was wir alles gekauft haben zusammen, das ist mir jetzt zu anstrengend, ich mag den und wollt mit dem vorm Fernseher sitzen, kann ich abends auch, und ansonsten macht jeder sexuell, was er will. Das ist nicht das, was ich erstrebenswert finde, aber ...

DN: Und was ist mit Treue erwarten und Treue oder Untreue in eine Beziehung integrieren, wie geht man damit um? Wie intensiv dürfen die Beziehungen sein? Und was würdest du Frauen empfehlen? Eigentlich muss doch eine moderne Frau, die den Dingen ins Gesicht sieht, damit rechnen, dass früher oder später der Traum von der Treue zu Ende ist und dass der Mann mal hier und da seine Freiräume zum Fremdgehen schafft.

Gaylord: Was mich da immer wundert, ist die Frage, mit wem gehen denn die Männer fremd? Sind es immer nur Single-Frauen, die gerade available sind?

DN: Männer gehen mit allen fremd. Mit verheirateten Frauen, mit Single-Frauen und mit Kolleginnen und mit Prostituierten. Von Pragmatikern hört man immer wieder, das Beste seien verheiratete Frauen, weil die ihnen nicht zur Last fallen. Die klammern nicht.

Gaylord: Aber die gehen ja dann doch auch fremd?

DN: Aber es sind ja nicht alle verheiratet. Eine normale deutsche Mutti, die verheiratet ist, in ihrem Reihenhaus sitzt, geht nicht fremd.

Gaylord: Nee?

DN: Ich glaube nicht. Höchstens aus Rache, nach dem Motto: »Wenn der glaubt, ich krieg keinen mehr ab, dann beweise ich jetzt mal das Gegenteil!«
Ich stelle fest, dass Menschen aus Liebe das Fremdgehen nicht sein lassen, weder die Schwulen noch die Heten sagen, das Angebot besteht, aber da ich meine Frau so sehr liebe, verzichte ich lieber drauf. Nicht die Liebe siegt, sondern das Testosteron! Kann das sein? Kann es sein, dass die Lust auch dann nicht versiegt, wenn woanders Liebe im Spiel ist?

Gaylord: Sind Frauen wirklich so einheitlich? Dass sie immer nur bei einem Mann bleiben wollen? Und denkt, er gehört ihr und sie hat einen gesetzlichen Anspruch auf Treue? Komisch!

DN: Keine Frau findet Fremdgehen toll. Das wollen Frauen nicht. Man will nicht das Intimste und Wertvollste, was man überhaupt hat, mit jemandem teilen, will nicht, dass der Mann, den man liebt, auch etwas mit einer anderen hat.

Gaylord: Sex just for fun?

DN: Fun soll der Mann ja mit mir haben, aber nicht mit den anderen! Denn ich liebe ihn ja. Und nur eine Nummer schieben mit einem, den man nicht liebt ...

Gaylord: Gibt's im Frauenleben nicht?

DN: Doch schon ... aber das wird dann ganz schnell was Ernstes. Außer wahrscheinlich bei Paaren, die alternative Lebensweisen leben, also die alternative Modelle leben. Wo der Mann es scharf findet zuzugucken, wenn ein anderer seine Frau vögelt. Oder die in Swinger-Clubs gehen oder Gruppen-Sex machen oder sich jemanden dazuho-

285

len, z. B. einen zweiten Mann. Wobei normale Heten da schon große Berührungsängste haben. Wenn du das einem normalen Mann sagst, fragt der: »Bin ich schwul?« Oder stellt Bedingungen: »Aber der darf mich nicht anfassen.« Also alles mit strengen Regeln, denn: »Ich könnte meinem Kumpel doch nie wieder in die Augen gucken im Büro, wenn der mitkommt.« Das ist ein kompliziertes Ding für Männer.

Glaubst du, dass die Liebe sich abnutzt? Also sagen wir mal, dass sie nach einem Jahr, nach drei Jahren, nach zehn Jahren immer weniger wird durch die Benutzung des anderen?

Gaylord: Die Liebe? Oder der Sex?

DN: Die Liebe mit Sex. Ob es reizloser wird, auf Dauer. Woher kommt noch der Kick, wenn ich mit jemandem ewig zusammen bin?

Gaylord: Da fragst du den Falschen! Meine längste Beziehung war sechs Jahre, und da hat's gehalten. Aber ...

DN: Sechs Jahre sind ja auch was. Da war's aber auch noch prickelnd bis zum Schluss, oder?

Gaylord: Ja, das finde ich, ist aber was anderes als 12 oder 25 Jahre. Mal ganz davon abgesehen, dass man nach 25 Jahren Zusammenseins auch ganz anders aussieht. Dass sich da was anderes entwickeln muss, glaube ich. Dass man da nicht mehr dem Bild entspricht, was man 25 Jahre vorher abgegeben hat, liegt auf der Hand, oder?

DN: Ich glaube, viele stellen den Sex dann ein und erwarten, dass Papi, wenn Mutti nicht mehr möchte, dann auch nebenher nichts macht. Oder es ist eine eher mühsame Veranstaltung, oder es werden mit Hilfsmitteln große Anstrengungen unternommen, was den Sex, finde ich, auch sehr mühsam macht.

Gaylord: Du kennst bestimmt diese Theorien, woher das kommen mag, dass Männer und Frauen, was Sexualität angeht, so komplett anders ticken. Dieses Evolutionsgeschichtliche: Einmal befruchtet, muss ich für die Frucht meines Leibes sorgen und so weiter. Und deswegen achten Frauen auf ganz andere Aspekte als Männer bei der Partnerwahl. Und vielleicht hat es auch damit was zu tun, dass Männer, bis sie 73, 83 sind, immer noch versuchen könnten zu zeugen, ob das nun wirklich jetzt klappt oder nicht, egal, aber sie könnten's.

DN: Und weil sie es können, wollen sie es auch?

Gaylord: Also von der Biologie her glaube ich das bestimmt. Das ist so ein Programm mit eingepflanzten Sicherheitsmaßnahmen für die Arterhaltung. Warum angeln sich so viele ältere Männer denn eine jüngere Frau? Das ist auch dieses Schema der Befruchtung.

DN: Na ja, also ich finde, diese Theorie ist ein wunderbarer Freibrief und eine Entschuldigung für Männer, wenn sie die Evolution vorschieben. Nach dem Motto: Du, Schatzi, seit sechs Millionen Jahren ist das so, tut mir leid, warum soll ich der Einzige und Erste sein, der ausschert? Klar, die Evolution ist vielleicht ein Teil davon, aber ich glaube, sie angeln sich deshalb Junge, weil sie dadurch alles nochmal erleben. Wenn eine 45-jährige Frau ein Kind kriegt, was ja möglich ist, wird der Körper durch die Hormone auf jung gestellt, du bist quasi wieder 25 oder 30, weil der Körper so auf Hochtouren ist. Und ich glaube, bei Männern ist es auch so. Wenn die Potenz in natürlicher Weise durch Frischfleisch wieder aktiviert wird, schenkt es ihnen nochmal eine Form der Jugend.

Gaylord: Jaa (zögernd). Das war aber nicht das, was ich meinte. Ich meinte, diese Sache mit der Evolutionstheorie – warum ändert sich das nicht jetzt, wo die Frauen könnten? Also wenn's nur eine Konvention war bis jetzt und nicht von der Biologie vorgegeben ist …?

DN: Erstens kann das nicht so schnell gehen, biologische Veränderungen brauchen Jahrzehnte, Jahrhunderte, und ein bisschen ändert es sich vielleicht auch schon, und zweitens glaube ich, dass Männer ihre Sexualität eben nicht im Griff haben. Und gleichzeitig wird den Menschen dieser Eid abverlangt. Angesichts der Tatsache, dass Männer ihre Sexualität nicht kontrollieren, ist das eine Schere, die völlig auseinandergeht. Und so wird Treue zur Belastung. Was anfangs Liebe war, wird zum Problem!

Gaylord: Das wurde ja bis jetzt immer gesellschaftlich verlangt, von der Kirche und so weiter. Aber die Gesellschaft öffnet sich dem ja inzwischen.

DN: Es ist doch in den Medien, wenn ein Man eine andere hat, ist es immer noch der Skandal schlechthin. Sagen wir mal – ein ganz blödes Beispiel – Franjo Pooth hätte eine Geliebte. Das wär' doch das i-Tüpfelchen. Da würden sich alle dran hochziehen. Wenn ein Mann eine andere hat, ist das immer für alle das gefundene Fressen. Aber wenn eine Frau einen anderen hat, ist das noch schlimmer, denn da heißt es, dem Mann werden Hörner aufgesetzt. Da heißt es gleich: Die hat den verarscht! Und der Witz ist, Machos dürfen tun und lassen, was sie wollen, das hat die Frau hinzunehmen. Die Frau verzeiht, wie Mutti immer dem Sohn verziehen hat. Wenn die Frau ein einziges Mal fremdgeht, wird sie als Hure verabschiedet. Dann war's das. Dann ist Scheidung angesagt, die Beziehung ist beendet.

Gaylord: Eben. Das ist das, was ich vorhin gesagt habe, bei Schwulen. Es geht auch immer für den anderen.

DN: Verzeiht man dann, oder geht's weiter als Schwuler? Wie verhältst du dich, wenn du nun der Betrogene bist?

Gaylord: Ich hab vielleicht das Glück oder das Pech, nicht besonders eifersüchtig zu sein. Was ich nicht möchte, ist angelogen zu werden. Und leider ist mir das immer wieder passiert.

DN: So ist es bei mir auch. Ich möchte auch nicht angelogen werden, und leider ist es mir immer wieder passiert. Wahrscheinlich sind wir so wunderbar, dass die Leute gar nicht glauben, dass man mit uns reden kann. Denn ich finde, solange man Bescheid weiß, wird das Vertrauen nicht getrübt.

Gaylord: Ja, finde ich auch. Das Vertrauen ist das, was die Beziehung auf Dauer zusammenhält. Aber bis jetzt hat mir noch keiner geglaubt, dass mir lieber wäre, man redete ganz offen drüber oder man hat so eine Art Gentleman-Agreement, wo man sagt, wenn du die Antwort auf deine Frage nicht wirklich verkraftest, dann stell die Frage lieber gar nicht erst. Beides hab ich bis jetzt noch nicht hingekriegt, leider.

DN: Also dann schwindeln die sogar, wenn sie's gar nicht nötig hätten, weil man es akzeptieren würde …

Gaylord: Weil sie nicht glauben wollen, dass sie's nicht nötig haben.

DN: Weil es ihnen unwahrscheinlich erscheint, dass ein Mensch das so hinnehmen und akzeptieren kann.

Gaylord: Genau.

DN: Dann wäre es doch für Frauen eine gute Methode, wenn es aufgeflogen ist oder wenn sie dahinterkommen, zu sagen: Ich weiß es jetzt, das nächste Mal sagst du es mir bitte gleich. Ich werde es akzeptieren, aber ich bitte dich, versuche damit aufzuhören. Das wäre es doch für ein liebendes Paar: Lüg mich nicht an.

Gaylord: Lüg mich nicht an ist, glaube ich, das Wichtigste.

DN: Ein wunderbares Schlusswort. Du hast Millionen von Frauen geholfen.

Interview 3

Ich lade meine alte Freundin aus Ballettschultagen zu mir zum Kaffee ein. Wir standen als Kinder gemeinsam an der Stange. Anna war immer was Besonderes. Es gibt Menschen, denen alles zu gelingen scheint. Sie hatte bei weitem die beste Figur und wurde später auch in berühmte Ballettkompanien engagiert. Wo bei mir immer ein Tick zu viel war, schien bei Anna alles wie geschnitzt. Um diese angepasste Gefälligkeit habe ich sie immer beneidet. Heute hat Anna zwei Töchter und wohnt nach vielen Jahren in Holland und der Schweiz bei mir um die Ecke in einem schönen Haus im Grunewald. Annas Biographie weist im Vergleich zu den anderen, von Mühsal gekennzeichneten Lebensläufen einen entscheidenden Unterschied auf: Sie hat einen sehr reichen Mann geheiratet, einen finanziell unabhängigen Künstler aus Boston, dessen Familie in den USA ein Immobilienimperium besitzt. Damit sind Sorgen materieller Art in Annas Leben oder Partnerschaft nie ein Thema. Müsste Anna ihren Lebensunterhalt verdienen, wäre ihr Leben weder so luxuriös noch ihre Haltung so entspannt. Eigentlich führt Anna das, was ich ein sorgenfreies Leben nenne.

DN: Ich finde, dass du in unserer Generation ein Seltenheitsexemplar bist, mit 18 Jahren Ehe. Du bist eine Frau, bei der man sich Rat holen kann. Wie alt bist du jetzt?

Anna: Ich bin jetzt 48.

DN: Also wann hast du geheiratet?

Anna: Mit 29.

DN: Zum zweiten Mal.

Anna: Zum zweiten Mal.

DN: Und war deine erste Ehe hilfreich, hättest du es geschafft, die erste Ehe so zu steuern, wie die zweite dir gelungen ist?

Anna: Nein, das glaube ich nicht, weil einfach die Chemie nicht stimmte mit dem ersten Ehemann.

DN: Aber ihr habt geheiratet?

Anna: Ja, wir haben geheiratet, aber haben auch sehr schnell gemerkt, dass das nicht das Richtige war – und da war ich dann diejenige mit dem Seitensprung.

DN: Mein Gott, du bist die Frau, die mir gefehlt hat! Erzähl doch mal bitte von deinem Seitensprung. Was geht in einer Frau vor, wie hast du das gemacht?

Anna: Das ist so lange her … aber ich hab mich einfach wahnsinnig verliebt …

DN: Eine kurze Zwischenfrage, weil wir hier ja wissenschaftliche Recherche machen: Nur sexuelle Gründe wären für dich kein Motiv und Anlass gewesen für einen Seitensprung? Es kam dazu, weil Liebe im Spiel war?

Anna: Ja, ganz eindeutig. Und er ist ja dann mein jetziger Mann geworden.

DN: Und ich glaube nämlich – deshalb habe ich auch eingehakt –, dass das für Frauen sehr wichtig ist, weil Frauen Sex und Liebe nicht so trennen wie Männer.

Anna: Dann hab ich mich ziemlich schnell scheiden lassen ... auch, weil ich nicht gut lügen kann ...

DN: Hast du denn am Anfang gelogen?

Anna: Nein, eigentlich nicht, weil mein damaliger Mann drei Monate in Australien war. Und als er zurückkam, hat er gemerkt, dass ich irgendwie verändert war, und da hab ich gleich gesagt, was Sache ist.

DN: Also du hast kein Doppelleben geführt?

Anna: Nein, ich hab überhaupt kein Doppelleben geführt. Da bin ich auch wirklich nicht der Typ für.

DN: Und dann kamst du mit deinem Mann zusammen, und alles hat super geklappt?

Anna: Ja, das war natürlich eine sehr schwierige Zeit ...

DN: Warum?

Anna: Weil ich noch an meinem ersten Mann hing, und der hat mir mehr Sicherheit gegeben, der war auch älter als ich, und der jetzige Mann ist jünger, also das ist schon ein Unterschied.

DN: Wie viel Jahre jünger?

Anna: Sechs Jahre jünger. Und der erste Mann war sechs Jahre älter als ich, das macht schon einen Unterschied vom Gefühl der Sicherheit her. Und deshalb war das ein

293

Jahr lang ziemlich quälerisch ... und dann ging alles sehr schnell.

DN: Aber wenn du sagst, die Chemie hat mit dem einen nicht gestimmt und mit dem anderen irgendwie mehr, was meinst du damit, was heißt Chemie für dich?

Anna: Na, dass man sich irgendwie ganz sicher ist, dass das sozusagen die große Liebe ist.

DN: Und woran merkt man das?

Anna: Dass man weniger abwägt und weniger kritisch ist und versucht, den anderen irgendwie zurechtzubiegen, oder was weiß ich, sondern dass man einfach denkt, na ja, so ist es halt.

DN: Hast du deinen Mann mit allen Vor- und Nachteilen geliebt? Oder störte dich irgendetwas an ihm?

Anna: Nee, mich hat zwar sehr viel gestört und stört auch immer noch viel, aber das gehört halt zu der Person, und das liebt man auch irgendwie.

DN: Würdest du also das, was dich an deinem Mann stört, nicht bekämpfen?

Anna: Das hat, glaube ich, nicht viel Sinn.

DN: Du würdest nicht den Versuch unternehmen, ihn umzuerziehen, ihn zu verändern?

Anna: Das tut man natürlich. Jeder versucht das. Aber das hat nicht viel Sinn, man muss nicht denken, dass man jemand ändern kann.

DN: Wahrscheinlich steht das in gar keinem Verhältnis. Also, man sollte die Energie, die man investiert, jemanden zu verbiegen oder sich passend zu machen, vielleicht dorthin lenken, wo Veränderungen sinnvoll sind.

Anna: Ja, das denke ich auch. Und lieber dann in der Zeit was Eigenes machen. Statt sich immer zu stören an Sachen, die einem nicht passen, und die unbedingt verändern zu wollen, kann man ja ruhig auch seinen eigenen Bereich haben.

DN: Also ihr seid kein zänkisches Ehepaar, was nur jammert und streitet und sich terrorisiert?

Anna: Nee, nee.

DN: Aber manchmal gehört Streit dazu?

Anna: Ja, absolut.

DN: Und kehrt ihr dann unter den Teppich, oder redet ihr vernünftig, oder streitet ihr laut?

Anna: Von allem etwas.

DN: Du wägst dann immer ab?

Anna: Ich wäge nicht immer ab. Es gibt halt Momente, wo man sich nicht beherrschen kann, wo man rumschreit, das hat jeder, auch in anderen Situationen.

DN: Aber ich glaube, ihr stellt die Liebe als solche nie zur Disposition.

Anna: Nein, das wird eigentlich nicht in Frage gestellt.

295

DN: Also ihr wisst, auch wenn's kracht, fallen keine Sätze wie: Dann geh doch.

Anna: Die Sätze können dann sogar fallen, aber eigentlich weiß man doch, dass es nicht so ernst gemeint ist.

DN: Und ihr wisst natürlich 100 Prozent, dass ihr euch liebt.

Anna: Ja.

DN: Aber wie ist es nun nach 18 Jahren mit der Leidenschaft? Das frage ich mich ja doch. Wie hält man die denn am Leben? Hilf uns Frauen weiter!

Anna: Da ist nicht viel zu helfen. Ich meine, es ist natürlich anders, wenn man frisch verliebt ist, das ist ganz klar. Und es ist auch anders als in den ersten drei Jahren. Nun muss ich aber sagen, dadurch, dass mein Mann oft nicht da ist, ist das natürlich gar nicht so schlecht. Man klagt zwar immer und sagt, oh, jetzt ist er wieder vier Wochen weg, aber dann ist es hinterher natürlich immer wieder schön.

DN: Kann eine Beziehung direkt retten ...

Anna: Ja.

DN: Man muss dazu sagen, dein Mann arbeitet im Ausland.

Anna: Ja. Wir waren auch mal drei Jahre richtig getrennt, nur mit Wochenenden zwischendurch und so. Und das war nicht schön, aber natürlich bleibt dadurch ein bisschen mehr Spannung in der Beziehung, als wenn man jeden Tag immer zusammen ist.

296

DN: Wenn man wie im Tiefkühlfach an der Tankstelle quasi als Leckerchen griffbereit parat liegt.

Anna: Ja, genau.

DN: Und sage mal, wenn dein Mann von dir getrennt ist, kommen dir dann Zweifel, ob er dir wohl treu ist?

Anna: Nein, eigentlich nicht.

DN: Woran merkst du das? Warum stellst du die Treue nicht in Frage?

Anna: Ich würde sie in Frage stellen, wenn ich Grund dazu hätte, weil ich ihn einfach so gut kenne. Ich würde das schon merken.

DN: Intuition?

Anna: Ja, denk ich mal.

DN: Woran würdest du es merken?

Anna: Das weiß ich nicht. Aber das würde ich merken. An irgendwelchen Launen oder am Kurzangebundensein ...

DN: An Ausflüchten und Widersprüchlichkeiten.

Anna: Ja. Wir sind beide sehr ehrliche Menschen ...

DN: Da muss ich dir allerdings sagen, das ist kein Hinderungsgrund, denn auch sehr ehrliche Menschen haben Affären.

Anna: Ja, natürlich.

DN: Es gibt wunderbare Familienväter, großartige Menschen, die Affären haben.

Anna: Ja, klar.

DN: Eine Affäre, ich glaube, darauf kann man sich einigen, wenn man das Thema durchgearbeitet hat, ist im Grunde nicht immer ein Charaktermanko.

Anna: Nein, aber ich denke, da muss man auch unterscheiden zwischen den Leuten, die Affären haben. Einfach, wie man mal schön essen geht oder so. Und ich glaube, dass mein Mann mir sehr ähnlich ist, dass er sich auch richtig verlieben müsste, und das merkt man halt jemandem an.

DN: Er würde sich auch in eine Affäre verlieben?

Anna: Ja, er würde nicht einfach so ... glaub ich nicht. Wenn das nicht so wäre, würde ich es vielleicht nicht merken, das stimmt.

DN: Und wie ist es bei dir selber? Du würdest auch nicht im Traume die Gelegenheit, die sich vielleicht bietet, wahrnehmen?

Anna: Nee, nee.

DN: Weil die Beziehung intakt ist, oder?

Anna: Ja, grundsätzlich denk ich das, ja.

DN: Würdest du unter deinem Mann leiden, würdest du es vielleicht doch tun?

Anna: Ja. Aber ich würde es auch nie ausschließen ... ich meine, man weiß nicht, was mit einem passiert. Wenn man sich nochmal wahnsinnig verliebt, das kann ja sein, aber sonst ...

DN: Die Leute sagen immer, man wird verführt, oder, die hat den verführt, oder, der hat die verführt. Kann man sich darauf einigen, dass in einem Menschen, wenn er fremdgeht oder Seitensprünge macht, erst mal die Bereitschaft dazu da sein muss? Du wärst doch, wie ich dich recht verstehe, überhaupt nicht dazu bereit?

Anna: Ja, das glaub ich auch.

DN: Es könnte sich doch hier sonst wer bei dir anbieten, dich locken, umgarnen. Keine Chance auf Erfolg?

Anna: Nee.

DN: Toll. Toll, das zu wissen. Und das macht deutlich, dass, wenn jetzt jemand bei einer Frau zum Erfolg käme, diese Frau irgendwo im stillen Kämmerlein schon das Bedürfnis entwickelt haben muss, sich nach außen zu öffnen. Und so auch bei Männern.

Anna: Also, wenn jetzt jemand auf einer Party versuchte, mich zu bezirzen, da würde ich vielleicht aus Spaß einfach so ein bisschen flirten, aber mehr nicht. Aber wenn man jemanden kontinuierlich sieht und sich wirklich irgendwie langsam in den verliebt, dann weiß ich nicht, das kann passieren.

DN: Also du meinst, es müsste ein Mensch sein, der dir wesensnah mit Haut und Haar als Freund ans Herz gewachsen ist.

Anna: Ich weiß es nicht. Es kann alles noch passieren ...

299

DN: Ich finde es wunderbar, dass du es nicht weißt. Gratulation. Und wie hält man denn nun die Sexualität am Leben nach 18 Jahren Ehe? Das muss eine emotionale Höchstleistung sein. Und woraus ergibt sich, dass die Erotik erhalten bleibt, wenn man alles voneinander kennt und die Sache frei von Überraschungen ist? Wie behandelt ihr das? Du musst uns Auskunft erteilen!

Anna: Wir machen vor allen Dingen kein Thema draus. Es gibt keine Reizwäsche oder so etwas, das finden weder er noch ich aufregend. Das ist das Gute daran.

DN: Reizwäsche hast du nicht?

Anna: Hab ich nicht.

DN: Also auch keine Hilfsmittel?

Anna: Keine Hilfsmittel. Nichts. Was wir aber genießen, ist, mal alleine irgendwohin zu fahren. Das find ich schon anders, als wenn die Kinder im gleichen Haus sind. Das macht einen Unterschied.

DN: Weil ihr dann Raum und Zeit füreinander habt?

Anna: Weil das so selten ist, eine Veränderung für uns. Aber sonst fällt mir eigentlich nichts ein zu diesem Thema.

DN: Danke für das Gespräch!

Dank

Mal wieder ist es geschafft ... und danken möchte ich dieses Mal besonders meinen Interviewpartnern, die, wenngleich anonym, so dennoch äußerst wahrhaftig Auskunft über Dinge erteilt haben, die man schon immer vermutet hatte, aber nie so offenherzig gestanden bekam. Ich hoffe, ihr habt Freude, eure wertvollen Beiträge gedruckt zu sehen – und die zugesicherte Diskretion, tja, die bleibt gewährleistet, ihr wisst ja, wer ihr seid!

Des weiteren danke ich der fleißigen Astrid Herbold für saubere Zahlenrecherche und Überprüfung statistischer Fakten sowie einer ganzen Reihe wissenschaftlicher Mitarbeiter, insbesondere Dr. Michael Büscher für die psychologische Fachberatung und Rechtsanwalt Dr. Ralf Hoecker für die kurzfristige juristische Sachberatung.

Ich möchte mich bei Wolfgang Schmidbauer bedanken, der mit seinen Büchern über das Wesen der heimlichen Liebe Licht und Trost ins Dunkel der betrogenen Frauen bringt. Ich empfehle diese Lektüre sehr.

Aber auch Dank für die unermüdliche Rückendeckung durch gute Freunde, als da sind: André, Rainer, Nina, Detlev, Michi und Julia sollen nicht unerwähnt bleiben.

Jedoch wäre aus den 1000 Zetteln nie ein Buch geworden, gäbe es nicht die hervorragende Arbeit der Damen und

Herren des Krüger Verlages, die mir im Schaffensprozess immer wieder hilfreich und motivierend zur Seite stehen. Dank meiner geduldigen Lektorin, Karin Herber-Schlapp, Peter Lohmann, Indra Heinz, Andrea Engen, Barbara Ziegler und Manfred Bauer-Orešnik.

Rebecca Göpfert und Karin Graf gebührt großer Dank dafür, dass sie verdammt gut riechen können und stets weise Entscheidungen treffen.

Na, und der allergrößte Dank gebührt selbstverständlich meinen beiden Männern Peter Arnheim und Robert Recker, denen es allen Widerständen zum Trotz tatsächlich gelingt, Coverfotos entstehen zu lassen, die mich so zeigen, wie ich wirklich bin: jugendlich, mädchenhaft und einfach nur natürlich schön!

Désirée Nick

Désirée Nick
**Was unsere Mütter
uns verschwiegen haben**
Der Heimtrainer für Frauen in Nöten

Band 17264

Désirée Nicks Bestseller »Gibt es ein Leben nach vierzig?«
wurde nicht nur gelesen, geliebt und weiterempfohlen,
sondern hat das Leben dieser Frauen verwandelt: in ein
besseres – in ihr eigenes! Tausende von Lesern aller Kul-
turen, Sexualitäten, Haarfarben und Größen haben der
Autorin daraufhin geschrieben, schickten Danksagungen
oder Hilferufe, vor allem aber Fragen, Fragen, Fragen.
Und drastische Probleme erfordern nun mal drastische
Maßnahmen. Deshalb ist ihr Buch ein Begleiter durch
das Chaos zwischen Faltencreme und Kinderwunsch, ein
Heimtrainer für Frauen in Nöten – und billiger als jede
Therapie!

Fischer Taschenbuch Verlag

Désirée Nick
Eva go home
Eine Streitschrift

Band 17669

Beide sind blond, beide sind sie Mutter eines Sohnes. Aber wenn die alleinerziehende Désirée Nick die Thesen der verheirateten Eva Herman liest, kocht sie vor Wut. »Eva go home« ist ihre Aufforderung zum Gefecht: eine kluge, scharfzüngige Engegnung auf Eva Herman.

»Denn eine muss auf den Mist ja antworten, Eva, und wenn nicht ich, ›die depressiv-suizial-Alleinerziehende‹, wer dann? Liebchen, das kann ich im Namen meiner Schwestern nicht so stehen lassen, was du uns da an Diskriminierungen als kleinsten gemeinsamen Nenner hinterherwirfst! Bei so viel Unsinn würde Schweigen ja Zustimmung bedeuten!«

Fischer Taschenbuch Verlag